DR. OETKER

SCHUL KOCH BUCH

DAS ORIGINAL

DR. OETKER

SCHUL KOCH BUCH

DAS ORIGINAL

Dr. Oetker Verlag

VORWORT

Keine Lust mehr auf die ewig gleichen Rühreier, Tütensuppen und Nudelgerichte aus der Packung? Doch mal den raffinierten Risotto, das exotische Gemüse-Linsen-Curry oder den Rehrücken wagen und erleben: Es schmeckt nicht nur, sondern gelingt einfacher als gedacht.

„Schulkochbuch", das Standardwerk – auch für Einsteiger und Ungeübte. Mit diesem Buch gelingen nicht nur Klassiker wie Rinderrouladen oder gefüllte Paprikaschoten im Handumdrehen, sondern auch die vielen neuen Rezepte.

Dafür sorgt die Dr. Oetker Versuchsküche, die genau überprüft, dass jedes Gericht auch für Anfänger leicht zuzubereiten und immer ein Genuss ist. Schritt-für-Schritt-Anleitungen und detaillierte Fotos garantieren ein Ergebnis, das begeistern wird. Viele neue Rezepte regen zum Ausprobieren und Nachmachen an.

Immer mehr Menschen entdecken die Kunst des Kochens, die Freude am Ausprobieren und Genießen, die Liebe zu den ausgewählten Zutaten und das gewisse Etwas, mit dem Sie jeden Tag ein bisschen schöner machen können. Und dann wird geschnippelt, gerührt, gekocht, gebraten und geschmort.

Wir wünschen Ihnen viel Spaß beim Ausprobieren, gutes Gelingen und: Lassen Sie es sich schmecken!

» Neue Rezepte «

... zum Beispiel: » Maultaschen mit Krautfüllung » Möhrensuppe mit roten Linsen und Minze » Roastbeefröllchen » Putencurry Indische Art
und, und, und ...

Allgemeine Hinweise

Damit Ihr Gericht genauso unwiderstehlich schmeckt und so appetitlich aussieht, wie Sie es sich vorstellen, möchten wir Ihnen einige Tipps ans Herz legen, bevor Sie mit der Zubereitung beginnen:

Tipp 1 – Vorbereitung
Lesen Sie bitte das Rezept vor der Zubereitung – besser noch vor dem Einkaufen – einmal gut durch. Oft werden Arbeitsabläufe oder -zusammenhänge dann klarer. Soweit nicht anders angegeben, sind alle Rezepte für 4 Portionen berechnet. Die Zutaten sind in der Reihenfolge ihrer Verarbeitung aufgeführt.

Tipp 2 – Mengenangaben
Die Mengenangaben und Löffelmengen in den Umschlaginnenseiten des Buches gelten für alle Rezepte und helfen Ihnen, immer das richtige Maß für Ihre Zutaten zu finden.

Tipp 3 – Zubereitungszeit
Die in den Rezepten angegebene Zubereitungszeit dient zu Ihrer Orientierung – sie ist lediglich ein Richtwert und abhängig von Ihrer Kocherfahrung. Die Zubereitungszeit beinhaltet nur die Zeit, die Sie für die tatsächliche Zubereitung benötigen. Längere Wartezeiten, wie Kühl- oder Abkühlzeiten, Auftau- und Marinierzeiten sind nur dann in der Zubereitungszeit mit enthalten, wenn parallel dazu andere Arbeitsschritte erfolgen.

Tipp 4 – Gartemperaturen und -zeiten
Die in den Rezepten angegebenen Gartemperaturen und -zeiten sind Richtwerte, die je nach individueller Hitzeleistung des Backofens über- oder unterschritten werden können. Die Temperaturangaben beziehen sich auf Elektrobacköfen. Die Temperatureinstellmöglichkeiten für Gasbacköfen variieren je nach Hersteller, sodass wir keine allgemeingültigen Angaben machen können. Bitte beachten Sie deshalb bei der Einstellung des Backofens die Gebrauchsanleitung des Herstellers.

Tipp 5 – Ratgeber
Sie finden zu den meisten Kapiteln am Kapitelanfang einen einführenden Ratgeber mit allgemeinen Erläuterungen, hilfreichen Tipps und Hinweisen zur Zubereitung. Zusätzlich finden Sie am Ende des Buches einen allgemeinen Ratgeber zu den Themen Küchenkräuter, Gewürze, Garmethoden und Herdarten sowie nützliche Informationen zum richtigen Einkaufen, Lagern, Einfrieren und Auftauen von Lebensmitteln. Weitere zahlreiche Tipps, Abwandlungen und Rezeptvarianten finden Sie auch direkt unter den Rezepten. Abwandlungen und Rezeptvarianten sind übersichtlich im Register aufgelistet.

Tipp 6 – Nährwerte
Die Nährwerte sind gerundete Orientierungswerte. Sie sind auf die in den Rezepten angegebenen Portionen oder auf die Gesamtmengen bezogen.

Tipp 7 – Portionsgrößen
Über Portionsgrößen gibt es unterschiedliche Meinungen. Die folgenden Durchschnittsangaben gelten für Zutatenmengen, die etwa pro Portion benötigt werden.

Vorsuppe:
150–250 ml (fertiges Gericht)

Hauptgerichte:
Suppe: 375–500 ml (fertiges Gericht)
Eintöpfe: 500–600 g (fertiges Gericht)
Fleisch ohne Knochen: etwa 150 g (Rohware)
Fleisch mit Knochen: etwa 200 g (Rohware)
Fischfilet: 150–200 g (Rohware)
Fisch, ganz: 200–300 g (Rohware)
Teigwaren: 100–125 g (Rohware)

Beilagen:
Sauce: etwa 100 ml (fertiges Gericht)
Gemüse: etwa 200 g (geputzt)
Salat: 40–50 g (geputzt)
Kartoffeln: etwa 200 g (geschält)
Reis, Hirse, Graupen usw.: 50–75 g (Rohware)
Teigwaren: 60–80 g (Rohware)

Desserts:
Obstsalat: 150–200 g (fertiges Gericht)
Kompott: 100–150 g (fertiges Gericht)
Pudding: 125–175 g (fertiges Gericht)

Tipp 8 – Küchenwerkzeuge

Keine Küche kommt ohne gute Koch- und Küchenmesser in unterschiedlichen Größen und Formen aus. Denn Küchenmesser werden täglich gebraucht und sollten deshalb von bester Qualität sein. Damit die Messer haltbar sind und lange scharf bleiben, achten Sie unbedingt darauf, dass die Klinge aus einer guten Stahlsorte, z. B. aus Damaszener Stahl ist. Außerdem müssen Messer gut in der Hand liegen, also „griffig" sein, damit sie nicht wegrutschen und man sich oder andere verletzt.

Folgende Werkzeug-Grundausstattung macht eine gut ausgerüstete Küche komplett:

1 Brotmesser
1–2 Küchenmesser
1 Sparschäler
1 Fleischmesser
1 Knoblauchpresse
1 Küchenschere
je 1 kleiner und 1 großer Kochtopf
1 Bratentopf bzw. Bräter
1 Stieltopf
1 Schüssel-Set
1 Auflaufform
je 1 große und 1 kleine Pfanne (evtl. mit Antihaftbeschichtung)
1 Kurzzeitmesser (möglichst digital)
1 großer Messbecher
1 kleiner Messbecher
1 elektrisches Handrührgerät mit Rührbesen, Knethaken, Pürierstab
1–2 Schneidebretter
1 Lebensmittelwaage (möglichst digital)
1 Kuchenrost (-gitter)
1 Kartoffel- oder Spätzlepresse
1 Vielzweck-Rohkostreibe
1 Salatsieb und 1 Teesieb
1 Salatbesteck
1 Salatschleuder
1 Pfannenwender
1 Schöpfkelle
1 Kochlöffel
1 Saucenlöffel
1 Schaumkelle
1 Schneebesen
1 Backpinsel
1 Dosenöffner
1 Flaschenöffner
1 Zitronenpresse
1 Pfeffermühle
1 Salzstreuer

Tipp 9 – Schwierigkeitsgrade

Für jedes Rezept ist ein Schwierigkeitsgrad angegeben, der es Ihnen leichter macht, die Anforderungen des Rezeptes einzuschätzen.

FÜR ANFÄNGER

FÜR GEÜBTE

FÜR FORTGESCHRITTENE

Einige Deutsch-Österreichische Bezeichnungen

Es gibt einige Unterschiede zwischen der deutschen und der österreichischen Sprache. Leider können wir nicht alle Unterschiede, sondern nur die Wichtigsten aufführen.

Deutsch	Österreichisch
Aprikose	Marille
Baiser	Meringe
Eigelb	Eidotter
Eiweiß	Eiklar
Hefe	Germ
Johannisbeere	Ribisel
Kompott/gedünstetes Obst	Röster
Löffelbiskuit	Biskotten
Pflaumenmus	Powidl
Puderzucker	Staubzucker
Quark	Topfen
Saure Sahne	Sauerrahm
Sahne/Schlagsahne	Obers/Schlagobers
Sauerkirsche/Schattenmorelle	Weichsel
Schmand	Sauerrahm

(Schmand mit 24 % Fett ist selten in Österreich erhältlich und kann durch Crème fraîche ersetzt werden.)

Sie vermissen ein Rezept aus einer früheren Ausgabe?
Schreiben Sie uns oder rufen Sie uns an, wir senden Ihnen das Rezept gern zu. Einen ausführlichen Ratgeber finden Sie auch im Internet unter: **www.oetker-verlag.de.**

Suppen & Eintöpfe

Suppen werden immer beliebter, denn längst hat sich herumgesprochen, dass es kaum ein Gericht gibt, bei dem so viel Geschmack so wenig Schaden an der schlanken Linie anrichtet und dann auch noch das wunderbare Gefühl schenkt, satt zu sein! Ob eher dünnflüssig oder wie ihr „großer Bruder" Eintopf, der es mit jeder Hauptmahlzeit aufnimmt – Suppen liegen voll im Trend. Egal ob klare Suppen, Cremesuppen, Gemüsesuppen oder süße Suppen. Basis einer guten Suppe ist eine gute, am besten selbst gemachte Brühe, etwa eine Hühner-, Gemüse-, Rinder- oder Fischbrühe. Wenn Sie die Brühe frisch zubereiten, sollten Sie gleich auf Vorrat kochen, denn Brühe kann man einfrieren und der nächste Suppenhunger kommt bestimmt.

Das brauchen Sie für eine Brühe:

Egal, ob Sie Ihre Brühe aus Knochen, Fisch, Rindfleisch, Kalbfleisch, Geflügel oder Wild und Gemüse zubereiten – um eine Zutat kommen Sie nicht herum: **Suppengrün** (Foto 1). Zum Suppengrün gehören immer 1–2 Möhren, ein Stück Knollensellerie und eine Porreestange. Je nach Saison und Region ist auch etwas Petersilie, Petersilienwurzel, Blumenkohl, Kohlrabi, Lorbeerblatt oder Stängel von Thymian und Liebstöckel dabei. Besonders aromatisch wird die Brühe, wenn Sie diese Zutaten vor dem Kochen kurz und kräftig anbraten.

Bouquet Garni

Ein Bouquet Garni ist ein Würzsträußchen aus Petersilie, Thymian und Lorbeerblatt zum Würzen von Zubereitungen. Entsprechend kann es ergänzt werden oder auch aus einer speziellen Zusammenstellung bestehen. Sie können die Kräutersträußchen mit Küchengarn zusammengebunden bequem aus dem Topf nehmen, wenn die Brühe fertig ist.

Gespickte Zwiebel (Foto 2)

Ziehen Sie mit einem kleinen Messer die äußeren, trockenen Schalen von einer Zwiebel ab. Schneiden Sie die Zwiebel quer etwa 2 cm tief ein und schieben 1 Lorbeerblatt in den Spalt. Spicken Sie dann die Zwiebel zusätzlich mit ein paar Gewürznelken, die Sie mit dem Stielende in die Zwiebel stecken.

Brühe kalt aufsetzen

Setzen Sie die Zutaten für eine Brühe immer in kaltem Wasser auf – so laugen sie stärker aus und die Brühe schmeckt noch intensiver. **Ausnahme:** Wenn Sie das Fleisch für eine Fleischbrühe nach dem Auskochen weiterverwenden wollen, wie z. B. beim Tafelspitz, geben Sie das Fleisch erst in das kochende Wasser.

Brühe entfetten

Wenn Sie die heiße Brühe direkt weiterverwenden möchten, können Sie das Fett mit Küchenpapier abschöpfen (Foto 3). Legen Sie kurz ein Blatt Küchenpapier auf die Oberfläche, damit das Fett aufgesaugt wird. Wenn Sie mehr Zeit haben, lassen Sie die Brühe abkühlen und stellen Sie sie kalt. Dabei erstarrt das Fett und kann gut mit einem Löffel von der Oberfläche entfernt werden (Foto 4).

1

2

Brühe einfrieren
Klare Brühen können problemlos nach dem Abkühlen eingefroren werden. Wenn Sie sie portionsweise, z. B. in Eiswürfelbehältern oder Gefrierdosen einfrieren, sind sie bei Bedarf schnell zur Hand.

Salzen
Salzen Sie eine Brühe erst zum Ende der Garzeit, und dann auch nur wenig, weil sie sonst beim Einkochen (Reduzieren) schnell zu salzig wird. Geschmacklich abrunden sollten Sie die Brühe erst dann, wenn Sie sie weiterverarbeiten.

Instant-Produkte
Wenn die Zeit, selbst eine Brühe zu kochen, einmal fehlt, kann man auch auf Instant-Produkte aus dem Handel, z. B. gekörnte Brühe oder Brühwürfel zurückgreifen. Dosiert werden diese Produkte entsprechend der Packungsanleitung. Eine weitere Möglichkeit sind die in Gläsern angebotenen, verwendungsfertigen Fonds.

Fonds
Ein Fond ist ein stark konzentrierter Auszug aus zerkleinerten Knochen, Fleischabschnitten, Krustentieren oder Fisch, Gemüsen, Wurzelgemüsen und Kräutern. Ein Fond entsteht, wenn Sie eine fertige Brühe etwas länger einkochen lassen. Fonds haben einen sehr intensiven Geschmack und eignen sich gut als Basis für Suppen und helle oder dunkle Saucen.

Kleine Suppenfeuerwehr
» Ihre Suppe ist zu dünn? Einfach 1–2 Esslöffel Kartoffelpüreeflocken oder etwas Grieß unterrühren (nicht bei klaren Suppen, z. B. Rindfleisch- oder Hühnersuppe), die Suppe mit etwas angerührter Speisestärke binden oder pro Liter Suppe 20 g Weizenmehl und 30 g zerlassene Butter verrühren, in die Suppe einrühren, noch einmal aufkochen.

» Ihre Suppe ist zu dick? Verdünnen Sie die Suppe mit Brühe.

Suppen-Tricks
» Garen Sie in klaren Brühen **keine** Teigwaren, Reis oder Klößchen mit, die Brühe wird sonst trüb. Diese Einlagen lieber getrennt garen und anschließend in die Brühe geben.

» Servieren Sie heiße Suppen wirklich heiß und kalte Suppen wirklich kühl. Bei heißen Suppen wärmen Sie den Teller oder die Suppenschüssel vorher an – z. B. im Backofen bei 50 °C oder in der Mikrowelle oder indem Sie den Teller oder die Suppenschüssel vor dem Servieren mit heißem Wasser ausspülen.

» Leckere Cremesuppen entstehen, wenn die Brühe durch ein Bindemittel, wie Weizenmehl, Speisestärke, Crème fraîche, Eigelb oder eine Eigelb-Sahne-Mischung gebunden wird. Wenn Sie eine Eigelb-Sahne-Mischung zum Binden verwenden, achten Sie darauf, dass die Suppe nicht noch einmal aufkocht, damit das Eigelb nicht gerinnt.

Hühnerbrühe/ Hühnersuppe

ETWAS AUFWÄNDIGER (ETWA 6 PORTIONEN)

Zubereitungszeit: etwa 30 Minuten
Garzeit: etwa 1½ Stunden

2 l Wasser
1 Bund Suppengrün (Sellerie, Möhren, Porree [Lauch])
1 Zwiebel
1 küchenfertiges Suppenhuhn (1–1½ kg)
Salz
200 g gekochte, grüne und weiße Spargelstücke
125 g gekochter Langkornreis
2 EL gehackte Petersilie

Pro Portion (Hühnersuppe):
E: 32 g, F: 15 g, Kh: 6 g, kJ: 1191, kcal: 285, BE: 0,5

1 Wasser in einem großen Topf zum Kochen bringen. Inzwischen Sellerie schälen. Möhren putzen und schälen. Sellerie und Möhren waschen, abtropfen lassen. Porree putzen, die Stange längs halbieren, gründlich waschen und abtropfen lassen.

2 Vorbereitetes Suppengrün grob würfeln (Foto 1). Zwiebel abziehen. Suppenhuhn innen und außen unter fließendem kalten Wasser abspülen und in das kochende Wasser geben. 1 Teelöffel Salz zufügen, erhitzen (nicht kochen lassen) und abschäumen (Foto 2). Suppengrün und Zwiebel in die Brühe geben. Das Huhn ohne Deckel bei schwacher Hitze etwa 1½ Stunden gar kochen.

3 Dann die Brühe durch ein Sieb gießen, evtl. das Fett abschöpfen. Die Brühe mit Salz abschmecken.

4 Für eine Hühnersuppe das Fleisch von den Knochen lösen (Foto 3), die Haut entfernen und das Fleisch in kleine Stücke schneiden. Fleisch-, Spargelstücke und Reis in die Brühe geben und erhitzen. Die Suppe mit Petersilie bestreut servieren.

TIPPS » Sie können die Hühnerbrühe auch mit Eierstich, Grießklößchen, Fleischklößchen, Glasnudeln oder asiatischen Pilzen als Einlage servieren.
» Wenn Sie die Hühnersuppe ohne Einlage am Tag vor dem Verzehr zubereiten und erkalten lassen, können Sie am nächsten Tag ganz einfach das fest gewordene Fett mithilfe eines Löffels abschöpfen.
» Die Hühnerbrühe ist ohne Einlagen gefriergeeignet.

EXTRA-TIPP » 125 g gekochter Reis entsprechen etwa 50 g ungekochtem Reis und anstelle des frisch gekochten Spargels können Sie grünen oder weißen Spargel aus dem Glas oder tiefgekühlt verwenden.

1

2

3

Fischbrühe

GUT VORZUBEREITEN

Zubereitungszeit: etwa 35 Minuten
Garzeit: etwa 20 Minuten

1 Bund Suppengrün (Sellerie, Möhren, Porree [Lauch])
1 kg Fischreste bzw. -gräten, z. B. kleine Abschnitte von Seezunge, Pangasius, Steinbutt
1 Zwiebel
2 EL Speiseöl, z. B. Sonnenblumen- oder Olivenöl
2 l Wasser
Salz
1 kleines Lorbeerblatt
1 Gewürznelke
5 Pfefferkörner
frisch gemahlener Pfeffer
evtl. 1 Döschen (0,2 g) Safran

Pro Portion:
E: 9 g, F: 7 g, Kh: 4 g, kJ: 485, kcal: 115, BE: 0,5

1 Sellerie schälen. Möhren putzen und schälen. Sellerie und Möhren waschen, abtropfen lassen. Porree putzen, die Stange längs halbieren, gründlich waschen und abtropfen lassen. Vorbereitetes Suppengrün grob würfeln.

2 Fischreste bzw. -gräten so lange unter fließendem kalten Wasser abspülen, bis das Wasser klar abläuft. Zwiebel abziehen und vierteln.

3 Öl in einem großen Topf erhitzen. Suppengrün darin unter Rühren andünsten. Wasser, 2 Teelöffel Salz und Fischreste zugeben. Zwiebelviertel mit Lorbeerblatt, Gewürznelke und Pfefferkörnern in die Brühe geben. Zum Kochen bringen und ohne Deckel etwa 20 Minuten bei mittlerer Hitze kochen lassen.

4 Die Fischbrühe durch ein Sieb gießen, mit Salz, Pfeffer und evtl. Safran abschmecken.

TIPPS » Für **Fischfond** die Brühe nochmals um die Hälfte einkochen lassen.
» Sie können die Fischbrühe als Grundlage für Fischsuppen oder -saucen verwenden. Die Fischbrühe ist gefriergeeignet.

» REZEPTVARIANTE:
Feine Fischsuppe (Foto)
Von 150 g Fenchelknolle den Stiel dicht oberhalb der Knolle abschneiden, Fenchelgrün abschneiden und beiseitelegen. Fenchel abspülen, trocken tupfen. 150 g Möhren putzen, schälen, waschen und abtropfen lassen. 75 g Porree putzen, Stange längs halbieren, gründlich waschen und abtropfen lassen. Vorbereitetes Gemüse in feine Streifen schneiden. 1 kleine Zwiebel und 2 Knoblauchzehen abziehen. Zwiebel fein würfeln, Knoblauch fein hacken. 500 g Fischfilet (z. B. Tilapia, Seelachs) unter fließendem kalten Wasser abspülen, trocken tupfen, evtl. von Gräten befreien und in etwa 2 ½ cm große Würfel schneiden. 2 Esslöffel Speiseöl in einem großen Topf erhitzen. Zwiebelwürfel, Knoblauch und Gemüsestreifen darin unter Rühren andünsten. 1 l Fischfond zugießen und zum Kochen bringen. Fischfiletwürfel zugeben, wieder zum Kochen bringen. Suppe ohne Deckel bei schwacher Hitze etwa 8 Minuten kochen lassen. 100 g Garnelen oder Shrimps unter fließendem kalten Wasser abspülen, trocken tupfen. Die Suppe mit Salz, Pfeffer und Cayennepfeffer abschmecken. Garnelen oder Shrimps in die Suppe geben und weitere etwa 2 Minuten mitgaren. Beiseitegelegtes Fenchelgrün abspülen, trocken tupfen und die Suppe mit dem Fenchelgrün garniert servieren.

Rindfleischbrühe

KLASSISCH

Zubereitungszeit: etwa 30 Minuten
Garzeit: 2½–3 Stunden

750 g Rindfleisch, z. B. Bugschaufel, Beinfleisch
2 l kaltes Wasser
Salz
1 Bund Suppengrün (Sellerie, Möhren, Porree [Lauch])
2 Zwiebeln
1 Lorbeerblatt
3 Gewürznelken
5 Pfefferkörner

Pro Portion:
E: 38 g, F: 7 g, Kh: 3 g, kJ: 970, kcal: 230, BE: 0,0

1 Rindfleisch mit kaltem Wasser und 2 Teelöffeln Salz in einen großen Topf geben. Zum Kochen bringen und ohne Deckel etwa 60 Minuten bei mittlerer Hitze kochen, dabei ab und zu mit einer Schaumkelle den Schaum abschöpfen.

2 Inzwischen Sellerie schälen. Möhren putzen und schälen. Sellerie und Möhren waschen, abtropfen lassen. Porree putzen, die Stange längs halbieren, gründlich waschen und abtropfen lassen. Vorbereitetes Suppengrün grob würfeln. Zwiebeln abziehen, 1 Zwiebel mit Lorbeerblatt und Gewürznelken spicken.

3 Suppengrün, Zwiebeln und Pfefferkörner zu dem Rindfleisch geben, wieder zum Kochen bringen und ohne Deckel 1 ½–2 Stunden bei schwacher Hitze kochen.

4 Dann das Fleisch herausnehmen und die Brühe durch ein feines Sieb oder durch ein mit einem Geschirrtuch ausgelegtes Sieb gießen. Die Brühe mit Salz abschmecken.

TIPPS » Sie können die Rindfleischbrühe als Grundlage für viele Rezepte verwenden, in denen Fleischbrühe benötigt wird.
» Kochen Sie noch Fleisch- oder Markknochen in der Brühe mit.
» Die Rindfleischbrühe mit einer Einlage (Foto) aus Spargelspitzen, feinen Suppennudeln, Eierstich und mit gehackter Petersilie bestreut als leichte Vorsuppe servieren. Die Brühe ist (ohne Einlage) gefriergeeignet.

Gemüsebrühe

GUT VORZUBEREITEN

Zubereitungszeit: etwa 30 Minuten
Garzeit: etwa 60 Minuten

3 Zwiebeln
2 Knoblauchzehen
2 Bund Suppengrün (Sellerie, Möhren, Porree [Lauch])
etwa 100 g Petersilienwurzeln
200 g Weißkohl
130 g Tomaten
50 ml Speiseöl, z. B. Rapsöl

1 Zwiebeln und Knoblauchzehen abziehen, fein würfeln. Sellerie schälen. Möhren putzen und schälen. Sellerie und Möhren waschen, abtropfen lassen. Porree putzen, die Stange längs halbieren, gründlich waschen, abtropfen lassen. Vorbereitetes Suppengrün grob würfeln.

2 Petersilienwurzeln putzen, schälen, waschen, abtropfen lassen und würfeln. Von dem Weißkohl die äußeren welken Blätter entfernen, den Kohl vierteln, abspülen, abtropfen lassen, den Strunk herausschneiden und Kohl in Streifen schneiden. Tomaten waschen, abtropfen lassen, halbieren und die Stängelansätze herausschneiden.

3 Öl in einem großen Topf erhitzen. Zwiebel- und Knoblauchwürfel darin unter Rühren andünsten.

4 Das restliche vorbereitete Gemüse zufügen und kurz mitdünsten.

Wasser zugießen. Salz, Lorbeerblätter und Pfefferkörner zugeben, zum Kochen bringen. Gemüse ohne Deckel etwa 60 Minuten bei mittlerer Hitze schwach kochen lassen.

5 Inzwischen Petersilie und Liebstöckel abspülen, trocken tupfen. Die Blättchen von den Stängeln zupfen und Blättchen hacken.

6 Nach Beendigung der Kochzeit die Kräuter zufügen und einige Minuten in der Brühe bei schwacher Hitze ziehen lassen. Die Brühe mit Muskat würzen und anschließend durch ein Sieb geben.

TIPP » Sie können die Gemüsebrühe als Grundlage für Eintöpfe, Saucen und Gemüserezepte verwenden.

3 l Wasser
1 EL Salz
2 Lorbeerblätter
1 TL Pfefferkörner
1 Bund Petersilie
2 Stängel Liebstöckel
geriebene Muskatnuss

Pro Portion:
E: 1 g, F: 13 g, Kh: 1 g,
kJ: 501, kcal: 120, BE: 0,0

Eierstich

KLASSISCH (IM FOTO VORN)

Zubereitungszeit: etwa 5 Minuten
Garzeit: 25–30 Minuten

2 Eier (Größe M)
125 ml (1/8 l) Milch
Salz, Muskatnuss

Pro Portion: E: 4 g, F: 5 g, Kh: 2 g, kJ: 307, kcal: 73, BE: 0,0

1 Eier mit Milch, Salz und Muskat verschlagen. Die Eiermilch in eine gefettete, hitzebeständige, verschließbare Form füllen. Die Form verschließen, in einen weiten, hohen Topf stellen und so viel heißes Wasser angießen, bis die Form halb im Wasser steht.

2 Den Topf verschließen und die Eiermilch bei schwacher Hitze 25–30 Minuten stocken lassen. Anschließend den Eierstich aus der Form lösen, stürzen und etwas abkühlen lassen. Den Eierstich nach Belieben in Rauten oder Würfel schneiden.

Grießklößchen

FÜR KINDER (IM FOTO HINTEN)

Zubereitungszeit: etwa 20 Minuten

125 ml (1/8 l) Milch
10 g Butter
1 Msp. Salz
geriebene Muskatnuss
50 g Hartweizengrieß
1 Ei (Größe M)
Salzwasser (auf 1 l Wasser 1 TL Salz) oder Brühe

Pro Portion:
E: 4 g, F: 5 g, Kh: 10 g, kJ: 428, kcal: 102, BE: 1,0

1 Milch mit Butter, Salz und Muskat zum Kochen bringen, Topf von der Kochstelle nehmen. Weizengrieß einrühren, zu einem glatten Kloß rühren, dann noch etwa 1 Minute auf der Kochstelle erhitzen. Den heißen Kloß in eine Schüssel geben und das Ei unterrühren.

2 So viel Salzwasser oder Brühe zum Kochen bringen, dass die Klößchen in der Flüssigkeit „schwimmen“. Aus der Grießmasse mithilfe von 2 in heißes Wasser getauchten Teelöffeln Klößchen formen, in die kochende Flüssigkeit geben und ohne Deckel etwa 5 Minuten gar ziehen lassen (Flüssigkeit muss sich leicht bewegen).

» REZEPTVARIANTEN:

Süße Grießklößchen
Dafür die Grießmasse mit 1 Prise Salz und ½ Esslöffel Zucker zubereiten. Süße Grießklößchen eignen sich als Einlage für Fruchtkaltschalen oder Milchsuppen.

Fleischklößchen
Dafür 40 g Butter oder Margarine mit einem Rührlöffel geschmeidig rühren. 100 g Gehacktes (halb Rind-, halb Schweinefleisch), 2 Eigelb (Größe M) und 40 g Semmelbrösel zugeben und vermengen. Mit Salz und Pfeffer würzen. Aus der Hackmasse mit angefeuchteten Händen Klößchen formen und diese wie im Rezept beschrieben etwa 5 Minuten gar ziehen lassen.

TIPP » Eierstich und Grießklößchen passen als Einlage in klare Brühen und Suppen, (z. B. Hühnerbrühe, S. 10). Oder Eierstich in einem Mikrowellengerät zubereiten. Dafür die Eierstichmasse in eine gefettete Glas- oder Porzellanschüssel geben, zudecken und etwa 8 Minuten bei etwa 450 Watt garen. Verfeinern Sie Grießklößchen, indem Sie zusätzlich 1–2 Esslöffel gehackte, gemischte Kräuter oder 20 g geriebenen Käse unter die Kloßmasse rühren.

Croûtons (Geröstete Weißbrotwürfel)

EINFACH (IM FOTO RECHTS)

Zubereitungszeit:
etwa 10 Minuten

3 Scheiben Toastbrot
evtl. 1 Knoblauchzehe
30 g Butter, Margarine
oder 3 EL Olivenöl

1 Toastbrotscheiben evtl. entrinden und würfeln. Knoblauch abziehen und fein würfeln.

2 Butter, Margarine oder Öl in einer Pfanne erhitzen. Brotwürfel darin unter gelegentlichem Rühren von allen Seiten knusprig braun braten.

3 Knoblauch unter die Brotwürfel mischen und kurz mitrösten, aber nicht braun werden lassen, da er sonst bitter wird. Die Croûtons kurz vor dem Servieren in die Suppe geben.

Pro Portion: E: 1 g, F: 7 g, Kh: 9 g, kJ: 455, kcal: 109, BE: 1,0

Tomatensuppe

EINFACH

Zubereitungszeit: etwa 30 Minuten
Garzeit: etwa 15 Minuten

1½ kg Fleischtomaten
2 Zwiebeln
2 Knoblauchzehen
2 EL Speiseöl, z. B. Olivenöl
500 ml (½ l) Gemüse- oder Geflügelfond
1 Prise Zucker
Salz, Pfeffer
Cayennepfeffer
1 Lorbeerblatt
getrockneter, gerebelter Oregano
einige Basilikumblättchen

Pro Portion:
E: 5 g, F: 6 g, Kh: 13 g, kJ: 535, kcal: 126, BE: 0,0

1 Tomaten waschen, abtropfen lassen, vierteln und die Stängelansätze herausschneiden. Tomaten würfeln. Zwiebeln und Knoblauchzehen abziehen und fein würfeln.

2 Öl in einem Topf erhitzen. Zwiebel- und Knoblauchwürfel darin unter Rühren dünsten. Tomatenwürfel, Fond, Zucker, Salz, Pfeffer, Cayennepfeffer, Lorbeerblatt und Oregano zufügen, zum Kochen bringen und mit Deckel etwa 15 Minuten bei schwacher Hitze kochen.

3 Das Lorbeerblatt herausnehmen, die Suppe pürieren und durch ein Sieb streichen. Suppe aufkochen, nochmals mit den Gewürzen abschmecken. Mit vorbereiteten Basilikumblättchen bestreut servieren.

TIPP » Anstelle von frischen Tomaten können Sie auch 1 Dose (800 g) geschälte Tomaten verwenden.

EXTRA-TIPP » Servieren Sie die Suppe mit grob gemahlenem Pfeffer und etwas Olivenöl beträufelt.

» REZEPTVARIANTE:
Tomatensuppe mit Mozzarella-Klößchen (Foto 1)
250 g Mozzarella-Käse abtropfen lassen, grob zerkleinern und pürieren. 1 Topf Basilikum abspülen, trocken tupfen und die Blättchen von den Stängeln zupfen. Blättchen hacken, unter die Mozzarella-Masse kneten, salzen und pfeffern. Aus der Mozzarella-Masse 18–24 Klößchen formen, in Suppentellern verteilen und die Suppe darübergeben.

Kräutersuppe

RAFFINIERT (FOTO 2)

Zubereitungszeit: etwa 25 Minuten
Garzeit: etwa 15 Minuten

4 Bund verschiedene Kräuter, z. B. Kerbel, Dill, Petersilie
100 g Blattspinat oder 50 g gehackter TK-Spinat
1 Kästchen Kresse
300 g Kartoffeln
1 Bund Frühlingszwiebeln
1 EL Butter, Salz, Pfeffer
800 ml Gemüsebrühe
125 g Schlagsahne oder 150 g Crème fraîche
geriebene Muskatnuss

1 Kräuter und Spinat (TK-Spinat auftauen lassen) waschen und trocken tupfen. Kräuter von den Stängeln zupfen, die Stängel hacken.

2 Kresse bis auf einen kleinen Rest zum Garnieren mit einer Schere abschneiden, abspülen und trocken tupfen. Kartoffeln schälen, abspülen, abtropfen lassen und klein würfeln. Frühlingszwiebeln putzen, waschen, abtropfen lassen und in feine Scheiben schneiden.

3 Butter in einem Topf zerlassen, gehackte Kräuterstängel, Frühlingszwiebelscheiben und Kartoffelwürfel darin dünsten, mit Salz und Pfeffer würzen. Brühe zugießen, etwa 15 Minuten bei schwacher Hitze leicht kochen.

4 Abgezupfte Kräuterblättchen, -spitzen und Spinat hacken. Zur Suppe geben. Suppe gut pürieren. Sahne oder Crème fraîche in die Suppe geben und kurz erwärmen, aber nicht mehr kochen lassen.

5 Die Suppe mit Salz, Pfeffer und Muskat abschmecken und mit Kresse garniert servieren.

Pro Portion: E: 4 g, F: 15 g, Kh: 16 g, kJ: 931, kcal: 223, BE: 1,0

1

2

Erbsensuppe mit Würstchen

FÜR KINDER

Zubereitungszeit:
etwa 15 Minuten
Garzeit: etwa 25 Minuten

250 g mehligkochende Kartoffeln
2 Zwiebeln
2–3 EL Speiseöl, z. B. Rapsöl
450 g TK-Erbsen oder frische, vorbereitete Erbsen
1 l Wasser
etwa 2 geh. TL gekörnte Brühe
1 TL getrockneter, gerebelter Majoran
Salz
frisch gemahlener Pfeffer
1 EL Zucker
4 Wiener Würstchen
evtl. 1–2 EL gehackte Pfefferminze

Pro Portion:
E: 17 g, F: 21 g, Kh: 27 g,
kJ: 1535, kcal: 366, BE: 2,0

1 Kartoffeln schälen, abspülen, abtropfen lassen und grob würfeln. Zwiebeln abziehen und grob würfeln. Öl in einem Topf erhitzen, Zwiebel- und Kartoffelwürfel unter Rühren darin dünsten. Erbsen zufügen, mit Wasser und gekörnter Brühe auffüllen. Zum Kochen bringen und mit Deckel etwa 25 Minuten bei mittlerer Hitze kochen.

2 Suppe mit gekörnter Brühe, Majoran, Salz, Pfeffer und Zucker abschmecken.

3 Würstchen in Scheiben schneiden, in die Suppe geben und kurz darin erhitzen. Die Suppe evtl. mit gehackter Pfefferminze garniert servieren.

TIPPS » Nach Belieben können Sie die Suppe mit Crème fraîche servieren. Wenn Sie die Suppe pürieren, rühren Sie die Würstchenscheiben erst anschließend unter.

» Statt Würstchenscheiben können Sie gebratenes, in Scheiben geschnittenes Lammfilet und kross gebratene Knoblauchscheiben in die Suppe geben.

EXTRA-TIPP » 1 Esslöffel gehackte Kräuter entspricht, je nach Kraut (z. B. Petersilie, Pfefferminze, Kerbel), etwa 5 Stängel von dem jeweiligen Kraut (abgespült, trocken getupft und gehackt).

Abwandlung: Anstelle von 1 l Wasser und gekörnter Brühe 2 Dosen (je 400 ml) ungesüßte Kokosmilch und 200 ml Gemüsebrühe verwenden. Die Würstchenscheiben durch geröstete Kokosraspel und Chiliflocken ersetzen.

Gemüsecremesuppe
(Grundrezept)

KLASSISCH

Zubereitungszeit:
etwa 40 Minuten, mit Garzeit

650–1100 g Gemüse
1 Zwiebel
25 g Butter oder
2 EL Speiseöl,
z. B. Raps- oder Olivenöl
1 l Gemüsebrühe
Salz, Pfeffer
evtl. Gewürze
evtl. Suppeneinlage

Pro Portion (Brokkoli-Variante):
E: 5 g, F: 6 g, Kh: 4 g,
kJ: 369, kcal: 88, BE: 0,0

1 Gemüse vorbereiten (putzen, evtl. schälen, abspülen, abtropfen lassen) und evtl. zerkleinern. Zwiebel abziehen und würfeln. Butter oder Öl in einem Topf erhitzen. Zwiebelwürfel darin unter Rühren dünsten.

2 Vorbereitetes Gemüse zufügen, unter Rühren mitdünsten. Gemüsebrühe zugießen, zum Kochen bringen. Gemüse gar kochen.

3 Suppe anschließend pürieren, mit Salz und Pfeffer und entsprechenden Gewürzen abschmecken. Nach Belieben eine Einlage in die Suppe geben und die Suppe servieren.

» REZEPTVARIANTEN:

Brokkolicremesuppe
(im Foto rechts)
Von 700 g Brokkoli die Blätter entfernen, Röschen abschneiden, die Stängel schälen, in Stücke schneiden, beides waschen und abtropfen lassen. Stängel mit den Röschen zu den Zwiebelwürfeln in den Topf geben. Nach der Brühezugabe mit Deckel etwa 8 Minuten bei mittlerer Hitze gar kochen, anschließend pürieren. Suppe zusätzlich mit geriebener Muskatnuss abschmecken, nach Belieben mit 1–2 Teelöffeln Joghurt und 1 Teelöffel gehobelten, gerösteten Mandeln pro Portion servieren.

Möhrencremesuppe
(im Foto hinten)
700 g Möhren putzen, schälen, waschen, abtropfen lassen, in etwa 1 cm dicke Scheiben schneiden. Nach der Brühezugabe mit Deckel in 12–15 Minuten bei mittlerer Hitze gar kochen, anschließend pürieren. Suppe zusätzlich mit Zucker und nach Belieben mit gemahlenem Ingwer abschmecken. Die Suppe nach Belieben mit 1–2 Teelöffeln Crème fraîche, 1 Teelöffel gerösteten Sesamsamen oder einigen Streifen Räucherlachs pro Portion servieren.

Kürbiscremesuppe
1,1 kg Kürbis halbieren, Kerne und Innenfasern entfernen. Kürbis schälen, das Fruchtfleisch in Würfel schneiden. Nach der Brühezugabe mit Deckel etwa 15 Minuten bei mittlerer Hitze gar kochen, anschließend pürieren. Die Suppe zusätzlich mit Zucker und Currypulver oder gemahlenem Ingwer abschmecken. Die Suppe nach Belieben mit 1–2 Teelöffeln Crème fraîche, 1–2 Teelöffeln gerösteten Kürbiskernen oder etwas gehacktem Dill pro Portion servieren.

Erbsencremesuppe
650 g TK-Erbsen unaufgetaut zu den Zwiebelwürfeln geben. Nach der Brühezugabe mit Deckel etwa 8 Minuten bei mittlerer Hitze gar kochen, anschließend pürieren. Suppe zusätzlich mit geriebener Muskatnuss, Zucker und Cayennepfeffer abschmecken. Suppe nach Belieben mit 1–2 Teelöffeln Crème fraîche, 1 Teelöffel gehobelten, gerösteten Mandeln, etwas gehackter Petersilie oder gehacktem Kerbel oder einigen Krabben pro Portion servieren.

(Fortsetzung Seite 24)

Kartoffelcremesuppe
1 Bund Suppengrün vorbereiten: Sellerie schälen. Möhren putzen, schälen. Sellerie und Möhren waschen, abtropfen lassen. Porree (Lauch) putzen, die Stange längs halbieren, gründlich waschen und abtropfen lassen. 400 g Kartoffeln schälen, abspülen und abtropfen lassen. Die vorbereiteten Zutaten zerkleinern. Nach der Brühezugabe mit Deckel 15–20 Minuten bei mittlerer Hitze gar kochen, pürieren. Suppe mit geriebener Muskatnuss abschmecken. Nach Belieben mit 1–2 Teelöffeln Crème fraîche, etwas gehackter Petersilie oder gehacktem Kerbel oder einigen Croûtons pro Portion servieren.

Spargelcremesuppe
(im Foto S. 23 vorn)
500 g Spargel waschen, von oben nach unten dünn schälen. Die unteren Enden abschneiden (holzige Stellen vollkommen wegschneiden). Den Spargel kalt abspülen, abtropfen lassen und in etwa 2 cm lange Stücke schneiden. 40 g Butter oder Margarine in einem breiten Topf erhitzen. Spargelstücke zugeben und kurz dünsten. Mit 30 g Weizenmehl bestäuben. Dann mit 250 ml (¼ l) Geflügel brühe oder Weißwein und 250 m (¼ l) Milch ablöschen. Nach un nach 400 ml Geflügelbrühe unt Rühren zufügen. Die Suppe etw 20 Minuten ohne Deckel bei mit lerer Hitze kochen, dabei ab unc zu umrühren. Suppe pürieren, 150 g Crème fraîche unterrührer mit Salz, Pfeffer, Zucker und einem Spritzer Zitronensaft abschmecken. Nach Belieben mit einigen abgespülten, trocken getupften Blättchen glatter Petersilie bestreut servieren.

Möhrensuppe mit roten Linsen und Minze

SCHNELL ZUBEREITET

Zubereitungszeit: etwa 20 Minuten
Garzeit: 8–10 Minuten

750 g Möhren
1 kleines Stück Ingwerwurzel (etwa 10 g)
½ rote Peperoni
1 ½ EL Speiseöl, z. B. Sonnenblumenöl
100 g rote Linsen
frisch gemahlener Pfeffer
1 Msp. gemahlener Kardamom
1 l Gemüsebrühe
5–6 Pfefferminzblätter
Salz
geriebene Muskatnuss

Pro Portion:
E: 9 g, F: 5 g, Kh: 21 g, kJ: 682, kcal: 163, BE: 1,0

1 Möhren putzen, schälen, waschen, abtropfen lassen und in kleine Würfel schneiden. Ingwer schälen und fein würfeln. Peperoni halbieren, entstielen, entkernen und die weißen Scheidewände entfernen. Peperoni waschen, trocken tupfen und in feine Streifen schneiden.

2 Öl in einem Topf erhitzen. Möhren-, Ingwerwürfel und Peperonistreifen darin etwa 5 Minuten unter gelegentlichem Rühren dünsten.

3 Linsen, Pfeffer und Kardamom zufügen und etwa 2 Minuten mitdünsten. Brühe zugießen. Zutaten zum Kochen bringen, mit Deckel 8–10 Minuten leicht kochen lassen.

4 Inzwischen Minzeblätter waschen, trocken tupfen und in feine Streifen schneiden. Suppe vor dem Servieren mit Salz und Muskat abschmecken und mit Minzestreifen bestreuen.

TIPP » Rote Linsen müssen vor dem Kochen nicht eingeweicht werden. (Packungsanleitung beachten).

» REZEPTVARIANTE:
Möhrensuppe mit Tellerlinsen
Das Gemüse wie im Rezept beschrieben vorbereiten. Statt der roten Linsen die bräunlichen Tellerlinsen verwenden (die Garzeit beträgt dann etwa 25 Minuten). Die Möhren nicht mitdünsten, sondern erst 8–10 Minuten vor Garzeitende zugeben und mitgaren. Die Suppe mit Salz, Pfeffer und nach Belieben mit etwas Weißweinessig abschmecken.

Käse-Porree-Suppe

GUT VORZUBEREITEN (6 PORTIONEN, FOTO)

Zubereitungszeit: etwa 20 Minuten
Garzeit: etwa 15 Minuten

1 kg Porree (Lauch)
3 EL Speiseöl, z. B. Sonnenblumenöl
500 g Gehacktes (halb Rind-, halb Schweinefleisch)
Salz, Pfeffer
1 l Fleischbrühe
1 Glas Champignonscheiben (Abtropfgewicht 315 g)
200 g Sahne- oder Kräuter-Schmelzkäse

Pro Portion:
E: 23 g, F: 29 g, Kh: 7 g, kJ: 1589, kcal: 380, BE: 0,5

1 Porree putzen, Stangen längs halbieren, gründlich waschen, abtropfen lassen und in feine Scheiben schneiden.

2 Öl in einem großen Topf erhitzen, Gehacktes darin unter Rühren anbraten, dabei die Fleischklümpchen mit einer Gabel oder einem Kochlöffel zerdrücken. Mit Salz und Pfeffer würzen.

3 Porreescheiben zufügen und kurz mitdünsten. Fleischbrühe zugießen, zum Kochen bringen und mit Deckel etwa 15 Minuten bei mittlerer Hitze garen.

4 Champignons in einem Sieb abtropfen lassen und zufügen. Schmelzkäse unterrühren und in der heißen Suppe unter Rühren schmelzen lassen (nicht mehr kochen lassen). Suppe mit Salz und Pfeffer abschmecken.

TIPP » Nach Belieben die Suppe mit vorbereiteten Petersilienblättchen garniert servieren.

Pilzsuppe

VEGETARISCH

Zubereitungszeit: etwa 30 Minuten

500 g Champignons (weiß oder braun) oder Austernpilze
1 Zwiebel
35 g Butter oder Margarine
35 g Weizenmehl
1 l Gemüsebrühe
1 Becher (150 g) Crème fraîche
Salz, Pfeffer
1 EL gehackte Basilikumblättchen

Pro Portion:
E: 7 g, F: 19 g, Kh: 9 g, kJ: 976, kcal: 235, BE: 0,5

1 Champignons oder Austernpilze putzen, mit Küchenpapier abreiben und in Scheiben oder Stücke schneiden. Zwiebel abziehen und würfeln.

2 Butter oder Margarine in einem Topf zerlassen. Zwiebelwürfel und Pilzscheiben oder -stücke darin unter Rühren dünsten. Mit Mehl bestäuben, verrühren und kurz mitdünsten.

3 Gemüsebrühe zugießen, mit einem Schneebesen gut durchschlagen. Dabei darauf achten, dass keine Klümpchen entstehen.

4 Suppe zum Kochen bringen und ohne Deckel etwa 5 Minuten bei schwacher Hitze gar kochen, gelegentlich umrühren.

5 Crème fraîche unterrühren. Suppe mit Salz und Pfeffer würzen. Mit Basilikum bestreut servieren.

TIPP » Sie können die Suppe entweder mit etwas Sherry oder etwas Currypulver, 1 Prise Zucker und 1–2 Teelöffeln Zitronensaft geschmacklich verändern.

Milchsuppe mit Schneeklößchen

FÜR KINDER

Zubereitungszeit:
etwa 20 Minuten, ohne Ziehzeit

Für die Suppe:
1 Pck. Dr. Oetker Pudding-Pulver Vanille-, Mandel- oder Sahne-Geschmack
60 g Zucker
1 Prise Salz
1 l Milch
1 Eigelb (Größe M)
Schale von ½ Bio-Zitrone (unbehandelt, ungewachst)

Für die Schneeklößchen:
1 Eiweiß (Größe M)
1 schwach geh. TL Zucker

Pro Portion:
E: 9 g, F: 9 g, Kh: 34 g, kJ: 1174, kcal: 281, BE: 3,0

1 Für die Suppe Pudding-Pulver mit Zucker und Salz mischen. Nach und nach mit mindestens 6 Esslöffeln von der Milch glatt rühren. Eigelb unterrühren. Zitrone heiß abwaschen, abtrocknen. Die Schale von der ½ Zitrone mit einem Sparschäler so abschälen, dass nur die gelbe Schale und nicht das Weiße abgeschält wird. Milch mit Zitronenschale in einem großen Topf zum Kochen bringen.

2 Dann den Topf von der Kochstelle nehmen und das angerührte Pudding-Pulver mit einem Schneebesen einrühren. Den Topf wieder auf die Kochstelle geben und alles unter Rühren kurz aufkochen. Die Zitronenschale aus der Suppe entfernen.

3 Für die Schneeklößchen Eiweiß mit Zucker steif schlagen. Mithilfe von 2 Teelöffeln kleine Klöße abstechen, auf die Suppe geben und mit Deckel etwa 5 Minuten gar ziehen lassen (Flüssigkeit muss sich leicht bewegen).

TIPP » Die Suppe nach Belieben mit Zimt-Zucker bestreuen oder 50 g Rosinen mitkochen oder die Suppe mit fein geschnittener Zitronenschale und Pfefferminzblättchen garniert servieren.

» REZEPTVARIANTEN:

Schokoladensuppe (Foto 1)
Die Suppe mit 1 Päckchen Dr. Oetker Pudding-Pulver Schokoladen-Geschmack und 75 g Zucker, aber ohne Zitronenschale zubereiten. Dafür nach Belieben 1 Stück Zimtstange mitkochen und vor dem Verzehr entfernen.

Grießsuppe (Foto 2)
Dafür 1 l Milch mit Zitronenschale aufkochen. 60 g Weichweizengrieß und 60 g Zucker mischen, unter Rühren zugeben und ohne Deckel etwa 5 Minuten quellen lassen. Nach Belieben Zitronenschale entfernen. Suppe warm oder kalt servieren.

Haferschleim (Foto 3)
Dafür 1 l Milch mit Zitronenschale aufkochen. 40 g Haferflocken und 1 Prise Salz unterrühren. Einmal kurz aufkochen und ohne Deckel etwa 10 Minuten bei schwacher Hitze quellen lassen, dabei gelegentlich umrühren. Zum Schluss Zitronenschale entfernen, 50 g Zucker sowie 1 Päckchen Dr. Oetker Vanillin-Zucker unterrühren. Je nach Haferflockensorte (zart, kernig) bekommt die Suppe eine etwas andere Konsistenz.

1

2

3

Pichelsteiner

KLASSISCH (FOTO)

Zubereitungszeit: etwa 20 Minuten
Garzeit: etwa 60 Minuten

500 g gemischte Fleischsorten aus Schulter oder Nacken (Lamm, Schwein, Rind)
2 Zwiebeln
30 g Butterschmalz oder Margarine oder 3 EL Speiseöl
Salz, Pfeffer
gerebelter Majoran
gerebeltes Liebstöckel
500 ml (½ l) Gemüsebrühe
250 g Möhren
375 g vorwiegend festkochende Kartoffeln
350 g Porree (Lauch)
300 g Weißkohl
2 EL gehackte Petersilie

Pro Portion:
E: 30 g, F: 19 g, Kh: 19 g, kJ: 1550, kcal: 370, BE: 1,0

1 Fleisch mit Küchenpapier trocken tupfen und in etwa 2 cm große Würfel schneiden. Zwiebeln abziehen, evtl. halbieren und in Scheiben schneiden.

2 Butterschmalz, Margarine oder Öl in einem Topf erhitzen. Fleischwürfel darin unter Rühren leicht anbraten. Dann die Zwiebelscheiben zufügen und kurz mitbraten.

3 Das Fleisch mit Salz, Pfeffer, Majoran und Liebstöckel würzen. Gemüsebrühe zufügen, zum Kochen bringen und mit Deckel etwa 40 Minuten bei mittlerer Hitze kochen.

4 Inzwischen Möhren putzen, schälen, waschen und abtropfen lassen. Kartoffeln schälen, abspülen und abtropfen lassen. Beides in Würfel schneiden. Porree putzen, die Stangen längs halbieren, gründlich waschen, abtropfen lassen und in Scheiben schneiden. Von dem Kohl die äußeren welken Blätter entfernen. Kohl vierteln, abspülen, abtropfen lassen und den Strunk herausschneiden. Kohl in schmale Streifen schneiden.

5 Nach Beendigung der Kochzeit das vorbereitete Gemüse und die Kartoffeln zufügen, wieder zum Kochen bringen. Mit Salz und Pfeffer würzen und mit Deckel weitere etwa 20 Minuten garen.

6 Den Eintopf nochmals mit den Gewürzen abschmecken und mit Petersilie bestreut servieren.

Weiße-Bohnen-Eintopf

EINFACH (ETWA 8 PORTIONEN)

Zubereitungszeit: etwa 20 Minuten
Garzeit: etwa 30 Minuten

1 Dose weiße Bohnen (Abtropfgewicht 530 g)
500 g Hähnchenbrustfilet
375 g mehligkochende Kartoffeln
1 Stange Porree (Lauch, etwa 200 g)
300 g Möhren
75 g Knollensellerie

1 Bohnen in ein Sieb geben, kalt abspülen und abtropfen lassen. Hähnchenbrust unter fließendem kalten Wasser abspülen, trocken tupfen und in etwa 1 cm große Würfel schneiden.

2 Kartoffeln schälen, abspülen, abtropfen lassen und in Würfel schneiden. Porree putzen, die Stange längs halbieren, gründlich waschen und abtropfen lassen.

3 Möhren putzen, schälen. Sellerie schälen. Möhren und Sellerie waschen, abtropfen lassen. Zwiebeln abziehen. Vorbereitetes Gemüse in Würfel oder Scheiben schneiden.

4 Öl in einem großen Topf erhitzen, Hähnchenfleischwürfel darin anbraten.

5 Vorbereitetes Gemüse und die Kartoffeln zu den Fleischwürfeln geben, kurz mitdünsten. Die abgetropften Bohnen zugeben, den Fond zugießen. Eintopf zum Kochen bringen. Die Cabanossi in Stücke schneiden und in den Eintopf geben. Eintopf bei mittlerer Hitze mit Deckel etwa 30 Minuten garen.

6 Eintopf mit Salz und Pfeffer abschmecken, mit Thymian bestreut servieren.

TIPP » Sie können die Suppe auf Vorrat zubereiten und einfrieren.

2 Zwiebeln
2 EL Oliven- oder Rapsöl
1 l Gemüse- oder Geflügelfond
200 g Cabanossi
Salz, Pfeffer
2 EL gehackter Thymian

Pro Portion:
E: 24 g, F: 11 g, Kh: 19 g, kJ: 1136, kcal: 271, BE: 1,5

Gemüseeintopf

VEGETARISCH

Zubereitungszeit: etwa 45 Minuten
Garzeit: etwa 25 Minuten

375 g Möhren
375 g mehligkochende Kartoffeln
375 g grüne Bohnen
250 g Blumenkohl
250 g Tomaten
2 Zwiebeln
3 Stängel Basilikum
50 g Butter oder Margarine oder 4–5 EL Speiseöl
Salz, Pfeffer
500 ml (½ l) heiße Gemüsebrühe
2 EL gehackte Petersilie

Pro Portion:
E: 7 g, F: 12 g, Kh: 22 g, kJ: 931, kcal: 222, BE: 1,0

1 Möhren putzen, schälen, waschen und abtropfen lassen. Kartoffeln schälen, abspülen und abtropfen lassen. Beide Zutaten in Würfel schneiden. Von den Bohnen die Enden abschneiden, evtl. Fäden abziehen. Bohnen waschen, abtropfen lassen und in Stücke schneiden oder brechen.

2 Von dem Blumenkohl Blätter entfernen, den Strunk abschneiden. Blumenkohl in Röschen teilen, abspülen und abtropfen lassen. Tomaten waschen, abtropfen lassen, kreuzweise einschneiden, kurz in kochendes Wasser legen und in kaltem Wasser abschrecken. Tomaten enthäuten, vierteln und die Stängelansätze entfernen.

3 Zwiebeln abziehen und würfeln. Basilikumstängel abspülen, trocken tupfen und die Blättchen von den Stängeln zupfen. Blättchen fein schneiden und zum Garnieren beiseitelegen. Basilikumstiele klein schneiden.

4 Butter, Margarine oder Öl in einem Topf zerlassen. Zwiebel-, Kartoffelwürfel und Bohnen etwa 5 Minuten unter Rühren dünsten. Mit Salz und Pfeffer würzen. Basilikumstiele und Gemüsebrühe zufügen, zum Kochen bringen und mit Deckel etwa 5 Minuten bei mittlerer Hitze kochen.

5 Möhrenwürfel und Blumenkohlröschen zufügen, mit Deckel etwa 15 Minuten mitgaren.

6 Tomatenviertel zufügen und noch etwa 2 Minuten miterhitzen. Den Eintopf mit Salz und Pfeffer abschmecken. Mit Petersilie und Basilikum bestreut servieren.

Abwandlung: Für einen **Gemüseeintopf mit Fleischklößchen** (Foto 1) etwa 300 g frische Bratwurstmasse aus der Haut drücken, zu kleinen Klößchen formen und die letzten 5 Minuten im Eintopf mitgaren.

» REZEPTVARIANTE:

Minestrone (Foto 2)
200 g Möhren, 300 g vorwiegend festkochende Kartoffeln, 150 g Zucchini, 200 g Porree (Lauch), 100 g Staudensellerie und 100 g grüne Bohnen vorbereiten (putzen, evtl. schälen, abspülen und abtropfen lassen). 2 Zwiebeln abziehen und in Scheiben schneiden. 75 g durchwachsenen Speck fein würfeln. 2 Fleischtomaten enthäuten (siehe Punkt 2), Tomaten halbieren und entkernen. Vorbereitetes Gemüse klein schneiden. 2 Esslöffel Olivenöl in einem großen Topf erhitzen. Speck- und Zwiebelwürfel darin unter Rühren andünsten. Kleingeschnittene Möhren, Kartoffeln, Sellerie und Bohnen zugeben, mitdünsten. 1 l Gemüsebrühe zugießen, zum Kochen bringen und mit Deckel 10–12 Minuten kochen lassen. Dann Zucchini, Porree, 100 g TK-Erbsen und 50 g Hörnchennudeln zugeben, wieder zum Kochen bringen und mit Deckel weitere 5–7 Minuten kochen. Tomaten mit

je 2 Esslöffeln gehackter Petersilie und gehackten Basilikumblättchen zugeben. Suppe mit Salz, Pfeffer, Paprikapulver edelsüß abschmecken. Mit 70 g frisch geriebenem Parmesan-Käse bestreut servieren.

1

2

Wirsingeintopf

KLASSISCH

Zubereitungszeit: etwa 30 Minuten
Garzeit: etwa 45 Minuten

500 g Rind- oder Lammfleisch (aus der Schulter)
2 Zwiebeln
3 EL Speiseöl, z. B. Sonnenblumen- oder Rapsöl
Salz, Pfeffer
gemahlener Kümmel oder Kümmelsamen
750 ml (¾ l) heiße Gemüsebrühe
1 kg Wirsing
375 g mehligkochende Kartoffeln
evtl. 2 EL gehackte Petersilie

Pro Portion:
E: 33 g, F: 16 g, Kh: 17 g, kJ: 1458, kcal: 349, BE: 1,0

1 Fleisch mit Küchenpapier trocken tupfen und in 2 cm große Würfel schneiden. Zwiebeln abziehen, halbieren und in Scheiben schneiden.

2 Öl in einem großen Topf erhitzen. Die Fleischwürfel darin unter Rühren leicht anbraten.

3 Zwiebelscheiben zufügen und kurz mitdünsten.

4 Die Fleischwürfel mit Salz, Pfeffer und Kümmel würzen. Gemüsebrühe zugießen, zum Kochen bringen und mit Deckel etwa 30 Minuten bei mittlerer Hitze kochen.

5 Inzwischen von dem Wirsing die äußeren welken Blätter entfernen. Wirsing vierteln, abspülen, abtropfen lassen, den Strunk herausschneiden und den Wirsing in Streifen schneiden. Kartoffeln schälen, abspülen und in Würfel schneiden.

6 Nach Beendigung der Kochzeit Wirsingstreifen und Kartoffelwürfel zufügen, wieder zum Kochen bringen und mit Deckel noch etwa 15 Minuten gar kochen.

7 Eintopf nochmals mit den Gewürzen abschmecken und evtl. mit Petersilie bestreut servieren.

TIPP » Für 500 g schieres Lammfleisch aus der Schulter benötigt man eine Lammschulter von etwa 900 g (mit Knochen). Der Eintopf ist gefriergeeignet.

Irish Stew

DAUERT LÄNGER

1 Lammschulter mit Küchenpapier trocken tupfen und von den Knochen lösen, Fett abschneiden. Das Fleisch (etwa 650 g) in etwa 2 cm große Würfel schneiden. Die Fleischwürfel mit Salz und Pfeffer würzen.

2 Von dem Wirsing die äußeren welken Blätter entfernen. Den Wirsing vierteln, abspülen, abtropfen lassen, den Strunk herausschneiden und Wirsing in dünne Streifen schneiden. Kartoffeln schälen, abspülen und in dünne Scheiben schneiden. Zwiebeln abziehen, halbieren und ebenfalls in Scheiben schneiden.

3 Zunächst nacheinander jeweils die Hälfte der Wirsingstreifen, Kartoffel- und Zwiebelscheiben in einen großen Topf schichten (Foto 1), dabei jede Schicht mit Salz und Pfeffer würzen. Die Fleischwürfel daraufgeben. Restliche Zutaten in umgekehrter Reihenfolge einschichten, dabei ebenfalls jede Schicht mit Salz und Pfeffer würzen.

4 Fleischbrühe zugießen (Foto 2), zum Kochen bringen und etwa 60 Minuten mit Deckel bei schwacher bis mittlerer Hitze garen.

5 Den Eintopf nach Beendigung der Garzeit umrühren und mit den Gewürzen abschmecken.

Zubereitungszeit:
etwa 30 Minuten
Garzeit: etwa 60 Minuten

1 kg Lammschulter (mit Knochen)
Salz, Pfeffer
650 g Wirsing
600 g mehligkochende Kartoffeln
375 g Zwiebeln
375 ml (3/8 l) Fleischbrühe

Pro Portion:
E: 39 g, F: 12 g, Kh: 25 g,
kJ: 1543, kcal: 369, BE: 1,5

1

2

Feiner Hähnchenfleischtopf

MIT ALKOHOL

Zubereitungszeit: etwa 20 Minuten
Garzeit: etwa 40 Minuten

800 g Hähnchenbrustfilet
250 g festkochende Kartoffeln
1 Kohlrabi (etwa 200 g)
2 dicke Möhren (etwa 200 g)
1 Bund Frühlingszwiebeln (etwa 250 g)
250 g grüner Spargel
2 EL Speiseöl, z. B. Sonnenblumenöl
Salz
frisch gemahlener Pfeffer
1 EL Tomatenmark
400 ml Hühnerbrühe
100 ml trockener Weißwein, z. B. Riesling
½ Bund Kerbel

Pro Portion:
E: 51 g, F: 7 g, Kh: 17 g, kJ: 1502, kcal: 359, BE: 1,0

1 Hähnchenbrustfilet unter fließendem kalten Wasser abspülen, trocken tupfen und in kleine Stücke schneiden.

2 Kartoffeln und Kohlrabi schälen, abspülen und abtropfen lassen. Möhren putzen, schälen. Frühlingszwiebeln putzen. Möhren und Frühlingszwiebeln waschen, abtropfen lassen. Frühlingszwiebeln in etwa 3 cm lange Stücke schneiden. Kartoffeln, Kohlrabi und Möhren zuerst in Scheiben, dann in Stifte schneiden.

3 Vom Spargel nur das untere Drittel schälen und die holzigen Enden abschneiden. Spargel waschen, abtropfen lassen und in etwa 3 cm lange Stücke schneiden.

4 Öl in einem großen Topf erhitzen. Hähnchenfleischstücke darin portionsweise von allen Seiten anbraten, mit Salz und Pfeffer würzen. Kartoffel-, Kohlrabi- und Möhrenstifte zugeben und mitdünsten. Tomatenmark unterrühren. Die Hälfte der Brühe zugießen. Zutaten zum Kochen bringen und mit Deckel etwa 20 Minuten bei mittlerer Hitze kochen lassen.

5 Restliche Brühe und Wein zugießen, wieder zum Kochen bringen und mit Deckel bei schwacher Hitze noch etwa 10 Minuten garen. Inzwischen Kerbel abspülen, trocken tupfen und die Blättchen von den Stängeln zupfen.

6 Spargel- und Frühlingszwiebelstücke zum Hähnchenfleischtopf geben, mit Salz und Pfeffer würzen. Einige Kerbelblättchen unterrühren, Suppe wieder zum Kochen bringen und weitere etwa 10 Minuten bei schwacher Hitze garen.

7 Den Hähnchenfleischtopf mit Salz und Pfeffer abschmecken, mit den restlichen Kerbelblättchen bestreut servieren.

Beilage: Weißbrot mit Kräuterbutter.

» REZEPTVARIANTEN:

Schneller Hähnchenfleischtopf mit weißem Spargel
Anstelle des grünen Spargels weiße, gekochte Spargelstücke aus dem Glas verwenden. Diese 3–5 Minuten in der Suppe erwärmen.

Hähnchenfleischtopf mit Paprika
Statt Spargel 1 rote Paprikaschote verwenden. Schote halbieren, entstielen, entkernen und die weißen Scheidewände entfernen. Schote abspülen, abtropfen lassen und in feine Würfel schneiden. Paprikawürfel mit den Frühlingszwiebeln in der Suppe garen.

Linseneintopf mit Mettwürstchen

EINFACH

Zubereitungszeit: etwa 25 Minuten
Garzeit: etwa 25 Minuten

1 Bund Suppengrün (Sellerie, Möhren, Porree [Lauch])
250 g getrocknete Tellerlinsen
375 g vorwiegend festkochende Kartoffeln
2 Zwiebeln
2 EL Speiseöl, z. B. Sonnenblumen- oder Rapsöl
1 ½ l Gemüsebrühe
4 Mettwürstchen (Rauchenden, je etwa 90 g)
Weißweinessig
Salz
frisch gemahlener Pfeffer
eine Prise Zucker
2 EL gehackte Petersilie

Pro Portion:
E: 34 g, F: 38 g, Kh: 50 g, kJ: 2851, kcal: 685, BE: 3,5

1 Sellerie schälen. Möhren putzen und schälen. Sellerie und Möhren waschen und abtropfen lassen. Porree putzen, die Stange längs halbieren, gründlich waschen und abtropfen lassen. Vorbereitetes Suppengrün würfeln.

2 Linsen in ein Sieb geben, kalt abspülen. Kartoffeln schälen, abspülen, abtropfen lassen und würfeln. Zwiebeln abziehen, halbieren und in Scheiben schneiden.

3 Öl in einem Topf erhitzen, vorbereitetes Gemüse und Kartoffeln darin andünsten. Gemüsebrühe und Linsen zugeben, zum Kochen bringen, mit Deckel etwa 15 Minuten bei mittlerer Hitze kochen.

4 Die Mettwürstchen zugeben und weitere 10 Minuten mitkochen.

5 Den Eintopf mit Essig, Salz, Pfeffer und etwas Zucker abschmecken und mit Petersilie bestreut servieren.

TIPP » Nach Belieben 1 Lorbeerblatt mitkochen und vor dem Servieren herausnehmen.

» REZEPTVARIANTEN:

Schneller Linseneintopf
Dafür Linsen aus der Dose verwenden. Dazu die vorbereiteten Kartoffeln in 750 ml (¾ l) Gemüsebrühe mit Deckel etwa 10 Minuten bei mittlerer Hitze kochen. Dann die Mettwürstchen zugeben und mit Deckel weitere etwa 5 Minuten kochen. Zum Schluss 1 Dose Linsen mit Suppengrün (800 g) zufügen, alles weitere etwa 5 Minuten kochen. Den Eintopf mit Salz, Pfeffer, Essig und Zucker abschmecken.

Vegetarischer Linseneintopf (Foto 1)
Die Kartoffelmenge auf 500–600 g erhöhen, die Mettwürstchen weglassen. Nach Belieben den Eintopf kurz vor dem Servieren mit gehobeltem Parmesan-Käse bestreuen.

Kürbis-Linsen-Eintopf (Foto 2)
3 Zwiebeln und 2 Knoblauchzehen abziehen, beides fein würfeln. 500 g Kürbis entkernen, schälen und das Fruchtfleisch in Stücke schneiden. 200 g Staudensellerie putzen und die harten Außenfäden abziehen. Sellerie abspülen, abtropfen lassen und in Würfel schneiden. 450 g Kartoffeln schälen, abspülen, abtropfen lassen und würfeln. 100 g Tellerlinsen kalt abspülen, abtropfen lassen. 2 Esslöffel Kürbiskernöl in einem Topf erhitzen. Zwiebel- und Knoblauchwürfel darin andünsten. Vorbereitetes Gemüse mit Linsen und 1 l Gemüsebrühe zufügen, zum Kochen bringen und mit Deckel 20–25 Minuten bei mittlerer Hitze kochen lassen. Inzwischen 200 g Wiener Würstchen in Scheiben schneiden. 1 Bund Zitronenthymian abspülen, trocken tupfen, die Blättchen von den Stängeln zupfen. Würstchenscheiben und Zitronenthymian in die Suppe geben, mit Deckel noch etwa 10 Minuten garen. Die Suppe vor dem Servieren mit Salz und Pfeffer abschmecken und nach Belieben mit 2 Esslöffeln Kürbiskernöl beträufeln.

1

2

Steckrübeneintopf
(Kohlrüben)

PREISWERT

Zubereitungszeit:
etwa 30 Minuten
Garzeit: etwa 50 Minuten

500 g Kasseler (ohne Knochen)
2 Zwiebeln
1 EL Speiseöl, z. B. Sonnenblumenöl
Salz
frisch gemahlener weißer Pfeffer
etwa 500 ml (½ l) Gemüsebrühe
750 g Steckrüben
500 g vorwiegend festkochende Kartoffeln
1 EL gehackte, glatte Petersilie

Pro Portion:
E: 26 g, F: 13 g, Kh: 25 g, kJ: 1390, kcal: 332, BE: 2,0

1 Kasseler mit Küchenpapier trocken tupfen und in kleine Würfel schneiden. Zwiebeln abziehen und würfeln.

2 Öl in einem Topf erhitzen. Fleischwürfel unter Rühren darin hellbraun braten. Zwiebelwürfel zufügen und kurz mitdünsten. Das Fleisch mit Salz und Pfeffer würzen. Etwa die Hälfte der Gemüsebrühe zufügen, zum Kochen bringen, mit Deckel etwa 30 Minuten bei mittlerer Hitze garen.

3 Inzwischen Steckrüben und Kartoffeln schälen, abspülen und in Stifte schneiden. Steckrüben- und Kartoffelstifte mit der restlichen Brühe zu dem Fleisch geben. Eintopf mit Salz und Pfeffer würzen, mit Deckel weitere etwa 20 Minuten garen.

4 Eintopf nochmals mit den Gewürzen abschmecken und mit Petersilie bestreut servieren.

TIPPS » Schmecken Sie den Eintopf mit mittelscharfem Senf ab. Würzen Sie den Eintopf nach Belieben zusätzlich mit getrocknetem, gerebelten Majoran oder bestreuen Sie den Eintopf vor dem Servieren mit 1–2 abgespülten, abgetropften, in feine Scheiben geschnittenen Frühlingszwiebeln.
» Der Steckrübeneintopf ist gefriergeeignet.

Abwandlung: Anstelle von Kasseler können Sie auch Lammfleisch (aus der Schulter) verwenden.

» REZEPTVARIANTEN:

Steckrübeneintopf mit Linsen
Dafür zusätzlich 100 g Linsen (z. B. Berglinsen nach Packungsanleitung) mitgaren. Dafür etwa 1 Liter Gemüsebrühe verwenden.

Steckrübeneintopf mit Süßkartoffeln
Anstelle der Kartoffeln orangefleischige Süßkartoffeln verwenden. Den Eintopf mit schwarzem Sesam (Asialaden) bestreut servieren.

Mediterraner Fischeintopf

ETWAS TEURER (ETWA 6 PORTIONEN)

Zubereitungszeit: etwa 50 Minuten, ohne Auftauzeit
Garzeit: etwa 10 Minuten

500 g kleine TK-Tintenfische
225 g TK-Shrimps
300 g TK-Tilapia- oder Rotbarbenfilets
1 Glas Miesmuschelfleisch (Abtropfgewicht 120 g)
2 mittelgroße Zucchini (etwa 400 g)
3 Fleischtomaten
6 EL Olivenöl
800 ml Fischfond oder Gemüsebrühe
3 Knoblauchzehen
1 Pck. (25 g) TK-Kräuter der Provence
Salz
frisch gemahlener Pfeffer
1 Bund Zitronenthymian

Pro Portion:
E: 34 g, F: 13 g, Kh: 7 g, kJ: 1177, kcal: 280, BE: 0,5

1 TK-Meeresfrüchte und Fischfilets nach Packungsanleitung auftauen lassen, anschließend unter fließendem kalten Wasser abspülen und trocken tupfen. Fischfilets in Stücke schneiden, dabei evtl. Gräten entfernen. Miesmuscheln in einem Sieb abtropfen lassen.

2 Zucchini waschen, abtrocknen und die Enden abschneiden. Zucchini längs halbieren und in dünne Scheiben schneiden.

3 Tomaten waschen, abtropfen lassen, kreuzweise einschneiden, kurz in kochendes Wasser legen, dann in kaltem Wasser abschrecken. Tomaten enthäuten, vierteln, entkernen und die Stängelansätze herausschneiden. Fruchtfleisch würfeln und beiseitestellen.

4 Olivenöl in einem großen Topf erhitzen. Meeresfrüchte und Fischstücke portionsweise darin dünsten. Zucchinischeiben zufügen. Fischfond oder Gemüsebrühe zugießen. Knoblauchzehen abziehen, durch eine Knoblauchpresse drücken und mit den Kräutern unterrühren. Suppe mit Salz und Pfeffer würzen. Zutaten zum Kochen bringen und etwa 10 Minuten bei schwacher Hitze ziehen lassen. Tomatenwürfel und Muscheln unterrühren, kurz miterhitzen.

5 Zitronenthymian abspülen, trocken tupfen, etwa die Hälfte fein hacken und unter den Fischeintopf rühren. Von den restlichen Thymianstängeln die Blättchen abzupfen. Den Eintopf mit Thymianblättchen garniert servieren.

Beilage: Knoblauchbutter mit frischem gehackten Basilikum vermengen und mit Baguette oder Brötchen zum Eintopf reichen.

TIPP » Den Zitronenthymian können Sie durch getrockneten Thymian und 1–2 Teelöffel Zitronensaft ersetzen.

EXTRA-TIPP » So vermeiden Sie Fischgeruch an den Händen: Hände vor dem Waschen mit Zitronensaft oder Essig einreiben.

Fleisch

Wenn Sie den vollen Geschmack wollen, setzen Sie beim Fleischkauf auf Qualität. Zu erkennen ist die Fleischqualität an der Farbe, dem Geruch, dem Geschmack und der Struktur von Fleisch. Die Fleischqualität hängt ebenfalls von Alter, Gewicht und der Aufzucht der Tiere ab. Aber Fleisch ist noch mehr als Genuss: es enthält hochwertiges Eiweiß (Protein), ist reich an wichtigen Aminosäuren. Fleischeiweiß hat eine höhere biologische Wertigkeit als pflanzliches Eiweiß. Mit anderen Worten: Es kann von unserem Organismus besser in körpereigenes Eiweiß umgesetzt werden und Eiweiß ist der Grundbaustein aller unserer Körperzellen. Fleisch liefert zudem reichlich Vitamine, Mineralstoffe (z. B. Zink und Eisen) und Spurenelemente. Wie hoch der Gehalt an Nährstoffen ist, hängt von Fleischart, Fleischstück oder Fleischerzeugnis ab.

Fleischstruktur

Das Fleisch gut ernährter Tiere enthält unterschiedlich viel Fett. Selbst relativ mageres Fleisch profitiert davon, denn Fett fördert die Saftigkeit und das Aroma des Fleisches. Muskelfleisch, das mit feinen Fettadern durchzogen ist, bezeichnet man als marmoriert – beim Rumpsteak oder Roastbeef ist die Marmorierung besonders gut zu erkennen. Ist das Fett wie z. B. beim Schweinenacken, zwischen den Muskelsträngen eingelagert, spricht man von durchwachsenem Fleisch (Foto 1).

Kalbfleisch – der besonders zarte Genuss

Kalbfleisch stammt von jungen Rindern, die nicht älter als 3 Monate sind. Im Vergleich zum Rindfleisch besticht es durch zartes Fleisch und einen milden Geschmack.

Lammfleisch – der etwas andere Geschmack

Mit seinem kräftig-würzigen Geschmack sorgt Lammfleisch für eine besondere Note in der Küche. Frisch bekommen Sie Lammfleisch, meist aus heimischer Produktion, beim Metzger (eventuell vorbestellen) oder in türkischen und griechischen Geschäften. Tiefgefrorenes Lammfleisch wird größtenteils aus Neuseeland importiert.

Wichtig: Nur Lämmer, die jünger als 12 Monate sind, dürfen im Handel als Lamm bzw. Mastlamm angeboten werden. Milchlämmer sind sogar nicht älter als 3–6 Monate.

Schweinefleisch – würzig und vielseitig

Im Handel erhalten Sie überwiegend Fleisch von Tieren, die 7–8 Monate alt und noch nicht geschlechtsreif sind. Bereits nach 2 Tagen ist das Fleisch ausgereift und entfaltet seinen charakteristischen Geschmack.

Rindfleisch – dunkel und deftig

In der Regel kommt nur das Fleisch von jungen Schlachttieren in den Handel. Gut im Kühlhaus abgehangen, erhält es sein typisches Aroma, wird mürbe und zart.

Hackfleisch – beliebt und abwechslungsreich

Hackfleisch (Foto 2) kann zwar aus allen Fleischarten hergestellt werden, im Handel erhältlich ist aber nur Hackfleisch von Rind, Schwein, Lamm oder Geflügel.

» Schabefleisch (a) ist auch als Beefsteakhack oder Tatar bekannt,

1

2

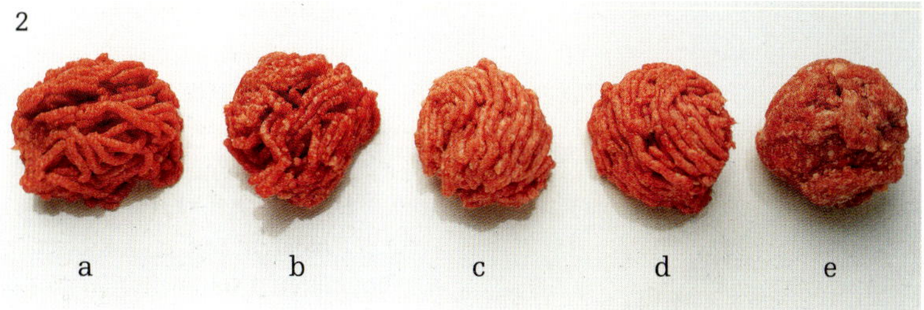

wird aus magerem, schieren Muskelfleisch vom Rind hergestellt und hat mit 6 % den niedrigsten Fettgehalt.

» Rinderhack (b) besteht aus grob entsehntem Rindfleisch und darf nicht mehr als 20 % Fett enthalten.
» Schweinehack (c) ist aus grob entfettetem, zerkleinerten Schweinefleisch und hat maximal 35 % Fett.
» Mett (d) ist Schweinehack, das bereits gewürzt ist – z. B. Thüringer Mett.
» Hackfleisch (e) halb und halb oder „gemischtes Hackfleisch“, wie es auch genannt wird, besteht je zur Hälfte aus Rind- und Schweinefleisch mit einem Fettanteil von 30 %.
» Kalbsbrät wird aus sehnen- und fettarmem Fleisch von Jungrindern, grob entsehntem Kalbfleisch, Schweinefleisch und Speck hergestellt.

Damit Hackfleischgerichte schön locker werden, können Sie pro 500 g Gehacktem entweder 1 eingeweichtes, ausgedrücktes Brötchen (Semmel), 1 große durchgepresste Pellkartoffel, 1–2 Esslöffel gegarten Reis, 1–2 Scheiben eingeweichtes, ausgedrücktes Toastbrot, einige Esslöffel Quark oder 2 Esslöffel eingeweichte, abgetropfte Getreideflocken (z. B. Haferflocken) untermengen.

Da Hackfleisch leicht verdirbt, unterliegt es strengen Regeln – achten Sie beim Kauf immer auch auf das Herstellungsdatum. Ob Sie das Hackfleisch nun gekauft oder selbst im Fleischwolf hergestellt haben – Sie sollten es immer sofort oder innerhalb eines Tages weiterverarbeiten und bis zur Zubereitung im Kühlschrank lagern.

Um aus Hackfleisch z. B. einen Hackbraten, Frikadellen oder Hackbällchen zu formen, feuchten Sie einfach Ihre Hände mit Wasser an, damit nichts klebt, und formen Sie dann die Fleischmasse. Noch besser gelingt Ihr Gericht, wenn Sie auf 500 g Fleisch 1 Eiweiß oder ein ganzes Ei untermengen – Eiweiß macht die Masse kompakt und gibt ihr eine feste Bindung, durch ein ganzes Ei wird das Hackfleisch lockerer.

Fleisch richtig lagern

Wenn Sie Fleisch nicht sofort zubereiten wollen, können Sie es verpacken und tiefgefrieren. Bevor Sie es dann verarbeiten, lassen Sie es zugedeckt im Kühlschrank auftauen und gießen Sie das Auftauwasser sofort weg, denn es kann gesundheitsgefährdende Bakterien enthalten. Einmal aufgetaut darf Fleisch auf keinen Fall noch einmal eingefroren werden, weil sich während des Auftauens Bakterien auf dem Fleisch vermehren, die auch durch das nochmalige Einfrieren nicht abgetötet werden. Wenn Sie eingeschweißtes Fleisch kaufen, achten Sie auf das Mindesthaltbarkeitsdatum und die empfohlene Lagertemperatur auf der Verpackung.

Fleisch richtig vorbereiten

Fleisch sollte immer möglichst frisch verarbeitet werden, denn durch seinen hohen Eiweiß- und Wassergehalt verdirbt es schnell. Waschen Sie Fleisch vor der Verarbeitung nicht ab, sondern tupfen Sie es nur trocken. Danach verarbeiten Sie es wie im Rezept beschrieben weiter. Wenn Sie das Fleisch nicht direkt weiterverarbeiten, lagern Sie es zugedeckt im Kühlschrank.

Bevor Sie das Fleisch in Portionen aufteilen, häuten und entsehnen (parieren) Sie es sorgfältig. Dann lassen Sie die Pfanne oder den Bräter richtig heiß werden (je nach Rezept mit z. B. Speiseöl, Butter oder Margarine) und geben nun das Fleisch hinein. Wenn die eine Seite scharf angebraten ist, wenden Sie das Fleisch auf die andere Seite – am besten geht das mit einer Zange (Foto 1) oder einem Pfannenwender. So wird das Fleisch nicht angestochen, der Fleischsaft bleibt im Fleisch und das Fleisch wird schön saftig.

Fleisch richtig zubereiten

» **Braten in der Pfanne (Kurzbraten):** Zum Braten in der Pfanne wird Fleisch mit zarter Faser von möglichst jungen Schlachttieren verwendet. Meist wird das Fleisch in einzelne Portionen geschnitten, denn zum Kurzbraten eignen sich flache Fleischteile besser. Um eine schmackhafte Bratkruste zu bekommen, wird das Fleisch vor dem Anbraten gewürzt. **Wichtig:** Salzen bzw. würzen Sie erst unmittelbar vor dem Braten, weil Salz dem Fleisch Feuchtigkeit entzieht und es dann schnell trocken wird. Dunkles Fleisch wie Rind wird natur in verschiedenen Garstufen gebraten (siehe das perfekte Steak, S. 68). Helles Fleisch, z. B. Kalb oder Schwein, kann wegen der zarten Faser zuerst mehliert oder paniert und dann gebraten werden. So entsteht eine schönere Farbe, eine schmackhafte Kruste und das Austrocknen wird verhindert.

» **Braten im Backofen:** Fleisch wird im Backofen in der Regel in einem Bräter je nach Rezept mit oder ohne Deckel gegart. Dabei wird das Bratgut mit oder ohne zusätzlichem Fett schön braun. Braten im Backofen eignet sich besonders für große Fleischstücke und Geflügel. Heizen Sie dazu den Backofen auf die im Rezept angegebene Temperatur vor. In der Zwischenzeit braten Sie das Fleischstück in einem Bräter auf dem Herd in heißem Fett rundherum an. Schieben Sie den Bräter dann mitsamt dem Fleisch auf die im Rezept angegebene Einschubleiste in den vorgeheizten Backofen. Sobald die Flüssigkeit im Bräter verdampft ist, gießen Sie neue Flüssigkeit hinzu. Übergießen Sie auch das Bratgut ab und zu mit dem Bratensatz, damit es schön aromatisch wird.

» **Schmoren:** Beim Schmoren wird das Fleisch zugedeckt bei schwacher Hitze gegart. Dazu erhitzen Sie erst Fett in einem Bräter, würzen das Fleischstück oder die Fleischstücke (z. B. Gulasch), geben es in das heiße Fett und braten es von allen Seiten braun an. Gemüse, z. B. Zwiebeln, evtl. Knoblauch, Möhren, Sellerie, Porree (Foto 2), Tomate, wird je nach Rezept mitangeröstet. Löschen Sie dann den Bratensatz mit Wasser, Wein oder Brühe ab und gießen so viel Flüssigkeit zu, dass das angebratene Fleisch zu einem Drittel darin liegt. Sobald die Flüssigkeit kocht, geben Sie nach Rezept Kräuter und Gewürze dazu. Nun wird der Bräter mit einem Deckel verschlossen und alles im Ofen oder auf der Kochstelle bei schwacher Hitze gegart. Wenden Sie das Fleisch während des Garens hin und wieder und ersetzen die verdunstete Flüssigkeit je nach Rezept mit Wasser, Brühe oder Wein. Der Schmorbraten ist gar, wenn Sie beim

1

Besonders saftig wird das Fleisch mit der so genannten Niedrigtemperatur-Garmethode. Braten Sie dazu das Fleischstück zuerst in einem Bräter auf Ihrer Kochstelle von allen Seiten kräftig an. Schieben Sie dann den Bräter in den vorgeheizten Backofen (Ober-/Unterhitze: 80 °C bzw. 95 °C, bei Geflügel und großen Braten) und garen das Fleischstück wie im Rezept angegeben. Die niedrige Gartemperatur muss bei dieser Zubereitung sehr genau eingehalten werden, deswegen empfiehlt sich ein Ofenthermometer, mit dem Sie die Backofentemperatur während des Garens kontrollieren können. Am Ende der Garzeit muss die Fleischtemperatur bei Rind- und Lammfleisch mindestens 60 °C betragen, bei Geflügel-, Wild- oder Schweinefleisch mindestens 70 °C. Überprüfen Sie die Fleischtemperatur am besten mit einem Lebensmittelthermometer.

Anstechen fast keinen Widerstand mehr spüren. Für Kochanfänger ist Schmoren besonders zu empfehlen, denn bei dieser Garmethode kommt es nicht darauf an, das Fleisch auf die Minute pünktlich aus dem Bräter zu nehmen, ein halbes Stündchen länger schadet dem Fleisch nicht.

» **Die Garprobe:** Einen Hinweis auf den Garzustand gibt der beim Anschneiden austretende Fleischsaft. Bei einem garen Stück Fleisch ist der Fleischsaft klar und nicht rosa oder rot. Oder Sie stellen den Garzustand mit einem Löffeldruck auf das Fleisch fest. Gibt das Fleisch stark nach und ist weich, ist der Braten im Innern noch rot. Gibt das Fleisch federnd nach, ist es im Innern rosa. Das Fleisch ist durchgegart, wenn es beim Löffeldruck nicht nachgibt, sondern fest ist.

» **Fleisch aufschneiden:** Besonders größere, gebratene Fleischstücke (z. B. Braten), aber auch Steaks sollten vor dem Aufschneiden mit einer ausreichend großen Schüssel oder Alufolie zugedeckt (oder in Alufolie eingewickelt) etwa 10 Minuten ruhen, damit sich der Fleischsaft setzen kann und das Fleisch saftig bleibt. Schneiden Sie das Fleisch immer quer zur Faser auf. Fangen Sie den Fleischsaft, der beim Ruhen oder Aufschneiden austritt, auf und verwenden Sie ihn evtl. mit für die Sauce.

» **Eine gute Sauce:** Das Tüpfelchen auf dem i ist bei einem Braten oft die Sauce. Sie wird oft auf der Grundlage des Bratensatzes zubereitet. Dieser entsteht beim Garen des Fleisches. Unterstützt wird der Geschmack des Bratensatzes durch das Mitgaren von klein geschnittenem Gemüse (Foto 2) wie Zwiebeln, Knoblauch, Möhren, Sellerie und Porree. Auch mit Tomaten und Tomatenmark kann man den Bratensatz noch nach Belieben verfeinern. Und so gelingt die Sauce: Nachdem der fertige Braten aus dem Bräter genommen und warm gestellt wurde, wird je nach Rezept evtl. das Fett vorsichtig abgeschöpft. Löschen Sie nun den Bratensatz z. B. mit Wein, Wasser oder Brühe ab. Jetzt haben Sie bereits die Grundlage für eine tolle Bratensauce zu Ihrem Fleisch.

2

Frikadellen

EINFACH (IM FOTO OBEN)

Zubereitungszeit: etwa 35 Minuten, ohne Abkühlzeit

1 Brötchen (Semmel) vom Vortag
2 Zwiebeln
1–2 EL Speiseöl, z. B. Sonnenblumenöl
600 g Gehacktes (halb Rind-, halb Schweinefleisch)
1 Ei (Größe M)
Salz
frisch gemahlener Pfeffer
Paprikapulver edelsüß
40 g Margarine oder 5 EL Speiseöl, z. B. Sonnenblumen- oder Rapsöl

Pro Portion:
E: 32 g, F: 33 g, Kh: 10 g, kJ: 1921, kcal: 459, BE: 0,5

1 Brötchen in kaltem Wasser einweichen. Zwiebeln abziehen, fein würfeln. Öl in einer Pfanne erhitzen. Die Zwiebelwürfel darin unter Rühren 2–3 Minuten glasig dünsten. Die Zwiebelwürfel aus der Pfanne nehmen, auf Küchenpapier abtropfen und etwas abkühlen lassen.

2 Brötchen gut ausdrücken (Foto 1), mit Gehacktem, Zwiebelwürfeln und Ei vermengen (Foto 2). Masse mit Salz, Pfeffer und Paprikapulver würzen. Mit angefeuchteten Händen 8 Frikadellen formen (Foto 3).

3 Öl in der Pfanne erhitzen. Die Frikadellen darin von beiden Seiten unter gelegentlichem Wenden bei mittlerer Hitze etwa 10 Minuten braun und gar braten.

TIPP » Servieren Sie die Frikadellen klassisch mit Kartoffelpüree (S. 224), Erbsen (S. 162) und Möhren (S. 160).

» REZEPTVARIANTEN:

Frikadellen mit Schafkäsefüllung (im Foto unten)
Dazu in die Hackfleischmasse zusätzlich 1 Teelöffel gerebelten Thymian geben. Hackfleischteig in etwa 8 Portionen teilen. 200 g Schafkäse in 8 gleich große Würfel schneiden. Aus dem Hackfleischteig flache Fladen formen, jeweils 1 Stück Käse daraufgeben, mit dem Hackfleischteig umschließen. Wie im Rezept beschrieben braten.

Königsberger Klopse
1 Brötchen (Semmel) vom Vortag in kaltem Wasser einweichen. 1 Zwiebel abziehen, fein würfeln. 500 g Gehacktes (halb Rind-, halb Schweinefleisch) mit dem gut ausgedrückten Brötchen, Zwiebelwürfeln, 1 Ei oder 1 Eiweiß (Größe S) und 2 gestrichenen Teelöffeln Senf vermengen, mit Salz und Pfeffer würzen. 750 ml (¾ l) Gemüsebrühe in einem Topf zum Kochen bringen. Aus der Masse mit angefeuchteten Händen 8–10 Klopse formen und in die Brühe geben. Brühe wieder zum Kochen bringen und die Klopse mit Deckel etwa 15 Minuten bei schwacher Hitze gar ziehen lassen. Die Klopse in ein Sieb gießen, dabei Brühe auffangen und 500 ml (½ l) davon für die Sauce abmessen. Für die Sauce 30 g Butter oder Margarine in einem Topf zerlassen. 30 g Weizenmehl unter Rühren darin erhitzen, bis es hellgelb ist. Abgemessene Brühe zugießen, mit einem Schneebesen durchschlagen, dabei darauf achten, dass keine Klümpchen entstehen. Sauce zum Kochen bringen, etwa 5 Minuten ohne Deckel bei schwacher Hitze kochen lassen. 1 Eigelb (Größe S) mit 2 Esslöffeln Milch verschlagen und langsam in die Sauce rühren, Sauce nicht mehr kochen lassen. 1 kleines Glas Kapern mit Flüssigkeit (Abtropfgewicht 20 g) zugeben. Sauce mit Salz, Pfeffer, Zucker und Zitronensaft abschmecken. Klopse in die Sauce geben, etwa 5 Minuten bei schwacher Hitze darin ziehen lassen.

Bratwurst

FÜR KINDER

1 Bratwürste mit Küchenpapier trocken tupfen. Frische Bratwürste rundherum mehrmals mit einer Gabel einstechen.

2 Margarine oder Öl in einer Pfanne erhitzen. Bratwürste darin ohne Deckel unter gelegentlichem Wenden von beiden Seiten bei mittlerer Hitze etwa 10 Minuten braun braten.

Beilage: Kartoffelpüree (S. 224) und Rotkohl (S. 164) oder Sauerkraut (S. 172).

TIPP » Die Fleischmasse aus frischen Bratwürsten können Sie wie Frikadellen zubereiten. Hierfür die Masse aus der Wursthaut drücken, zu kleinen Bällchen formen, etwa 10 Minuten braun und gar braten.

Zubereitungszeit: etwa 15 Minuten

4 vorgebrühte oder frische Bratwürste
30 g Margarine oder
3 EL Speiseöl

Pro Portion:
E: 15 g, F: 26 g, Kh: 0 g,
kJ: 1227, kcal: 293, BE: 0,0

Jägerschnitzel

KLASSISCH

Zubereitungszeit:
etwa 35 Minuten

1 Zwiebel
250 g Champignons
4 Schweineschnitzel (je etwa 200 g)
Salz
frisch gemahlener Pfeffer
Paprikapulver edelsüß
40 g Weizenmehl
50 g Margarine oder 5 EL Speiseöl, z. B. Sonnenblumenöl
1 Becher (150 g) Crème fraîche
1 EL gehackte Petersilie

Pro Portion:
E: 49 g, F: 26 g, Kh: 6 g, kJ: 1905, kcal: 457, BE: 0,5

1 Zwiebel abziehen und würfeln. Champignons putzen, mit Küchenpapier abreiben und Champignons in Scheiben schneiden.

2 Schweineschnitzel mit Küchenpapier trocken tupfen, mit Salz, Pfeffer und Paprikapulver würzen. Schnitzel in Mehl wenden. Nicht anhaftendes Mehl abschütteln.

3 Margarine oder Öl in einer Pfanne erhitzen. Die Schnitzel darin bei mittlerer Hitze 10–12 Minuten (je nach Dicke der Schnitzel) von beiden Seiten braten, dabei gelegentlich wenden. Dann die Schnitzel aus der Pfanne nehmen und warm stellen.

4 Die Zwiebelwürfel in dem verbliebenen Bratfett unter Rühren andünsten. Champignonscheiben dazugeben und mitdünsten. Crème fraîche unterrühren. Sauce mit Salz und Pfeffer würzen und 2–3 Minuten bei schwacher Hitze ohne Deckel leicht köcheln. Petersilie unterrühren. Die Sauce zu den Schnitzeln reichen.

Beilage: Pommes frites oder Bratkartoffeln (S. 226) und Blattsalat.

» REZEPTVARIANTEN:

Zigeunerschnitzel
Die Schnitzel wie unter Punkt 2–3 beschrieben zubereiten. Dann 1 Glas Zigeunersauce (500 g) in den Bratensatz geben, erhitzen und zu den Schnitzeln reichen.

Cordon bleu
Dazu in 4 Kalbsschnitzel (je etwa 200 g) vom Metzger eine Tasche einschneiden lassen. Schnitzel mit Küchenpapier trocken tupfen, salzen, pfeffern, jeweils mit 1 Käse- und Schinkenscheibe füllen. Kalbstaschen erst in etwa 40 g Weizenmehl (Foto 1), dann in 2 verschlagenen Eiern (Foto 2) und zum Schluss in etwa 60 g Semmelbröseln (Foto 3) wenden, nicht anhaftende Semmelbrösel leicht abschütteln. Das Fleisch etwa 10 Minuten braten, dabei gelegentlich vorsichtig wenden. Anstelle von Kalbsschnitzeln Schweine- oder Putenschnitzel verwenden.

Panierte Schweinekoteletts
Dafür 4 Schweinekoteletts (je etwa 200 g) mit Küchenpapier trocken tupfen. Von beiden Seiten mit Salz, Pfeffer und Paprikapulver edelsüß würzen. Die Koteletts zunächst in 20 g Weizenmehl, dann in einem verschlagenen Ei und zuletzt in 40 g Semmelbröseln wenden. Die Semmelbrösel gut andrücken, nicht anhaftende Semmelbrösel leicht abschütteln. 5 Esslöffel Speiseöl in einer Pfanne erhitzen. Die Koteletts darin etwa 8 Minuten bei mittlerer Hitze von jeder Seite braten und auf einer vorgewärmten Platte anrichten. Nach Belieben die Koteletts mit Petersilienkartoffeln (S. 216), einer Pilzsauce (S. 152) oder zu einer gemischten Gemüseplatte (S. 160) servieren.

1

2

3

Sauerbraten

MIT ALKOHOL

Zubereitungszeit:
etwa 45 Minuten,
ohne Marinierzeit
Schmorzeit: 1 ½–2 Stunden

750 g Rindfleisch (aus der Oberschale, ohne Knochen)

Für die Marinade:
2 Zwiebeln
1 Bund Suppengrün (Sellerie, Möhren, Porree [Lauch])
5 Wacholderbeeren
15 Pfefferkörner
5 Pimentkörner
2 Gewürznelken
1 Lorbeerblatt
250 ml (¼ l) Weißweinessig
375 ml (3/8 l) Wasser oder Rotwein
3 EL Speiseöl, z. B. Sonnenblumen- oder Rapsöl
Salz, Pfeffer
375 ml (3/8 l) Marinadenflüssigkeit
50 g Pumpernickel oder Honigkuchen
etwas Zucker

Pro Portion:
E: 43 g, F: 13 g, Kh: 14 g, kJ: 1538, kcal: 368, BE: 1,0

1 Rindfleisch mit Küchenpapier trocken tupfen.

2 Für die Marinade Zwiebeln abziehen und in Scheiben schneiden. Sellerie und Möhren putzen, schälen, waschen und abtropfen lassen. Porree putzen, die Stange längs halbieren, gründlich waschen und abtropfen lassen. Vorbereitetes Suppengrün klein schneiden.

3 Zwiebeln und Suppengrün mit Wacholderbeeren, Pfefferkörnern, Pimentkörnern, Nelken, Lorbeerblatt, Essig und Wasser oder Rotwein verrühren. Das Fleisch in eine Schüssel geben und die Marinade zugießen (Foto 1). Fleisch mit einem Deckel oder Frischhaltefolie zudecken und etwa 2 Tage im Kühlschrank marinieren, dabei das Fleisch ab und zu wenden.

4 Anschließend das gesäuerte Fleisch aus der Marinade nehmen und trocken tupfen. Die Marinade durch ein Sieb gießen, 375 ml (3/8 l) davon abmessen. Marinade und Gemüse beiseitestellen.

5 Öl in einem Topf oder Bräter erhitzen. Das Fleisch darin von allen Seiten kräftig anbraten, mit Salz und Pfeffer würzen. Das abgetropfte Gemüse zufügen und kurz mitbraten. Etwas von der abgemessenen Marinade zu dem Fleisch gießen. Das Fleisch mit Deckel etwa 30 Minuten bei mittlerer Hitze schmoren, dabei gelegentlich wenden. Verdampfte Flüssigkeit nach und nach durch Marinade ersetzen.

6 Pumpernickel oder Honigkuchen fein zerkleinern, zufügen und weitere etwa 1 ½ Stunden schmoren.

7 Das gegarte Fleisch zugedeckt etwa 10 Minuten ruhen lassen, damit sich der Fleischsaft setzt.

8 Den Bratensatz mit dem Gemüse durch ein Sieb streichen und nochmals erhitzen. Bratensatz mit Salz, Pfeffer und Zucker abschmecken. Das Fleisch in Scheiben schneiden und auf einer vorgewärmten Platte anrichten. Die Sauce zu dem Braten servieren.

Beilage: Makkaroni oder Kartoffelklöße (S. 228), Rotkohl (S. 164).

» REZEPTVARIANTEN:

Süßer Sauerbraten (Foto 2)
Geben Sie 50 g Rosinen oder 100 g halbierte, entkernte Weintrauben mit in die Sauce. Statt mit Honigkuchen die Sauce mit 20 g geriebener Zartbitter-Schokolade verfeinern.

Rindfleischtopf nach Sauerländer Art (Foto 3)
Rindfleisch mit Küchenpapier trocken tupfen, grob würfeln und in eine flache Schale legen. Marinade wie im Rezept beschrieben zubereiten, aber nur je 200 ml Rotwein, Wasser und 5 Esslöffel Weißweinessig verwenden. 250 g getrocknetes Mischobst (Pflaumen, Äpfel, Aprikosen, Rosinen) grob zerkleinern und in 500 ml (½ l) lauwarmem Wasser einweichen. Fleischwürfel in einem Sieb

abtropfen lassen, Marinade dabei auffangen. Fleischwürfel und Suppengrün wie im Rezept beschrieben anbraten und würzen. Trockenobst mit Einweich- und Marinadenflüssigkeit zugeben, etwa 40 Minuten schmoren. Ab und zu umrühren. Anschließend den Rindfleischtopf mit Salz und Pfeffer abschmecken.

1

2

3

Saltimbocca alla romana

MIT ALKOHOL

Zubereitungszeit:
etwa 30 Minuten

4 dünne Scheiben Kalbfleisch (je etwa 100 g, aus der Keule)
4 Salbeiblätter
4 Scheiben Parmaschinken
Salz
frisch gemahlener Pfeffer
20 g Weizenmehl
2–3 EL Speiseöl, z. B. Sonnenblumenöl

Für die Sauce:
125 ml (1/8 l) Weißwein oder Wermut
125 g Crème double
Zucker

Außerdem:
Holzstäbchen

Pro Portion:
E: 25 g, F: 22 g, Kh: 3 g, kJ: 1385, kcal: 333, BE: 0,5

1 Kalbfleisch mit Küchenpapier trocken tupfen. Salbeiblätter abspülen und trocken tupfen. Kalbfleischscheiben mit je 1 Scheibe Parmaschinken und 1 Salbeiblatt belegen (Foto 1), zusammenklappen und mit Holzstäbchen feststecken (Foto 2). Das Fleisch mit Salz und Pfeffer würzen, dann in Mehl wenden.

2 Öl in einer Pfanne erhitzen. Das Fleisch darin von jeder Seite 3–4 Minuten braten. Das Fleisch auf eine vorgewärmte Platte geben und zugedeckt warm stellen.

3 Für die Sauce den Bratensatz mit Weißwein oder Wermut loskochen und etwas einkochen lassen (reduzieren). Crème double unterrühren. Die Sauce erhitzen, mit Salz, Pfeffer und Zucker abschmecken.

4 Den aus dem Fleisch ausgetretenen Fleischsaft unterrühren. Die Sauce über das Fleisch geben.

TIPP » Anstelle von Kalbfleisch können Sie auch Schweine- oder Putenschnitzel verwenden.

Beilage: Mit einem Döschen Safran (0,2 g) gekochter Reis oder Steinpilze (S. 180) und Baguette.

» REZEPTVARIANTE:
Züricher Geschnetzeltes
Dafür 600 g Kalbfleisch (aus der Keule) trocken tupfen, in dünne Streifen schneiden. 2 Zwiebeln abziehen, fein würfeln. 2 Esslöffel Speiseöl in einer Pfanne erhitzen und die Fleischstreifen darin, wie im Rezept beschrieben in 2 Portionen braten, dann herausnehmen und beiseitestellen. Zwiebelwürfel in das verbliebene Bratfett geben und unter Rühren etwa 2 Minuten dünsten. Dann mit 15 g Weizenmehl bestäuben. Mehl so lange unter Rühren erhitzen, bis es hellgelb ist. 250 g Schlagsahne und 125 ml (1/8 l) Weißwein zugießen und unter Rühren bei mittlerer bis starker Hitze einige Minuten einkochen lassen. Fleischstreifen wieder zugeben und in der Sauce erhitzen, aber nicht mehr kochen lassen, sonst wird das Fleisch zäh. Das Geschnetzelte mit Salz, Pfeffer, etwas Zucker und einigen Spritzern Zitronensaft abschmecken. Nach Belieben mit Rösti (S. 222) und einigen Kerbelblättchen garniert servieren.

1

2

Kasseler Rippenspeer

EINFACH (ETWA 6 PORTIONEN)

Zubereitungszeit: etwa 20 Minuten
Bratzeit: etwa 50 Minuten

1 ½ kg Kasseler Kotelettstück (Knochen vom Metzger herauslösen und zerkleinern lassen)
1 Zwiebel
1 Tomate
1 Bund Suppengrün (Sellerie, Möhren, Porree [Lauch])
1 kleines Lorbeerblatt
400 ml heißes Wasser
evtl. dunkler Saucenbinder
Salz
frisch gemahlener Pfeffer

Pro Portion:
E: 36 g, F: 17 g, Kh: 5 g, kJ: 1317, kcal: 314, BE: 0,0

1 Kasseler mit Küchenpapier trocken tupfen und die Fettschicht gitterförmig einschneiden. Den Backofen vorheizen.
Ober-/Unterhitze: etwa 200 °C
Heißluft: etwa 180 °C

2 Zwiebel abziehen. Tomate waschen, abtropfen lassen, vierteln und den Stängelansatz herausschneiden. Sellerie und Möhren putzen, schälen, waschen und abtropfen lassen. Porree putzen, die Stange längs halbieren, gründlich waschen und abtropfen lassen. Vorbereitetes Suppengrün fein würfeln.

3 Das Fleisch mit der Fettschicht nach oben in einen mit Wasser ausgespülten Bräter legen. Suppengrün, Zwiebel, Tomate, Lorbeerblatt und Knochen zugeben. Den Bräter ohne Deckel auf dem Rost im unteren Drittel in den vorgeheizten Backofen schieben. Fleisch **etwa 50 Minuten** braten.

4 Wenn der Bratensatz bräunt, etwas von dem heißen Wasser zugeben. Verdampfte Flüssigkeit nach und nach durch heißes Wasser ersetzen. Das Fleisch ab und zu mit dem Bratensatz begießen.

5 Gegartes Fleisch und Knochen aus dem Bräter nehmen. Fleisch etwa 10 Minuten zugedeckt ruhen lassen, damit sich der Fleischsaft setzt.

6 Für die Sauce den Bratensatz mit etwas Wasser loskochen. Bratensatz mit dem Gemüse durch ein Sieb streichen, erneut zum Kochen bringen. Die Flüssigkeit nach Belieben mit Saucenbinder andicken und kurz aufkochen lassen, mit Salz und Pfeffer abschmecken. Fleisch in Scheiben schneiden und mit der Sauce servieren.

Beilage: Kartoffelpüree (S. 224) und Sauerkraut (S. 172).

» REZEPTVARIANTE:
Kasseler mit Kräuterpesto
750 g Kasseler mit Küchenpapier trocken tupfen, evtl. Fett abschneiden. Fleisch in einen Bratschlauch legen, nach Packungsanleitung verschließen und auf ein Backblech legen. Das Backblech in den vorgeheizten Backofen schieben und bei der im Rezept angegebenen Temperatur **etwa 45 Minuten** braten. Für das Pesto 30 g Pinienkerne in einer Pfanne ohne Fett rösten, abkühlen lassen. 30 g getrocknete Tomaten in Öl abtropfen lassen und grob würfeln. Gemischte Kräuter, z. B. 1 Topf Basilikum, 1 Bund Petersilie und 1 Kästchen Kresse vorbereiten. 1 Knoblauchzehe abziehen. Die vorbereiteten Zutaten mit 150 ml Olivenöl pürieren. 30 g Parmesan-Käse reiben und zum Schluss unterrühren. Pesto mit Salz, Pfeffer und Paprikapulver edelsüß abschmecken. Kasseler in dem Bratschlauch etwa 10 Minuten ruhen lassen, dann mit dem Pesto servieren.

Krustenbraten

BELIEBT (6 PORTIONEN)

Zubereitungszeit:
etwa 35 Minuten
Koch- und Bratzeit:
etwa 1 ½ Stunden

1 ¼ kg Schweinekeule mit Schwarte (ohne Knochen)
Salz
3 Zwiebeln
1 Bund Suppengrün (Möhre, Sellerie, Porree)
20 g Butterschmalz oder Margarine
500 ml (½ l) Bier
frisch gemahlener Pfeffer
1 TL gemahlener Kümmel
6 Gewürznelken
evtl. etwas Fleischbrühe oder Wasser
1 EL Speisestärke

Pro Portion:
E: 47 g, F: 17 g, Kh: 9 g, kJ: 1682, kcal: 402, BE: 0,5

1 Reichlich Wasser in einem weiten Topf zum Kochen bringen. Salz (auf 3 l Wasser 3 Teelöffel Salz) und das Fleisch hinzufügen. Die Schweinekeule darin bei schwacher Hitze etwa 45 Minuten köcheln lassen. Anschließend den Backofen vorheizen.
Ober-/Unterhitze: etwa 200 °C
Heißluft: etwa 180 °C

2 In der Zwischenzeit Zwiebeln abziehen und vierteln. Suppengrün putzen, waschen, abtropfen lassen und in Stücke schneiden. Butterschmalz oder Margarine in einem Bräter erhitzen. Das Gemüse darin gut anbraten. Dann die Hälfte des Biers dazugießen.

3 Fleisch aus dem Wasser nehmen, abtropfen lassen. Die Schwarte rautenförmig mit einem scharfen Messer etwa 1 cm tief einschneiden (Foto 1). Fleisch mit Salz, Pfeffer und Kümmel bestreuen. Nelken in die Kreuzungspunkte der Einschnitte stecken (Foto 2).

4 Fleisch auf das Gemüse in den Bräter legen. Den Bräter ohne Deckel auf dem Rost im unteren Drittel in den vorgeheizten Backofen schieben. Den Krustenbraten **etwa 45 Minuten** braten.

5 Gelegentlich etwas Bier über das Fleisch gießen. 10 Minuten vor Beendigung der Garzeit das Fleisch mit Bier bestreichen und fertig garen lassen. Sollte die Flüssigkeit nicht ausreichen, etwas Brühe oder Wasser dazugießen.

6 Fleisch herausnehmen und zugedeckt etwas ruhen lassen. Bratensatz durch ein Sieb geben (Foto 3) und zum Kochen bringen. Speisestärke mit etwas Wasser anrühren und unterrühren. Sauce etwa 5 Minuten kochen, dabei gelegentlich umrühren, mit Salz und Pfeffer abschmecken.

Beilage: Wirsinggemüse (S. 178) und Kartoffelklöße (S. 228) oder dicke Scheiben rustikales Bauernbrot.

TIPP » Die feste Schwarte lässt sich am besten mit einem Teppichmesser schneiden, Sie können aber auch ein scharfes Fleischmesser verwenden.

1

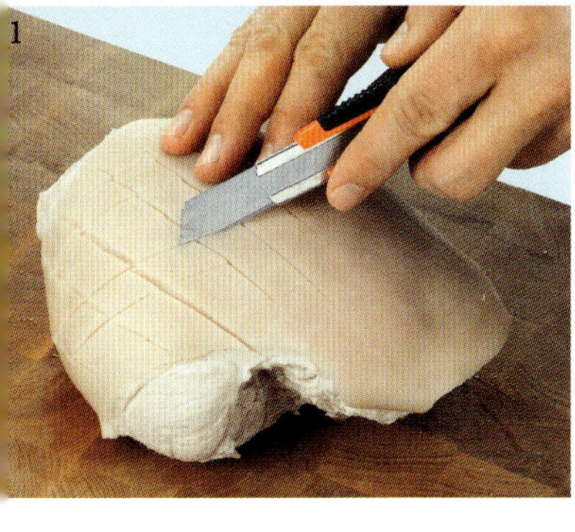

2

3

Kohlrouladen

GEFRIERGEEIGNET

Zubereitungszeit: etwa 30 Minuten
Schmorzeit: etwa 45 Minuten

Wasser
Salz
1 Kopf Wirsing oder Weißkohl (etwa 1½ kg)

Für die Füllung:
1 Brötchen (Semmel) vom Vortag
1 Zwiebel
1 Ei (Größe M)
etwa 1 TL mittelscharfer Senf
375 g Rindergehacktes
Salz
frisch gemahlener Pfeffer
4 EL Speiseöl, z. B. Rapsöl
500 ml (½ l) Gemüsebrühe
1–2 TL Speisestärke
2 EL kaltes Wasser

Außerdem:
Küchengarn oder Rouladennadeln

Pro Portion:
E: 23 g, F: 25 g, Kh: 12 g, kJ: 1517, kcal: 362, BE: 1,0

1 In einem großen Topf reichlich Wasser zum Kochen bringen. Salz zufügen (auf 1 l Wasser 1 Teelöffel Salz). Inzwischen von dem Wirsing oder Weißkohl die äußeren welken Blätter entfernen. Den Kohl abspülen, abtropfen lassen und den Strunk keilförmig (Foto 1) herausschneiden. Kohl so lange in das kochende Salzwasser legen, bis sich die äußeren Blätter lösen. Diesen Vorgang wiederholen, bis sich etwa 12 große Blätter lösen lassen und etwas weich sind. Die Blätter trocken tupfen, die dicken Blattrippen flach schneiden.

2 Für die Füllung Brötchen in kaltem Wasser einweichen. Zwiebel abziehen, würfeln. Brötchen gut ausdrücken, mit Zwiebelwürfeln, Ei, Senf und Gehacktem vermengen. Masse mit Salz und Pfeffer würzen.

3 Jeweils 2–3 große Kohlblätter übereinander legen, jeweils ein Viertel der Füllung daraufgeben. Blätter seitlich einschlagen und aufrollen (Foto 2). Die Rouladen mit Küchengarn umwickeln oder mit Rouladennadeln feststecken (Foto 3).

4 Öl in einem Topf erhitzen. Die Rouladen darin von allen Seiten anbraten. Gemüsebrühe zugießen. Rouladen mit Deckel bei schwacher Hitze etwa 45 Minuten schmoren, dabei gelegentlich wenden.

5 Die gegarten Rouladen aus dem Topf nehmen, Küchengarn oder Rouladennadeln entfernen. Rouladen auf einer vorgewärmten Platte anrichten, warm stellen.

6 Speisestärke mit Wasser anrühren. Den Bratenfond aufkochen lassen, angerührte Speisestärke mit einem Schneebesen unterrühren. Die Sauce nochmals aufkochen und etwa 5 Minuten schwach kochen lassen. Die Sauce mit Salz und Pfeffer abschmecken und zu den Rouladen servieren.

Beilage: Salzkartoffeln (S. 216), Kartoffelpüree (S. 224), Semmelknödel (S. 230) oder Kartoffelklöße (S. 228).

TIPP » Den übrigen Kohl für Wirsing (S. 178) oder für eine Suppe oder einen Eintopf verwenden.

Abwandlung: Statt des eingeweichten Brötchens 50 g gegarten Reis mit dem Gehackten vermengen.

» REZEPTVARIANTE:
Vegetarische Kohlrouladen
Den Kohl wie im Rezept beschrieben vorbereiten und 12 Blätter lösen. Übrigen Kohl in Streifen schneiden. 300 g Möhren putzen, schälen, waschen, abtropfen lassen, würfeln. 1 Zwiebel abziehen, würfeln. 30 g Butter oder Margarine in einem Topf erhitzen, Kohlstreifen, Möhren- und Zwiebelwürfel unter Rühren darin dünsten. Etwa 125 ml (⅛ l) Gemüsebrühe zugießen, zum Kochen bringen und etwa 5 Minuten garen. Füllung mit Salz, Pfeffer, Kümmel würzen. Dann wie ab Punkt 3 beschrieben, weiterverfahren.

1

2

3

Roastbeef mit Kräuter-Senf-Kruste

FÜR GÄSTE

Zubereitungszeit: etwa 10 Minuten
Bratzeit: 35–40 Minuten

1 kg Roastbeef
2–3 EL Speiseöl, z. B. Sonnenblumenöl
Salz
frisch gemahlener Pfeffer

Für die Kräuter-Senf-Kruste:
1 Bund Petersilie
je 1 kleines Bund Majoran, Thymian, Basilikum
4 EL mittelscharfer Senf

Pro Portion:
E: 56 g, F: 15 g, Kh: 2 g, kJ: 1539, kcal: 367, BE: 0,0

1 Den Backofen vorheizen.
Ober-/Unterhitze: etwa 220 °C
Heißluft: etwa 200 °C

2 Roastbeef mit Küchenpapier trocken tupfen und den dünnen Fettrand mit einem scharfen Messer entfernen.

3 Öl in einer Pfanne erhitzen. Das Fleisch darin rundherum anbraten, mit Salz und Pfeffer würzen. Fleisch in eine flache Auflaufform legen. Die Form auf dem Rost auf mittlerer Einschubleiste in den vorgeheizten Backofen schieben und Roastbeef **etwa 20 Minuten** braten.

4 Für die Kräuter-Senf-Kruste Kräuter abspülen, trocken tupfen. Die Blättchen von den Stängeln zupfen, fein hacken und mit Senf vermengen. Das Roastbeef mit einem Pinsel mit der Kräuter-Senf-Mischung bestreichen und bei der oben angegebenen Backofeneinstellung in **15–20 Minuten** fertig braten.

5 Anschließend das Roastbeef etwa 10 Minuten zugedeckt ruhen lassen, damit sich der Fleischsaft setzt. Für die Sauce den Bratensatz mit wenig Wasser loskochen, mit Salz und Pfeffer würzen. Roastbeef in Scheiben schneiden und die Sauce dazuservieren.

Beilage: Baguette oder Bratkartoffeln (S. 226), Brokkoli (S. 161), grüne Bohnen (S. 161), Spargel (S. 166), Remouladensauce (S. 150) und Salat.

TIPP » Roastbeef schmeckt auch kalt sehr gut, z. B. mit Remouladensauce und Bratkartoffeln oder Brot.

» REZEPTVARIANTEN:

Roastbeef auf Blattspinat
Dafür 1 kg Roastbeef wie im Rezept beschrieben zubereiten. 1 kg Blattspinat vorbereiten (siehe S. 174). 2 Zwiebeln und 3 Knoblauchzehen abziehen, fein würfeln. 40 g Butter in einem Topf zerlassen, Zwiebel- und Knoblauchwürfel darin unter Rühren andünsten. 125 g gewürfelten rohen Schinken zugeben und mitdünsten. Spinat zugeben, mit Salz, Pfeffer und Muskat würzen. Spinat etwa 5 Minuten mit Deckel bei schwacher Hitze dünsten. Spinat umrühren, nochmals mit Salz und Pfeffer abschmecken und mit Roastbeef servieren.

Roastbeefröllchen
8 dünne, rohe Roastbeefscheiben (je etwa 60 g) mit Küchenpapier trocken tupfen und auf die Arbeitsplatte legen. 1 kleine, rote Paprikaschote vorbereiten und in Stücke schneiden. 1–2 Frühlingszwiebeln putzen, waschen, abtropfen lassen und in etwa 3 cm lange Stücke schneiden. 80 g mittelalten Gouda-Käse (am Stück) in 8 fingerdicke etwa 3 cm lange Stücke schneiden. Roastbeefscheiben salzen, pfeffern und mit jeweils 1 Stück Paprika, Frühlingszwiebel und Gouda belegen. Roastbeefscheiben von der schmalen Seite her fest aufrollen und mit Holzstäbchen feststecken. 3 Esslöffel Olivenöl in einer Pfanne

erhitzen und die Röllchen darin etwa 5 Minuten von allen Seiten anbraten. Dann die Röllchen herausnehmen. Den Bratensatz mit 3 Esslöffeln Weinbrand lösen und über die Röllchen geben.

Rinderrouladen

KLASSISCH

Zubereitungszeit: etwa 20 Minuten
Schmorzeit: etwa 1½ Stunden

4 Scheiben Rindfleisch (je 180–200 g, aus der Keule)
Salz
frisch gemahlener Pfeffer
mittelscharfer Senf
60 g durchwachsener Speck
4 Zwiebeln
2 mittelgroße Gewürzgurken
1 Bund Suppengrün (Sellerie, Möhren, Porree [Lauch])
3 EL Speiseöl, z. B. Sonnenblumenöl
etwa 250 ml (¼ l) heißes Wasser oder Gemüsebrühe
etwa 1 gehäufter TL Speisestärke
3 EL Wasser

Außerdem:
Rouladennadeln oder Küchengarn

Pro Portion:
E: 44 g, F: 21 g, Kh: 8 g, kJ: 1654, kcal: 395, BE: 0,0

1 Rindfleischscheiben mit Küchenpapier trocken tupfen, mit Salz und Pfeffer würzen. Fleischscheiben mit 2–3 Teelöffeln Senf bestreichen. Speck in Scheiben schneiden. 2 Zwiebeln abziehen, halbieren. Zwiebeln und Gewürzgurken in Scheiben schneiden.

2 Die vorbereiteten Zutaten auf die Fleischscheiben geben. Die Scheiben von der schmalen Seite her aufrollen (Foto 1) und mit Rouladennadeln feststecken oder mit Küchengarn umwickeln.

3 Die restlichen 2 Zwiebeln abziehen und vierteln. Sellerie und Möhren putzen, schälen, waschen und abtropfen lassen. Porree putzen, die Stange längs halbieren, gründlich waschen und abtropfen lassen. Vorbereitetes Suppengrün klein schneiden.

4 Öl in einem Topf oder Bräter erhitzen. Die Rouladen von allen Seiten kräftig darin anbraten. Zwiebeln und Suppengrün kurz mitbraten (Foto 2). Gut die Hälfte des heißen Wassers oder der Brühe zugießen. Die Rouladen mit Deckel etwa 1½ Stunden bei mittlerer Hitze schmoren.

5 Rouladen gelegentlich wenden. Verdampfte Flüssigkeit nach und nach durch heißes Wasser oder Brühe ersetzen. Die gegarten Rouladen (Rouladennadeln oder Küchengarn entfernen) auf einer vorgewärmten Platte anrichten und warm stellen.

6 Den Bratensatz durch ein Sieb streichen (Foto 3), mit Wasser oder Brühe auf 375 ml (⅜ l) auffüllen und zum Kochen bringen. Speisestärke mit Wasser anrühren. Die Sauce zum Kochen bringen, angerührte Speisestärke einrühren und ohne Deckel bei schwacher Hitze unter Rühren etwa 5 Minuten leicht kochen. Die Sauce mit Salz, Pfeffer und Senf abschmecken.

Beilage: Blumenkohl (S. 160), Rotkohl (S. 164) oder Erbsen (S. 162) und Möhren (S. 160) und Salzkartoffeln.

TIPP » Nach Belieben können Sie etwa 100 ml Wasser oder Gemüsebrühe durch Rotwein ersetzen oder statt Zwiebeln 1 Bund Frühlingszwiebeln verwenden.

EXTRA-TIPP » Füllen Sie die Rouladen zusätzlich mit 1–2 vorbereiteten, in Streifen geschnittenen, gedünsteten Möhren. Servieren Sie dazu Zuckerschoten und Kartoffeln (Titelfoto).

1

2

3

Gulasch

KLASSISCH

Zubereitungszeit: etwa 15 Minuten
Schmorzeit: 1 ¼–1 ½ Stunden

500 g Zwiebeln
500 g schieres Rindfleisch (ohne Knochen, z. B. aus der Unterschale) oder geschnittenes Gulaschfleisch
30 g Margarine oder 3 EL Speiseöl, z. B. Sonnenblumenöl
Salz
frisch gemahlener Pfeffer
Paprikapulver edelsüß
2 schwach geh. EL Tomatenmark
etwa 250 ml (¼ l) heißes Wasser
1–2 Spritzer Tabascosauce

Pro Portion:
E: 27 g, F: 14 g, Kh: 7 g, kJ: 1101, kcal: 264, BE: 0,0

1 Zwiebeln abziehen, halbieren und in Scheiben schneiden. Rindfleisch mit Küchenpapier trocken tupfen und in etwa 3 cm große Würfel schneiden.

2 Etwas Margarine oder Öl in einem Topf erhitzen. Die Fleischwürfel in 2 Portionen von allen Seiten darin kräftig anbraten. Restliche Margarine oder Öl und die Zwiebelscheiben zufügen, mitbraten.

3 Mit Salz, Pfeffer und Paprikapulver würzen, Tomatenmark unterrühren. 250 ml (¼ l) heißes Wasser zugießen und das Fleisch mit Deckel 1 ¼–1 ½ Stunden bei mittlerer Hitze gar schmoren. Sollte zuviel Flüssigkeit verdampfen, evtl. noch etwas Wasser zugeben.

4 Gulasch mit Salz, Pfeffer, Paprikapulver und Tabasco abschmecken.

TIPPS » Das Rindfleisch durch mageres Schweinefleisch ersetzen (Schmorzeit etwa 45 Minuten). Raffinierter wird das Gulasch, wenn die Hälfte des Wassers durch Rotwein ersetzt wird.
» Das Gulasch ist gefriergeeignet.

Beilage: Nudeln oder Reis.

Abwandlung 1: Für **Gulasch mit Champignons** (Foto 1) 200 g Champignons putzen, mit Küchenpapier abreiben, in Scheiben schneiden und etwa 10 Minuten vor Ende der Garzeit zu dem Gulasch geben. Oder 1 Glas Champignonscheiben (Abtropfgewicht 210 g) in einem Sieb abtropfen lassen und kurz vor Ende der Garzeit zufügen.

Abwandlung 2: Für eine **Gulaschsuppe** (Foto 2) Zwiebeln und Rindfleisch auf je 250 g reduzieren, zusätzlich je 1 rote und gelbe Paprikaschote (grob gewürfelt) zugeben und die Wassermenge auf 1 l erhöhen.

» REZEPTVARIANTE:
Boeuf Stroganoff
Dafür 600 g Rinderfilet trocken tupfen und in Streifen schneiden. 150 g Zwiebeln abziehen. 150 g Champignons putzen, mit Küchenpapier abreiben. 100 g Gewürzgurken, Zwiebeln und Champignons in Scheiben schneiden. Das Fleisch wie im Rezept beschrieben in 2 Portionen in 3 Esslöffeln Speiseöl anbraten, anschließend herausnehmen, beiseitestellen. Dann Gurken-, Zwiebel- und Champignonscheiben im verbliebenen Bratfett anbraten, herausnehmen und zum Fleisch geben. 200 ml Rinderfond (S. 144) oder Fleischbrühe zum Bratensatz in die Pfanne geben und ohne Deckel bei starker Hitze etwas einkochen lassen.
1 Teelöffel Senf und 2 Esslöffel Crème fraîche oder saure Sahne unterrühren. Fleisch und Gemüse in die Sauce geben und erhitzen, nicht mehr kochen lassen. Sauce mit Salz und Pfeffer abschmecken.

2

Filetsteaks mit Pfeffer

SCHNELL (FOTO)

Zubereitungszeit:
etwa 15 Minuten

4 Rinderfiletsteaks aus der Filetmitte (je etwa 150 g)
4 EL Speiseöl, z. B. Sonnenblumen- oder Rapsöl
Salz
2 TL bunte Pfefferkörner

Pro Portion:
E: 32 g, F: 16 g, Kh: 1 g, kJ: 1148, kcal: 274, BE: 0,0

1 Rinderfiletsteaks mit Küchenpapier trocken tupfen (Foto 1). Öl in einer Pfanne erhitzen. Die Steaks darin 2–4 Minuten braten. Nachdem die untere Seite gebräunt ist, das Fleisch wenden und mit Salz bestreuen.

2 Pfefferkörner etwas zerdrücken, auf den Steaks verteilen und mit einem Löffel etwas andrücken (Foto 2). Das Fleisch weitere 2–4 Minuten braten, dabei häufig mit dem Bratfett begießen (Foto 3).

3 Die Steaks auf einer vorgewärmten Platte anrichten. Das Bratfett über die Steaks geben.

Beilage: Gemischter Blattsalat, Kartoffelgratin (S. 218) oder geröstetes Baguette mit Kräuterquark.

TIPP » Für **perfekte Steaks** (Garzeiten für etwa 2 cm dicke Steaks).
» Roh (raw): dünne, braune Kruste, innen stark blutig. 1–2 Minuten von jeder Seite bei starker Hitze. Kerntemperatur beträgt 45–47 °C.
» Blutig (rare): braune Kruste, innen rosa, blutiger Kern. 2–3 Minuten von jeder Seite bei starker Hitze. Kerntemperatur beträgt 50–52 °C.
» Rosa (medium): außen braun, innen rosa. 1 Minute von jeder Seite bei starker Hitze, danach 3 Minuten von jeder Seite bei mittlerer Hitze. Kerntemperatur beträgt 60 °C.
» Durchgebraten (well done): innen völlig grau. 1 Minute von jeder Seite bei starker Hitze, dann wenden, weitere 5 Minuten von jeder Seite. Kerntemperatur beträgt 70–85 °C.

Rumpsteaks mit Zwiebeln

FÜR GÄSTE

Zubereitungszeit:
etwa 25 Minuten

2 große Zwiebeln
4 Rumpsteaks (je etwa 200 g)
3 EL Speiseöl, z. B. Sonnenblumen- oder Rapsöl
Salz
frisch gemahlener Pfeffer
evtl. etwas Steak-Gewürz

Pro Portion:
E: 45 g, F: 16 g, Kh: 1 g, kJ: 1399, kcal: 333, BE: 0,0

1 Zwiebeln abziehen, würfeln. Rumpsteaks mit Küchenpapier trocken tupfen und an den Rändern (Fettschicht) etwas einschneiden.

2 Öl in einer Pfanne erhitzen. Rumpsteaks in das heiße Fett legen und kurz von jeder Seite 3–4 Minuten braten. Dann mit Salz, Pfeffer und nach Belieben mit Steak-Gewürz bestreuen. Die Rumpsteaks dabei häufig mit dem Bratfett aus der Pfanne begießen, damit sie saftig bleiben.

3 Steaks auf einer vorgewärmten Platte anrichten, zudecken und warm stellen. Die Zwiebeln in das Bratfett geben, salzen, pfeffern und unter Rühren einige Minuten braten, zu den Steaks servieren.

TIPP » Das Fleisch sollte nach dem Braten immer noch etwas ruhen, damit sich der Fleischsaft verteilt und das Steak saftig bleibt. Den ausgetretenen Fleischsaft über die Steaks geben oder mit für eine Sauce verwenden.

1

2

3

Gefüllter Hackbraten

FÜR GÄSTE (4–6 PORTIONEN, IM FOTO VORN)

Zubereitungszeit: etwa 20 Minuten
Bratzeit: 45–50 Minuten

1 kleine Dose Sauerkraut (Abtropfgewicht 285 g)
2 eingelegte Paprikahälften
1 Zwiebel
750 g Gehacktes (halb Rind-, halb Schweinefleisch)
2 Eier (Größe M)
1 TL mittelscharfer Senf
Salz, Pfeffer
1 TL gemahlener Kümmel
Zucker
1 EL Semmelbrösel
7 Scheiben Bacon (Frühstücksspeck, etwa 125 g)

Pro Portion:
E: 37 g, F: 35 g, Kh: 5 g, kJ: 2021, kcal: 483, BE: 0,5

1 Backofen vorheizen.
Ober-/Unterhitze: etwa 200 °C
Heißluft: etwa 180 °C

2 Sauerkraut in einem Sieb abtropfen lassen. Paprikahälften abtropfen lassen, fein würfeln. Zwiebel abziehen und fein würfeln.

3 Gehacktes mit Eiern, Zwiebelwürfeln, Senf, Salz und Pfeffer vermengen. Sauerkraut und Paprikawürfel vermengen, mit Kümmel, Salz, Zucker und Pfeffer abschmecken.

4 Semmelbrösel auf die Arbeitsfläche streuen, die Fleischmasse daraufgeben, zu einem Rechteck (etwa 20 x 30 cm) formen (Foto 1). Die Sauerkrautmasse längs auf eine Fleischteighälfte geben und den Fleischteig von der belegten Seite der Länge nach aufrollen (Foto 2).

5 Hackbraten evtl. mithilfe einer Palette auf ein gefettetes Backblech oder in eine gefettete Auflaufform legen. Hackbraten mit den Baconstreifen belegen, so dass ein Gitter entsteht. Das Backblech oder die Form auf dem Rost im unteren Drittel in den vorgeheizten Backofen schieben und den Hackbraten **45–50 Minuten** braten.

» REZEPTVARIANTEN:

Hackbraten mit Quark
Aus 750 g Gehacktem (halb Rind-, halb Schweinefleisch), 2 Eiern (Größe M), 1 gewürfelten Zwiebel, 1 Teelöffel mittelscharfen Senf, 250 g Magerquark, 35 g Tomatenmark, 2 Esslöffeln gehackten Kräutern, 1 Teelöffel Paprikapulver edelsüß, Salz und Pfeffer einen Hackfleischteig zubereiten. 1 Esslöffel Semmelbrösel auf die Arbeitsfläche streuen, darauf die Fleischmasse zu einem rechteckigen Laib formen (etwa 12 x 25 cm), in eine gefettete Auflaufform legen. Die Form auf dem Rost im unteren Drittel in den vorgeheizten Backofen schieben und **bei der im Rezept angegebenen Temperatur etwa 40 Minuten garen**. Nach etwa 20 Minuten Garzeit 35 g Tomatenmark mit 200 ml heißer Gemüsebrühe und ½ Teelöffel gerebelten Basilikum verrühren und zu dem Hackbraten in die Auflaufform gießen. Den gegarten Hackbraten herausnehmen und aufschneiden. Die Sauce mit Salz, Pfeffer und Paprikapulver abschmecken.

Hackbraten vom Blech
(im Foto hinten, 8–10 Portionen)
500 g Hokkaido-Kürbis halbieren und entkernen. 300 g Kürbis in kleine Würfel, den Rest in dünne Spalten schneiden. 1 Zwiebel abziehen, fein würfeln und mit 100 g Schinkenwürfeln in einer Pfanne anbraten. Kürbiswürfel und ½ Teelöffel gerebelten Thymian zugeben, kurz mitbraten. Dann mit 200 ml Rinderfond ablöschen und etwa 2 Minuten bei mittlerer Hitze kochen lassen. Zutaten in eine große Schüssel geben und abkühlen lassen. 1 Glas Wild-Preiselbeer-Dessert (Abtropfgewicht 175 g) in einem Sieb abtropfen lassen. 1 Bund Petersilie abspülen, trocken tupfen und fein hacken. 100 g Lebkuchen

ohne Schokolade klein würfeln. 1,5 kg Gehacktes (halb Rind-, halb Schweinefleisch) mit 2 Eiern (Größe M), Preiselbeeren, Petersilie, 2 Esslöffeln Semmelbröseln und Lebkuchenwürfeln zu der abgekühlten Kürbismasse geben und vermengen. Mit Salz und Pfeffer abschmecken. Fleischmasse in eine gefettete Fettpfanne geben und glatt streichen. 200 g Ziegenfrischkäserolle in 8–10 Scheiben schneiden und zusammen mit den Kürbisspalten auf der Fleischmasse verteilen. Den Hackbraten anschließend **bei der im Rezept angegebenen Backofentemperatur etwa 35 Minuten garen.**

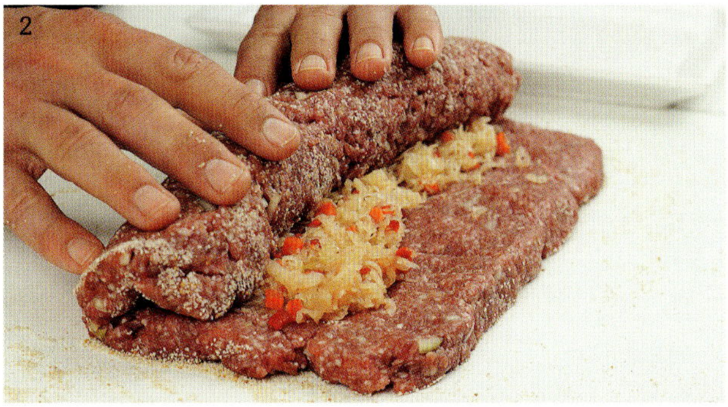

Gefüllter Rollbraten

DAUERT LÄNGER

Zubereitungszeit: etwa 20 Minuten
Bratzeit: etwa 6 Stunden

1 große, doppelte Rinderroulade (etwa 25 x 30 cm) vom Metzger zuschneiden lassen
1 Zwiebel
200 g Rindergehacktes
1 Ei (Größe M)
2 EL Semmelbrösel
Salz
frisch gemahlener Pfeffer
1 gestr. TL Paprikapulver edelsüß
¼ gestr. TL Chilipulver
1 rote Paprikaschote (etwa 200 g)
4 EL Speiseöl, z. B. Rapsöl
400 ml Fleischbrühe
1 Dose (400 g) passierte Tomaten

Außerdem:
Küchengarn oder Rouladennadeln

Pro Portion:
E: 35 g, F: 23 g, Kh: 12 g, kJ: 1667, kcal: 398, BE: 0,5

1 Den Backofen bei Ober-/Unterhitze auf 80 °C vorheizen. Rinderroulade mit Küchenpapier trocken tupfen, evtl. vorhandenes Fett und Sehnen abschneiden.

2 Zwiebel abziehen, fein würfeln. Gehacktes mit Zwiebelwürfeln, Ei und Semmelbröseln vermengen. Mit Salz, Pfeffer, Paprika- und Chilipulver würzen.

3 Paprikaschote halbieren, entstielen, entkernen und die weißen Scheidewände entfernen. Die Schote waschen, abtropfen lassen und die Paprikahälften nochmals vierteln.

4 Fleisch mit Salz und Pfeffer bestreuen. Hackfleischmasse mittig darauf verteilen und mit den Paprikaachteln belegen (Foto 1). Das Fleisch von der schmalen Seite her fest aufrollen (Foto 2) und mit Küchengarn verschnüren (Foto 3) oder mit Rouladennadeln feststecken.

5 Öl in einem großen flachen Bräter erhitzen. Die Fleischrolle darin von allen Seiten etwa 10 Minuten kräftig anbraten. Brühe und passierte Tomaten unterrühren, kurz aufkochen lassen. Den Bräter auf dem Rost im unteren Drittel in den vorgeheizten Backofen schieben und den Braten **etwa 6 Stunden** braten, dabei 2–3-mal wenden.

6 Küchengarn oder Rouladennadeln vom Rollbraten entfernen. Den Braten in Scheiben schneiden und mit der Sauce servieren.

Beilage: Petersilienkartoffeln (S. 216), Kohlrabi (S. 160).

» **REZEPTVARIANTE:**

Gefülltes Kräuterfilet

Dafür 2 Schweinefilets (je etwa 400 g) mit Küchenpapier trocken tupfen. Den Backofen vorheizen (Ober-/Unterhitze: etwa 200 °C, Heißluft: etwa 180 °C). In jedes Filet längs eine Tasche schneiden, sodass die Filets auseinander gedrückt werden können. Filets mit Salz und Pfeffer würzen. Für die Füllung 4 abgezogene, fein gewürfelte Schalotten und 2 Teelöffel gehackte Kräuter mit 150 g Kräuter-Frischkäse und 2 Esslöffeln Kräutersenf verrühren. Füllung mit Salz und Pfeffer würzen. Filets mit der Frischkäsemasse füllen und jeweils mit Holzstäbchen zusammenstecken. 3 Esslöffel Olivenöl in einer Pfanne erhitzen. Die gefüllten Filets darin von allen Seiten anbraten, dann herausnehmen und nebeneinander in eine gefettete Auflaufform legen. Form auf dem Rost im unteren Drittel in den vorgeheizten Backofen schieben, die Filets **20–25 Minuten** braten.

2

3

Chili con carne

BELIEBT (4–6 PORTIONEN)

Zubereitungszeit: 15–20 Minuten
Schmorzeit: etwa 15 Minuten

400 g Tomaten oder 1 Dose (400 g) geschälte Tomaten
2 Zwiebeln
2 Knoblauchzehen
75 g durchwachsener Speck
je 1 rote und grüne Paprikaschote (je etwa 150 g)
1–2 EL Speiseöl, z. B. Sonnenblumenöl
400 g Rindergehacktes
Salz
frisch gemahlener Pfeffer
250 ml (¼ l) Gemüsebrühe
2 Dosen Kidneybohnen (Abtropfgewicht je 250 g)
Chilipulver
1–2 TL Paprikapulver edelsüß
1 TL getrockneter, gerebelter Oregano

Pro Portion:
E: 29 g, F: 19 g, Kh: 22 g, kJ: 1589, kcal: 379, BE: 1,5

1 Tomaten waschen, abtropfen lassen, kreuzweise einschneiden und kurz in kochendes Wasser legen, dann in kaltem Wasser abschrecken. Tomaten enthäuten, halbieren und die Stängelansätze herausschneiden. Tomaten würfeln oder Dosentomaten in der Dose zerkleinern.

2 Zwiebeln und Knoblauchzehen abziehen, fein würfeln. Speck würfeln. Paprikaschoten halbieren, entstielen, entkernen und die weißen Scheidewände entfernen. Schoten waschen, abtropfen lassen und in Streifen schneiden.

3 Öl in einem großen Topf erhitzen. Zwiebel-, Knoblauch- und Speckwürfel darin andünsten. Gehacktes zugeben und unter Rühren darin braun und gar braten. Dabei die Fleischklümpchen mithilfe einer Gabel zerdrücken. Mit Salz und Pfeffer würzen.

4 Paprikastreifen und Gemüsebrühe zufügen, zum Kochen bringen und mit Deckel etwa 5 Minuten bei mittlerer Hitze schmoren.

5 Bohnen in ein Sieb geben, kalt abspülen und abtropfen lassen. Tomatenwürfel (Dosentomaten mit dem Saft) und Bohnen unterrühren. Mit Chili-, Paprikapulver und Oregano würzen und mit Deckel noch etwa 10 Minuten bei schwacher Hitze kochen. Das Chili mit Salz und Pfeffer abschmecken.

TIPP » Das Chili ist gefriergeeignet.

Beilage: Warmes Fladenbrot, Roggenbrötchen oder Reis.

» REZEPTVARIANTE:
Chili mit Fleischwürfeln
1 kg Rindfleisch mit Küchenpapier trocken tupfen, in etwa 2 cm große Würfel schneiden. 1 Gemüsezwiebel (250 g) und 2–3 Knoblauchzehen abziehen, würfeln. 1–2 rote Chilischoten halbieren, entstielen, entkernen und die weißen Scheidewände entfernen. Chili waschen, abtropfen lassen und klein schneiden. 3 Esslöffel Olivenöl in einem Topf erhitzen. Die Fleischwürfel portionsweise darin anbraten. Dann das gesamte Fleisch mit Zwiebel- und Knoblauchwürfeln in den Topf geben, einige Minuten dünsten. Chiliwürfel und 1 l Wasser zugeben und mit 1 Teelöffel Kümmelsamen, 1 Teelöffel gerebeltem Oregano, 2–3 Lorbeerblättern und 1 Esslöffel Paprikapulver edelsüß würzen. Chili zum Kochen bringen und mit Deckel etwa 1 ¼ Stunden bei mittlerer Hitze schmoren. 1 große Dose (800 g) geschälte Tomaten in der Dose grob zerkleinern, mit dem Saft sowie 2 Dosen abgetropften Kidneybohnen (Abtropfgewicht je 250 g) zugeben, mit Salz würzen und weitere 15–20 Minuten schmoren. Das Chili mit Chilipulver abschmecken.

Rinderschmorbraten

DAUERT LÄNGER

Zubereitungszeit: etwa 20 Minuten
Schmorzeit: etwa 1 ½ Stunden

750 g Rindfleisch (aus der Keule, ohne Knochen)
Salz
frisch gemahlener Pfeffer
2 Zwiebeln
100 g Tomaten
1 Bund Suppengrün (Sellerie, Möhren, Porree [Lauch])
3 EL Speiseöl, z. B. Sonnenblumen- oder Rapsöl
1 TL getrockneter, gerebelter Thymian
250 ml (¼ l) Gemüsebrühe
Tomatenmark
etwas Zucker

Pro Portion:
E: 41 g, F: 16 g, Kh: 7 g, kJ: 1413, kcal: 337, BE: 0,0

1 Rindfleisch mit Küchenpapier trocken tupfen, mit Salz und Pfeffer einreiben. Zwiebeln abziehen und würfeln. Tomaten waschen, abtropfen lassen, vierteln und die Stängelansätze herausschneiden. Tomaten in Stücke schneiden.

2 Sellerie und Möhren putzen, schälen, waschen und abtropfen lassen. Porree putzen, die Stange längs halbieren, gründlich waschen und abtropfen lassen. Vorbereitetes Suppengrün klein schneiden.

3 Öl in einem Topf oder Bräter erhitzen. Das Fleisch darin von allen Seiten gut anbraten. Suppengrün zufügen, kurz mitbraten. Das Fleisch mit Thymian bestreuen. Etwas von der Gemüsebrühe zugießen, zum Kochen bringen und das Fleisch etwa 1 ½ Stunden mit Deckel bei schwacher bis mittlerer Hitze schmoren.

4 Das Fleisch während der Schmorzeit gelegentlich wenden. Verdampfte Flüssigkeit nach und nach durch Gemüsebrühe ersetzen.

5 Nach Beendigung der Garzeit das Fleisch etwa 10 Minuten zugedeckt ruhen lassen, damit sich der Fleischsaft setzt. Das Fleisch in Scheiben schneiden, auf einer vorgewärmten Platte anrichten.

6 Den Bratensatz mit dem Gemüse pürieren oder durch ein Sieb streichen, evtl. noch etwas Gemüsebrühe zufügen. Die Sauce erhitzen, mit Salz, Pfeffer, Tomatenmark und Zucker abschmecken. Die Sauce zum Braten servieren.

TIPP » Anstelle der Gemüsebrühe können Sie auch halb Gemüsebrühe, halb Rotwein verwenden. Reste von dem Schmorbraten können mit der Sauce eingefroren werden.

Beilage: Kartoffelklöße (S. 228) oder Salzkartoffeln (S. 216) und grüne Bohnen (S. 161) oder Erbsen (S. 162) und Möhren (S. 160).

» REZEPTVARIANTE:
Rinderschmorbraten mit Marinade
Dazu eine Marinade aus 100 g Zwiebeln, 50 g Möhren, 2 Knoblauchzehen (alles klein gewürfelt), 250 ml (¼ l) Rotwein, 50 ml Cognac, 2 Lorbeerblättern und ½ Teelöffel Thymian zubereiten. Das Fleisch darin über Nacht marinieren. Dann das Fleisch herausnehmen, mit Küchenpapier trocken tupfen, salzen, pfeffern und in 3 Esslöffeln Speiseöl anbraten. 100 g Tomaten wie im Rezept beschrieben vorbereiten und zugeben. Marinade mit dem Gemüse zufügen und mit Deckel bei mittlerer Hitze 1 ½–2 Stunden schmoren. Dann den Braten herausnehmen und warm stellen. Sauce mit dem Gemüse durch ein Sieb streichen, evtl. etwas Wasser hinzufügen. Die Sauce erhitzen, mit Salz, Pfeffer, Tomatenmark und Zucker abschmecken und nach Belieben mit 1 Teelöffel angerührter Speisestärke binden.

Tafelspitz mit Meerrettichsauce

DAUERT LÄNGER

Zubereitungszeit: etwa 20 Minuten
Garzeit: etwa 2 Stunden und 20 Minuten

- 1–1½ l Wasser
- 1 kg Rindfleisch (Tafelspitz)
- 1–1½ TL Salz
- 1 Lorbeerblatt
- 1 EL Pfefferkörner
- 2 große Zwiebeln
- 150 g Möhren
- 150 g Staudensellerie
- 200 g Porree (Lauch)

Für die Meerrettichsauce:

- 30 g Butter oder Margarine
- 25 g Weizenmehl
- 375 ml (3/8 l) Tafelspitzbrühe
- 125 g Schlagsahne
- 20 g frisch geriebener Meerrettich
- Salz
- etwas Zucker
- etwa 1 TL Zitronensaft
- 1 EL gehackte Petersilie

Pro Portion:
E: 55 g, F: 21 g, Kh: 11 g, kJ: 1982, kcal: 474, BE: 0,5

1 Wasser in einem großen Topf zum Kochen bringen. Rindfleisch mit Küchenpapier trocken tupfen, mit Salz, Lorbeerblatt und Pfefferkörnern in das kochende Wasser geben. Rindfleisch mit Deckel etwa 2 Stunden bei schwacher bis mittlerer Hitze gar ziehen lassen.

2 Inzwischen Zwiebeln abziehen und würfeln. Möhren und Sellerie putzen, schälen, waschen, abtropfen lassen und in Scheiben schneiden. Porree putzen, die Stange längs halbieren, gründlich waschen, abtropfen lassen und in etwa 2 cm lange Stücke schneiden.

3 Das vorbereitete Gemüse nach Beendigung der Garzeit zu dem Fleisch geben und mit Deckel noch etwa 20 Minuten mitgaren.

4 Das gegarte Fleisch vor dem Anschneiden etwa 10 Minuten zugedeckt ruhen lassen, damit sich der Fleischsaft setzt. Die Brühe mit dem Gemüse in ein Sieb geben, dabei die Brühe auffangen und 375 ml (3/8 l) für die Sauce abmessen. Das Gemüse zugedeckt warm stellen.

5 Während das Fleisch ruht, für die Meerrettichsauce Butter oder Margarine in einem kleinen Topf zerlassen. Mehl unter Rühren so lange darin erhitzen, bis es hellgelb ist. Die abgemessene Tafelspitzbrühe und Sahne zugießen. Sauce mit einem Schneebesen gut durchschlagen, dabei darauf achten, dass keine Klümpchen entstehen. Die Sauce unter Rühren zum Kochen bringen und ohne Deckel bei schwacher Hitze etwa 5 Minuten kochen lassen, dabei gelegentlich umrühren.

6 Meerrettich unterrühren. Die Sauce mit Salz, Zucker und Zitronensaft abschmecken. Das Fleisch in Scheiben schneiden, auf einer vorgewärmten Platte anrichten, mit etwas heißer Brühe übergießen. Tafelspitz mit Gemüse und Sauce servieren, nach Belieben mit Petersilie bestreuen.

Beilage: Röstkartoffeln, grüner Salat oder Möhren (S. 160).

TIPP » Anstelle von frischem Meerrettich können Sie auch Meerrettich aus dem Glas verwenden.
» Der Tafelspitz kann in der Brühe eingefroren werden.

» REZEPTVARIANTEN:

Kräutersauce (im Bild oben links)
3 Esslöffel Salatmayonnaise und je 150 g Crème fraîche und Joghurt, 100 g Schlagsahne und ½ Teelöffel mittelscharfen Senf verrühren. 3 Esslöffel gemischte, gehackte Kräuter unter die Sauce rühren, mit Salz und Pfeffer abschmecken.

Kalte Meerrettichsauce (im Bild oben in der Mitte)
150 g Crème fraîche mit 2 Esslöffeln Meerettich aus dem Glas verrühren. Die Sauce mit etwas Zitronensaft, Salz, Pfeffer und Zucker abschmecken.

Schnittlauchsauce
(im Bild oben rechts)
1 abgezogene Schalotte und 1 vorbereitete Möhre (etwa 100 g) in feine Würfel (Brunoise) schneiden. Möhre in kochendem Salzwasser etwa 1 Minute blanchieren, danach in Eiswasser abschrecken. 150 g Crème fraîche mit 4 Esslöffeln Olivenöl und 1 Esslöffel Weißweinessig verrühren. 1 Bund Schnittlauch abspülen, trocken tupfen und in Röllchen schneiden. Schnittlauch und Gemüse unter die Sauce rühren. Sauce mit Salz und Pfeffer abschmecken und zum Tafelspitz reichen.

Lammkeule

FÜR GÄSTE (4–6 PORTIONEN)

Zubereitungszeit: etwa 25 Minuten
Bratzeit: etwa 60 Minuten

1 Lammkeule mit Knochen (etwa 1 ½ kg)
Salz
frisch gemahlener Pfeffer
1–2 Knoblauchzehen
6 EL Speiseöl, z. B. Olivenöl
1–2 TL gerebelte Kräuter der Provence
etwa 375 ml (⅜ l) Gemüsebrühe (oder halb Rotwein, halb Gemüsebrühe)
150 g Cocktailtomaten
2 gelbe Paprikaschoten
1 mittelgroße Zucchini
4 Stängel Thymian
1 TL Zucker
2 EL weißer Balsamico-Essig

Pro Portion:
E: 53 g, F: 20 g, Kh: 2 g, kJ: 1657, kcal: 395, BE: 0,0

1 Den Backofen vorheizen.
Ober-/Unterhitze: etwa 180 °C
Heißluft: etwa 160 °C

2 Lammkeule mit Küchenpapier trocken tupfen, mit Salz und Pfeffer einreiben. Knoblauchzehen abziehen und durch die Knoblauchpresse drücken.

3 Von dem Öl 4 Esslöffel in einem Bräter erhitzen. Die Lammkeule darin von allen Seiten kräftig anbraten. Die Keule mit dem Knoblauch bestreichen und mit den Kräutern bestreuen.

4 Ein Drittel der Gemüsebrühe oder Rotwein-Brühe-Mischung zugeben. Den Bräter ohne Deckel auf dem Rost im unteren Drittel in den vorgeheizten Backofen schieben und die Lammkeule **etwa 60 Minuten** braten.

5 Verdampfte Flüssigkeit nach und nach durch die restliche Brühe oder Rotwein-Brühe-Mischung ersetzen.

6 Inzwischen Cocktailtomaten waschen, abtrocknen und halbieren. Paprikaschoten halbieren, entstielen, entkernen und die weißen Scheidewände entfernen. Schoten waschen und abtropfen lassen. Zucchini waschen, abtrocknen und die Enden abschneiden. Paprikaschoten und Zucchini in 1–2 cm große Würfel schneiden. Thymian abspülen und trocken tupfen. Die Blättchen von den Stängeln zupfen und Blättchen hacken.

7 Die gegarte Lammkeule aus dem Bräter nehmen und zugedeckt etwa 10 Minuten ruhen lassen, damit sich der Fleischsaft setzt.

8 Vorbereitetes Gemüse in einer Pfanne in 2 Esslöffeln Öl andünsten. Mit Zucker, Salz und Pfeffer würzen, Thymian unterrühren. Gemüse mit Balsamico-Essig ablöschen.

9 Lammkeule in Scheiben schneiden und auf einer vorgewärmten Platte anrichten.

10 Den Bratensatz durch ein Sieb streichen. Evtl. mit Brühe oder Wein auffüllen, salzen, pfeffern und mit dem Gemüse zu dem Fleisch reichen.

Beilage: Baguette.

» REZEPTVARIANTEN:

Minzsauce
Von 1 Topf Minze die Blätter abzupfen, abspülen und trocken tupfen. Blättchen mit etwas Salz, Pfeffer, 1 Teelöffel Puderzucker, 2 Esslöffeln Weißweinessig und 6 Esslöffeln Olivenöl pürieren. Sauce mit Salz und Pfeffer abschmecken.

Gegrillte Lammkoteletts
8 doppelte Lammkoteletts (je etwa 100 g) mit Küchenpapier trocken tupfen und den Fettrand abschneiden oder mehrmals einschneiden. 2 kleine Knoblauchzehen abziehen, durch eine Knoblauchpresse drücken, mit Pfeffer und 3 Esslöffeln Speiseöl verrühren. Koteletts mit der Ölmischung bestreichen, auf

einen Teller legen. Die Koteletts mit Frischhaltefolie zugedeckt etwa 60 Minuten im Kühlschrank durchziehen lassen. Kurz vor Ende der Marinierzeit den Backofengrill (etwa 240 °C) vorheizen. Die Lammkoteletts auf einen mit Alufolie belegten Rost legen. Den Rost unter den vorgeheizten Grill schieben und die Koteletts von beiden Seiten jeweils etwa 3 Minuten grillen.

Kaninchen

MIT ALKOHOL (4–6 PORTIONEN)

Zubereitungszeit:
etwa 20 Minuten
Schmorzeit: etwa 50 Minuten

1 Kaninchen (etwa 1½ kg, in 5 Teile zerlegt, siehe Extra-Tipp)
Salz
frisch gemahlener Pfeffer
1–2 Stängel Rosmarin
200 g Möhren
100 g Knollensellerie
2 Zwiebeln
150 g Tomaten
4 EL Olivenöl
125 ml (⅛ l) Weißwein
250 ml (¼ l) Hühner- oder Gemüsebrühe
½–1 Becher (75–150 g) Crème fraîche

Pro Portion:
E: 51 g, F: 27 g, Kh: 5 g, kJ: 2026, kcal: 485, BE: 0,0

1 Kaninchenteile mit Küchenpapier trocken tupfen. Vom Rücken die Bauchlappen abschneiden (Foto 1) und den Rücken enthäuten (Foto 2). Die Kaninchenteile mit Salz und Pfeffer würzen.

2 Rosmarin abspülen, trocken tupfen und die Nadeln von den Stängeln zupfen. Möhren und Sellerie putzen, schälen, waschen, abtropfen lassen und in Stücke schneiden. Zwiebeln abziehen und würfeln.

3 Tomaten waschen, abtropfen lassen, kreuzweise einschneiden, kurz in kochendes Wasser legen und in kaltem Wasser abschrecken. Tomaten enthäuten, halbieren, die Stängelansätze herausschneiden. Tomaten grob würfeln.

4 Öl in einem Topf oder Bräter erhitzen und die Kaninchenteile darin unter Wenden von allen Seiten anbraten. Kaninchenrücken herausnehmen, das vorbereitete Gemüse und Rosmarin in den Topf geben, 2–3 Minuten andünsten.

5 Weißwein und Brühe zugießen. Alles zum Kochen bringen und mit Deckel etwa 25 Minuten bei mittlerer Hitze schmoren. Den Kaninchenrücken zufügen und mit Deckel weitere etwa 25 Minuten schmoren.

6 Die Fleischstücke herausnehmen, auf einer Platte anrichten und zugedeckt warm stellen. Die Sauce pürieren (Foto 3), Crème fraîche unterrühren. Die Sauce nochmals mit Salz und Pfeffer abschmecken und zu dem Kaninchen reichen.

Beilage: Bandnudeln oder Ciabatta und Brokkoli (S. 161).

TIPP » Für eine **Olivensauce** 50 g entsteinte Oliven klein schneiden und unter die Sauce rühren. Die Olivensauce wird noch würziger, wenn Sie zusätzlich 20 g Olivencreme (aus Glas oder Tube) zusammen mit Wein und Brühe unterrühren.

EXTRA-TIPP » **Zerlegen von Kaninchen.** Legen Sie das küchenfertig vorbereitete Kaninchen mit dem Rücken auf ein Küchenbrett. Schneiden Sie die Vorder- und Hinterläufe (Keulen) mit einem scharfen Messer im Schulter- bzw. Hüftgelenk ein und trennen Sie diese ab. Durchtrennen Sie dabei das Gelenk mit einem kräftigen Druck nach unten. Trennen Sie dann die Bauchlappen entlang des Rückens mit einem scharfen Messer oder einer Küchenschere ab.

1

2

3

Leber mit Zwiebeln

KLASSISCH

Zubereitungszeit:
etwa 30 Minuten

5 Zwiebeln
4 Scheiben Leber,
etwa ½ cm dick (je 100–120 g)
20 g Weizenmehl
etwa 50 g Margarine oder
3 EL Speiseöl, z. B.
Sonnenblumen- oder Rapsöl
Salz
frisch gemahlener Pfeffer
getrockneter,
gerebelter Majoran

Pro Portion:
E: 23 g, F: 13 g, Kh: 9 g,
kJ: 1027, kcal: 246, BE: 0,5

1 Zwiebeln abziehen, zunächst in dünne Scheiben schneiden, dann in Ringe teilen. Leber mit Küchenpapier trocken tupfen und in Mehl wenden. Nicht anhaftendes Mehl leicht abschütteln.

2 Die Hälfte von dem Fett in einer Pfanne erhitzen. Die Leberscheiben portionsweise hineinlegen und von jeder Seite 2–3 Minuten braten. Die Leber nach dem Braten mit Salz, Pfeffer und Majoran würzen. Leber auf einer vorgewärmten Platte anrichten und warm stellen.

3 Restliches Fett in dem verbliebenen Bratfett erhitzen. Die Zwiebelringe hineingeben und unter Rühren bei mittlerer Hitze etwa 2 Minuten bräunen. Die Zwiebelringe mit Salz und Pfeffer würzen und zu der Leber servieren.

TIPPS » Sie können das Gericht mit Schweine-, Rinder- oder Kalbsleber zubereiten. Die Lebersorten unterscheiden sich in Geschmack und Beschaffenheit. Kalbsleber ist zarter und milder im Geschmack als Schweineleber und hat die kürzeste Garzeit. Rinderleber ist am kräftigsten im Geschmack und von etwas festerer Konsistenz. Die Garzeit der Leber richtet sich auch nach der Dicke der Scheiben. Leber sollte auf keinen Fall bei zu starker Hitze gebraten werden, da sie sonst schnell hart und trocken wird.
» Nach Belieben die Leber mit einigen vorbereiteten Kerbelblättchen garniert servieren.

Beilage: Kartoffelpüree (S. 224) und Apfelmus (S. 278).

» REZEPTVARIANTE:
Leber „Berliner Art“
Dafür Apfelringe oder -spalten von 2 mittelgroßen Äpfeln zusammen mit den Zwiebeln braten.

Geflügel

Geflügel ist beliebt und schmeckt. Das Fleisch ist zart und hell, das Aroma – je nach Zubereitung – fein bis delikat-würzig. Geflügel ist eben mehr als nur Brathähnchen. Zu den bekanntesten Geflügelarten gehören:

» Huhn wird z. B. als **Hähnchen** frisch oder tiefgekühlt angeboten: 5–7 Wochen alte Masttiere mit einem Gewicht von 800–1200 g. Besonders schmackhaft sind Hähnchen, die mit speziellem Futter gemästet werden, z. B. Maishähnchen. **Suppenhühner** sind Legehennen, die nach 12–15 Monaten geschlachtet werden. Sie werden zum Eierlegen gehalten, nicht gemästet, erreichen aber je nach Rasse ein Schlachtgewicht von 1000–2000 g. Suppenhühner eignen sich gekocht als Grundlage für Hühnerbrühen und Ragouts.

» **Enten** werden meist nach der Geschlechtsreife, wenn sie älter als 1 Jahr sind, geschlachtet. Ihr Gewicht liegt zwischen 1800–2500 g. **Barbarieenten** sind Flugenten und beliebt wegen ihres hohen Brustfleischanteils und ihres geringen Fettgehalts.

» **Gänse**, die man z. B. als gefüllte Gans zubereiten kann, sind etwa 9 Monate alt. Mit einem Gewicht von 4000–6000 g sind sie schon recht stattlich.

» **Puten** oder **Truthähne** sind die Schwergewichte unter den Geflügeln: Nach einer Langmast wiegen die Weibchen bis zu 12 kg, die Männchen sogar bis zu 20 kg! Im Handel erhält man Puten überwiegend zerlegt (Brust, Keule). Nur etwa 3000–4000 g schwer sind junge Puten, die nach einer Kurzmast von etwa 8 Wochen geschlachtet und ganz oder zerlegt angeboten werden. **Babyputen** sind Jungtiere mit einem Gewicht von nur 2000–3000 g.

Geflügelteile

Alle gängigen Geflügelarten werden frisch gekühlt oder tiefgefroren im Ganzen und in Teilstücken angeboten. Erhältlich sind Hälften, Brust, Brustfilets, Schnitzel (nur von Hähnchen und Puten), Schenkel (Ober- und Unterschenkel) und Flügel. Das eher etwas trockene Brustfleisch von Hähnchen oder Pute schmeckt besonders gut als Geschnetzeltes oder dient als Grundlage für asiatische Gerichte.

Die richtige Vor- und Zubereitung

Frischgeflügel muss nach dem Kauf so schnell wie möglich in den Kühlschrank. Wenn Sie TK-Geflügel kaufen, das Sie zu Hause in der Gefriertruhe lagern möchten, achten Sie darauf, dass es während des Transports nicht antaut. Transportieren Sie es in einer Kühltasche mit Kühlakkus.

Geflügel kann mit gesundheitsschädigenden Bakterien, z. B. Salmonellen, belastet sein. Beachten Sie deshalb bei der Vor- und Zubereitung einige Regeln:

» Kühlen oder tiefgefrieren Sie das Geflügel immer ausreichend.

» Reinigen Sie Ihre Hände und alle Geräte, die bei der Zubereitung mit dem Geflügel in Kontakt kommen (Messer, Schneidebrett), sofort nach der Verarbeitung gründlich mit Wasser und Seife bzw. etwas Spülmittel.

» Lassen Sie gefrorenes Geflügel immer über Nacht im Kühlschrank auftauen. Achten Sie darauf, dass keine anderen Lebensmittel mit dem Geflügel oder dem Auftauwasser in

Berührung kommen und gießen Sie das Auftauwasser sofort weg.
» Geflügelfleisch sollte nur gut durchgegart verzehrt werden. Das Geflügel ist gar, wenn der austretende Saft klar wie Wasser ist oder sich ein Bein ganz leicht aus dem Gelenk lösen lässt. Wenn Sie mit einem Lebensmittelthermometer arbeiten, um die Kerntemperatur (mindestens 70 °C) zu ermitteln, achten Sie darauf, die Temperatur nicht zu nah an einem Knochen zu messen, sonst könnte das Ergebnis verfälscht werden.

Das richtige Auftauen

Geflügel sollte möglichst langsam auftauen, am besten im Kühlschrank, damit die Zellstruktur erhalten und das Fleisch schön zart bleibt.
» Entfernen Sie die Verpackung vollständig und werfen sie diese weg.
» Legen Sie dann das Geflügel in ein Gefäß mit Siebeinsatz (Metallsieb) oder auf einen umgedrehten Suppenteller in eine große Schüssel, damit die Auftauflüssigkeit ablaufen kann. Das Geflügel darf nicht in der Auftauflüssigkeit liegen!
» Decken Sie nun das Gefäß zu.
» Auftauflüssigkeit gießen Sie sofort weg. Sie sollte wegen der Salmonellengefahr auch nicht mit anderen Lebensmitteln in Berührung kommen.
» Reinigen Sie zum Schluss Arbeitsflächen, Geschirr und Hände gründlich mit Wasser und Seife.

Dressieren (Foto 2)

Beim Dressieren wird das Geflügel in die richtige Form gebracht. Dadurch trocknet es nicht nur bei der Zubereitung weniger aus und schmeckt damit besser – es sieht auch appetitlicher aus. Wenn Sie das Geflügel im Ganzen garen, befestigen Sie mit Küchengarn alle abstehenden Teile – Flügel, Keulen – möglichst nah am Körper. Legen Sie dazu das vorbereitete Geflügel auf den Rücken, biegen die Flügelspitzen nach hinten und schieben Sie die Flügel unter den Rumpf.

2

Schneiden Sie nun die Flügelspitzen ab und binden die Flügel mit Küchengarn unter dem Rumpf zusammen. Binden Sie die Keulen mit Küchengarn zusammen.

Füllen

Vor allem großes Geflügel wie Gänse oder Puten eignet sich zum Füllen. Die je nach Rezept zubereitete Füllung kann als Beilage zum Fleisch serviert werden. Legen Sie zum Füllen das vorbereitete Geflügel auf den Rücken, geben die Füllung in den Bauchraum und nähen die Öffnung mit Küchengarn zu. Oder stecken Sie sie mit Holzspießchen zu. Verschnüren Sie anschließend das gefüllte Geflügel mit Küchengarn.

Tranchieren

Beim Tranchieren wird das im Ganzen gegarte Geflügel in appetitliche Portionsstücke zerteilt. Bevor Sie damit beginnen, stellen Sie eine Servierplatte zum Anrichten warm. Zunächst müssen die Keulen mit einem scharfen Messer, z. B. einem Tranchiermesser, gelöst werden. Schneiden Sie dazu die Keulen bis zum Gelenk ein, drehen dann das Gelenk etwas und schneiden dann die Sehnen durch. Anschließend trennen Sie die Flügel mit dem Tranchiermesser an den Gelenken ab. Lösen Sie nun mit dem Messer das Brustfleisch von beiden Seiten des Knochens ab und schneiden es in Portionsstücke. Richten Sie zum Schluss das Fleisch auf der vorgewärmten Platte an. Übrigens: Zum Tranchieren kann man auch eine Geflügelschere verwenden.

Hähnchenkeulen

BELIEBT

Zubereitungszeit: etwa 10 Minuten
Bratzeit: etwa 45 Minuten

4 Hähnchenkeulen (je etwa 250 g)
½ TL Salz
1 Msp. frisch gemahlener Pfeffer
1 TL Paprikapulver edelsüß
2–3 EL Speiseöl, z. B. Sonnenblumenöl

Pro Portion:
E: 34 g, F: 24 g, Kh: 0 g, kJ: 1458, kcal: 349, BE: 0,0

1 Den Backofen vorheizen.
Ober-/Unterhitze: etwa 200 °C
Heißluft: etwa 180 °C

2 Die Keulen unter fließendem kalten Wasser abspülen, trocken tupfen.

3 Salz, Pfeffer und Paprikapulver mit Öl verrühren. Die Hähnchenkeulen damit einreiben und in eine Fettpfanne legen. Die Fettpfanne auf der mittleren Einschubleiste in den vorgeheizten Backofen schieben und die Hähnchenkeulen **etwa 45 Minuten** braten.

Beilage: Kartoffelsalat (S. 210) oder Bratkartoffeln (S. 226) und Erbsen (S. 162) oder Möhren (S. 160).

» REZEPTVARIANTEN:

Tandoori-Hähnchenkeulen
125 g Joghurt (3,5 % Fett) glatt rühren. 1 Knoblauchzehe abziehen und durch eine Knoblauchpresse zu dem Joghurt drücken. ½ Teelöffel Salz, 1–1½ Teelöffel Paprikapulver edelsüß, ½–1 Teelöffel Madrascurry, knapp ½ Teelöffel gemahlener Zimt, 1 Messerspitze Cayennepfeffer und 1 Prise gemahlene Gewürznelken unterrühren. Die vorbereiteten Hähnchenkeulen mit der Marinade bestreichen, in eine flache Schale legen und mit Frischhaltefolie zugedeckt mindestens 2 Stunden oder über Nacht im Kühlschrank marinieren. Die Keulen in eine Fettpfanne geben, nochmals mit der Marinade bestreichen und wie im Rezept beschrieben braten. Die Keulen nach Belieben nach der Hälfte der Garzeit mit der Marinade bestreichen.

Hähnchenkeulen mit Kräuterpanade
Die Hähnchenkeulen wie in Punkt 2 beschrieben vorbereiten. Dann die Hähnchenkeulen mit Salz, Pfeffer und Paprikapulver edelsüß einreiben. 4–5 Esslöffel gemischte, gehackte Kräuter (frisch oder TK, z. B. Petersilie, Estragon, Schnittlauch) mit 6 Esslöffeln Semmelbröseln mischen. Die Hähnchenkeulen zunächst in Weizenmehl, dann in 1 verschlagenen Ei und zuletzt in der Semmelbrösel-Kräuter-Mischung wenden. Die Panade gut andrücken, nicht anhaftende Panade leicht abschütteln.
Die Keulen in eine Fettpfanne geben, mit 3–4 Esslöffeln Speiseöl beträufeln und wie im Rezept beschrieben braten.

Hühnerfrikassee

MIT ALKOHOL

Zubereitungszeit:
etwa 30 Minuten,
ohne Abkühlzeit
Garzeit: etwa 60 Minuten

1 ½ l Wasser
1 Bund Suppengrün (Sellerie, Möhren, Porree [Lauch])
1 Zwiebel
1 Lorbeerblatt
1 Gewürznelke
1 küchenfertiges Suppenhuhn (1–1,2 kg)
1 ½ TL Salz

Für die Sauce:
25 g Butter
30 g Weizenmehl
500 ml (½ l) Hühnerbrühe
1 Glas Spargelstücke (Abtropfgewicht 175 g)
1 Glas Champignons (Abtropfgewicht 150 g)
4 EL Weißwein
etwa 1 EL Zitronensaft
1 TL Zucker
2 Eigelb (Größe M)
4 EL Schlagsahne
Salz
frisch gemahlener Pfeffer
Worcestersauce

Pro Portion:
E: 49 g, F: 22 g, Kh: 8 g, kJ: 1835, kcal: 439, BE: 0,5

1 Wasser in einem Topf zum Kochen bringen. Sellerie schälen. Möhren putzen, schälen. Sellerie und Möhren abspülen und abtropfen lassen. Porree putzen, die Stange längs halbieren, gründlich waschen und abtropfen lassen. Suppengrün in grobe Stücke schneiden. Zwiebel abziehen, mit Lorbeerblatt und Nelke spicken (Foto 1).

2 Suppenhuhn von innen und außen unter fließendem kalten Wasser abspülen. Huhn mit Salz in das kochende Wasser geben, wieder zum Kochen bringen und abschäumen.

3 Suppengrün in den Topf geben, das Huhn mit Deckel etwa 60 Minuten bei schwacher Hitze gar kochen.

4 Das Suppenhuhn aus der Brühe nehmen und etwas abkühlen lassen. Die Brühe durch ein Sieb gießen, evtl. entfetten und 500 ml (½ l) davon für die Sauce abmessen. Das Fleisch von den Knochen lösen (Foto 2), die Haut entfernen (Foto 3) und das Fleisch in mundgerechte Stücke schneiden.

5 Für die Sauce Butter in einem Topf zerlassen. Mehl unter Rühren so lange darin erhitzen, bis es hellgelb ist. Die abgemessene Brühe zugießen und mit einem Schneebesen gut durchschlagen. Dabei darauf achten, dass keine Klümpchen entstehen. Die Sauce zum Kochen bringen und ohne Deckel etwa 5 Minuten leicht kochen, dabei gelegentlich umrühren.

6 Spargelstücke und Champignons in einem Sieb abtropfen lassen, evtl. große Champignons vierteln. Spargelstücke und Champignons mit dem Fleisch in die Sauce geben und kurz aufkochen. Weißwein, Zitronensaft und Zucker zufügen.

7 Eigelb mit Sahne verschlagen und langsam unter das Frikassee rühren (abziehen), Frikassee nicht mehr kochen lassen. Das Frikassee mit Salz, Pfeffer, Worcestersauce und Zitronensaft abschmecken.

Beilage: Reis und Salat.

TIPPS » Die Champignons aus dem Glas durch 150 g frische, geputzte, in Scheiben geschnittene und in 1 Esslöffel Butter gedünstete Champignons ersetzen.
» Soll es schnell gehen, das ganze Hähnchen durch 600 g Hähnchenbrustfilet ersetzen. Das Hähnchenbrustfilet in Salzwasser mit dem Gemüse etwa 20 Minuten garen. 500 ml (½ l) Brühe für die Sauce zurücklassen. Das Fleisch grob würfeln und dann wie im Rezept beschrieben weiterverarbeiten.

EXTRA-TIPP » **Abziehen.** Um Flüssigkeiten wie Milch, Saucen, Fleischbrühen oder pikante Suppen zu binden (abzuziehen), diese mit einer Mischung aus Sahne und Eigelb verrühren. Dann nicht mehr aufkochen.

1

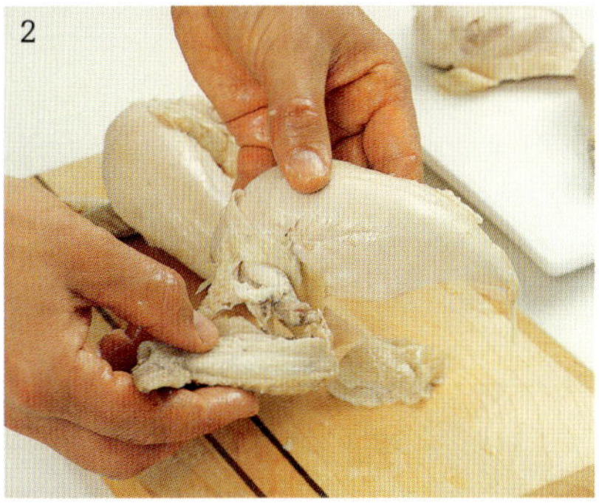
2

3

Hähnchengeschnetzeltes Mailänder Art

MIT ALKOHOL

Zubereitungszeit:
etwa 45 Minuten

600 g Hähnchenbrustfilet
1 Zwiebel
150 g Porree (Lauch)
150 g Möhren
150 g Champignons
400 g Tomaten
3 EL Speiseöl, z. B. Sesamöl
Salz, Pfeffer
Paprikapulver edelsüß
15 g Butter
½ TL abgeriebene Schale von
1 Bio-Zitrone
(unbehandelt, ungewachst)
1 TL gehackter Oregano
125 ml (1/8 l) Weißwein oder
französischer Wermut
250 g Schlagsahne
etwas Zucker
2 EL Basilikumstreifen
2 EL geriebener
Parmesan-Käse
evtl. Kräuterstängel,
z. B. Basilikum, Thymian

Pro Portion:
E: 42 g, F: 34 g, Kh: 10 g,
kJ: 2299, kcal: 550, BE: 0,5

1 Hähnchenbrustfilet unter fließendem kalten Wasser abspülen, trocken tupfen und in dünne Streifen schneiden. Zwiebel abziehen und würfeln.

2 Porree putzen, die Stange längs halbieren, gründlich waschen, abtropfen lassen und in Streifen schneiden. Möhren putzen, schälen, abspülen, abtropfen lassen und in dünne Scheiben schneiden. Champignons putzen, mit Küchenpapier abreiben und in Scheiben schneiden.

3 Tomaten waschen, abtropfen lassen, kreuzweise einschneiden, kurz in kochendes Wasser legen, dann in kaltem Wasser abschrecken. Tomaten enthäuten, halbieren und die Stängelansätze herausschneiden. Tomaten würfeln.

4 Die Hälfte des Öls in einem Wok erhitzen. Die Hälfte der Fleischstreifen darin etwa 2 Minuten bei starker Hitze anbraten, herausnehmen. Fleisch mit Salz, Pfeffer und Paprikapulver würzen, dann beiseitestellen. Die zweite Hälfte in dem restlichen Öl ebenso anbraten und herausnehmen.

5 Butter im verbliebenen Bratfett zerlassen. Das vorbereitete Gemüse (außer den Tomatenwürfeln) darin unter Rühren dünsten. Zitronenschale und Oregano zufügen. Das Gemüse mit Salz und Pfeffer würzen.

6 Weißwein oder Wermut und Sahne unter Rühren zufügen, etwa 2 Minuten garen, ab und zu umrühren.

7 Fleischstreifen und Tomatenwürfel zugeben, erhitzen und etwa 5 Minuten bei schwacher Hitze ziehen lassen. Geschnetzeltes mit den Gewürzen und Zucker abschmecken, mit Basilikumstreifen und Parmesan bestreut servieren. Nach Belieben mit Kräuterstängeln garnieren.

TIPPS » Wer das Geschnetzelte etwas sämiger mag, kann es mit angerührter Speisestärke binden.
» Wenn Sie keinen Wok haben, können Sie das Geschnetzelte auch in einer Pfanne zubereiten.

Beilage: Reis oder Nudeln.

» REZEPTVARIANTE:

Hähnchennuggets

Den Backofen vorheizen (Ober-/Unterhitze: etwa 200 °C, Heißluft: etwa 180 °C). 300 g Hähnchenbrustfilet unter fließendem kalten Wasser abspülen, trocken tupfen und in etwa 3 cm dicke Streifen schneiden. Hähnchenstreifen mit 1 Esslöffel Speiseöl bestreichen. 50 g Semmelbrösel mit knapp 1 Teelöffel Salz, 2 Teelöffeln Paprikapulver edelsüß und 1 Teelöffel Currypulver vermischen und über die Hähnchstreifen streuen, dann auf ein mit Backpapier belegtes Backblech legen und in den vorgeheizten Backofen schieben. Hähnchennuggets **etwa 20 Minuten** braten.

Pikante Chicken Wings (Hähnchenflügel)

FÜR GÄSTE

Zubereitungszeit: etwa 25 Minuten
Bratzeit: etwa 45 Minuten

Für die Marinade:
100 ml Hühner- oder Gemüsebrühe
3 EL Tomatenketchup
1 EL brauner Zucker
2 EL Sojasauce
1 EL Weißweinessig
2 TL Sambal Oelek (scharfe Würzpaste)
1 TL Currypulver

20 Chicken Wings (Hähnchenflügel, 1,2–1,4 kg)

Pro Portion:
E: 28 g, F: 26 g, Kh: 9 g, kJ: 1595, kcal: 380, BE: 0,5

1 Den Backofen vorheizen.
Ober-/Unterhitze: etwa 200 °C
Heißluft: etwa 180 °C

2 Für die Marinade Hühner- oder Gemüsebrühe mit Ketchup, Zucker, Sojasauce, Essig, Sambal Oelek und Currypulver in einen Topf geben und unter Rühren aufkochen lassen.

3 Chicken Wings unter fließendem kalten Wasser abspülen, trocken tupfen, evtl. im Gelenk durchtrennen und in eine gut gefettete Auflaufform legen. Die Chicken Wings dick mit der Marinade bestreichen. Die Form auf dem Rost auf mittlerer Einschubleiste in den vorgeheizten Backofen schieben und die Chicken Wings **etwa 45 Minuten** braten.

4 Die Chicken Wings während der Bratzeit ab und zu mit der restlichen Marinade bestreichen.

5 Die Chicken Wings heiß oder kalt servieren.

Beilage: Baguette, Kartoffelsalat (S. 210) oder ein gemischter Blattsalat.

TIPP » Die Marinade eignet sich auch für Grillfleisch wie Rippchen, Hähnchenkeulen und Nackensteaks.

» REZEPTVARIANTE:
Brathähnchen
Den Backofen vorheizen (Ober-/Unterhitze: etwa 200 °C, Heißluft: etwa 180 °C). Ein Hähnchen (etwa 1,3 kg) innen und außen unter fließendem kalten Wasser abspülen und trocken tupfen. Hähnchen mit Salz, Pfeffer und Paprikapulver edelsüß einreiben. Mit 20 g zerlassener Butter oder 2 Esslöffeln Speiseöl bestreichen. 1 Zwiebel abziehen, würfeln. 200 g Möhren putzen, schälen, abspülen, abtropfen lassen und in Scheiben schneiden. 130 g Tomaten enthäuten (siehe Seite 154, Punkt 1), vierteln und die Stängelansätze herausschneiden. 1–2 Teelöffel fein gehackte Rosmarinnadeln mit vorbereitetem Gemüse, 1 in Stücke gebrochenen Lorbeerblatt, 125 ml (⅛ l) Hühnerbrühe und dem Hähnchen in einen Bräter geben. Bräter ohne Deckel auf dem Rost auf mittlerer Einschubleiste in den vorgeheizten Backofen schieben. Das Hähnchen **etwa 60 Minuten** braten. Anschließend aus dem Bräter nehmen. Das Hähnchen 5–10 Minuten zugedeckt ruhen lassen, damit sich der Fleischsaft setzt. Evtl. noch etwas Wasser zu dem Bratensatz geben, nach Belieben Bratensatz mit Gemüse durch ein Sieb streichen. Sauce mit Salz, Pfeffer und Paprikapulver abschmecken. Das Hähnchen mit einer Geflügelschere in Stücke teilen (tranchieren), auf einer Platte anrichten und mit der Sauce servieren.

Zitronenhuhn

FÜR GÄSTE (6–8 PORTIONEN)

Zubereitungszeit:
etwa 50 Minuten,
ohne Durchziehzeit

4 Hähnchenbrustfilets
(je etwa 150 g)
4 Hähnchenkeulen
(je etwa 120 g)
frisch gemahlener Pfeffer
2 Bio-Zitronen in Scheiben
(unbehandelt, ungewachst)
2 Stängel Rosmarin
4 EL Olivenöl

Für die Sauce:
2 Zwiebeln
3 Knoblauchzehen
Schale und Saft von
3 Bio-Zitronen (unbehandelt,
ungewachst)
2 EL Rosmarinnadeln
4 gehackte Sardellenfilets
120 g Kapern
etwas Kapernflüssigkeit
500 ml (½ l) Hühnerbrühe
1 EL Speisestärke
etwa 50 ml Wasser
Salz
1 EL Zucker

Pro Portion:
E: 31 g, F: 12 g, Kh: 8 g,
kJ: 1142, kcal: 273, BE: 0,5

1 Hähnchenbrustfilets und Hähnchenkeulen unter fließendem kalten Wasser abspülen und trocken tupfen. Die Keulen halbieren (Foto 1). Die Hähnchenstücke kräftig mit Pfeffer würzen. Zitronen heiß abwaschen, abtrocknen und in Scheiben schneiden. Hähnchenstücke in eine flache Schüssel legen, mit Zitronenscheiben belegen, Rosmarin abspülen, trocken tupfen. Stängel ewas zerkleinern, darüber verteilen (Foto 2) und mit Frischhaltefolie zugedeckt über Nacht im Kühlschrank durchziehen lassen.

2 Zitronenscheiben entfernen, die Hähnchenstücke etwas trocken tupfen. Öl in einer Pfanne erhitzen und die Hähnchenbrustfilets im heißen Öl portionsweise von jeder Seite etwa 5 Minuten knusprig braun braten, dann herausnehmen. Anschließend die Keulen portionsweise von jeder Seite 10–15 Minuten braten, herausnehmen und beiseitestellen.

3 Für die Sauce Zwiebeln abziehen, halbieren und in Scheiben schneiden. Knoblauchzehen abziehen und fein hacken. Zitronen heiß abwaschen, abtrocknen und die Schale abreiben. Zitronen halbieren und den Saft auspressen. Zwiebelstreifen und Knoblauch zusammen mit Rosmarin in dem Bratensatz unter Rühren anbraten. Sardellenfilets und Zitronenschale kurz mitbraten.

4 Mit Zitronensaft, Kapern und Kapernflüssigkeit ablöschen. Den Bratensatz unter Rühren mit einem Holzlöffel lösen. Brühe zugießen und etwa 3 Minuten sprudelnd kochen lassen.

5 Speisestärke mit Wasser anrühren und in die Sauce einrühren. Die Sauce kurz aufkochen lassen, mit Salz, Pfeffer und Zucker abschmecken.

6 Die Hähnchenstücke in die Sauce legen (Foto 3) und bei schwacher Hitze etwa 10 Minuten zugedeckt ziehen lassen.

Beilage: Reis oder Bandnudeln, Erbsen (S. 162), grüne Bohnen (S. 161) oder Blattsalat.

2

3

Hähnchenbrust mit Mozzarella

SCHNELL

Zubereitungszeit:
etwa 30 Minuten

4 Hähnchenbrustfilets ohne Haut (je etwa 150 g)
Salz
frisch gemahlener Pfeffer
2 große Tomaten
125 g Mozzarella-Käse
3 EL Speiseöl, z. B. Sonnenblumenöl
einige Basilikumblättchen

Pro Portion:
E: 42 g, F: 9 g, Kh: 1 g, kJ: 1076, kcal: 257, BE: 0,0

1 Den Backofengrill (etwa 240 °C) vorheizen. Hähnchenbrustfilets unter fließendem kalten Wasser abspülen, trocken tupfen. Filets mit Salz und Pfeffer würzen.

2 Tomaten waschen, abtrocknen, die Stängelansätze herausschneiden und Tomaten jeweils in 4 Scheiben schneiden. Mozzarella abtropfen lassen und in 8 Scheiben schneiden.

3 Öl in einer backofengeeigneten Pfanne erhitzen. Die Hähnchenbrustfilets darin in etwa 10 Minuten von beiden Seiten braten.

4 Jedes Filet zuerst mit je 2 Tomatenscheiben belegen und mit Pfeffer bestreuen. Dann mit je 2 Mozzarellascheiben belegen und wieder mit Pfeffer bestreuen.

5 Die Pfanne auf dem Rost unter den vorgeheizten Grill in den Backofen schieben und die Filets 5–10 Minuten übergrillen, bis der Käse zerläuft (ist keine backofengeeignete Pfanne vorhanden, dann die Filets nach dem Anbraten in eine Auflaufform umfüllen).

6 Die übergrillten Filets vor dem Servieren mit Basilikumblättchen garnieren.

Beilage: Reis (S. 240) oder Knoblauchtoast.

TIPP » Wenn Sie keinen Backofengrill haben, die Pfanne (Auflaufform) bei etwa 220 °C (Ober-/Unterhitze) oder etwa 200 °C (Heißluft) auf dem Rost in den vorgeheizten Backofen schieben und 5–10 Minuten überbacken, bis der Käse zerläuft.

EXTRA-TIPP » Köstlich schmeckt die Hähnchenbrust, wenn Sie diese mit Ziegen-Frischkäse oder Gorgonzola-Käse überbacken.

Gebratene Ente

KLASSISCH

Zubereitungszeit:
etwa 30 Minuten
Bratzeit: 2¼–2½ Stunden

1 küchenfertige Ente (2–2½ kg)
Salz
frisch gemahlener Pfeffer
etwa 850 ml Wasser

Für die Sauce:

1 geh. EL Speisestärke
50 ml kaltes Wasser

Außerdem:

Küchengarn

Pro Portion:
E: 71 g, F: 33 g, Kh: 3 g, kJ: 2479, kcal: 593, BE: 0,5

1 Den Backofen vorheizen.
Ober-/Unterhitze: etwa 180 °C
Heißluft: etwa 160 °C

2 Ente unter fließendem kalten Wasser von innen und außen abspülen, trocken tupfen, evtl. Fett aus der Bauchhöhle entfernen (Foto 1). Die Ente von innen und außen mit Salz und Pfeffer einreiben.

3 Keulen und Flügel zusammenbinden (Foto 2), 50 ml von dem Wasser in einen Bräter geben. Die Ente mit der Brust nach unten hineinlegen und Bräter ohne Deckel auf dem Rost im unteren Drittel in den vorgeheizten Backofen schieben. Die Ente **2¼–2½ Stunden** braten.

4 Inzwischen Magen, Herz und Hals kalt abspülen und mit 750 ml (¾ l) Wasser in einen Kochtopf geben. 1 Teelöffel Salz zufügen, zum Kochen bringen und etwa 30 Minuten bei schwacher Hitze mit Deckel kochen. Dann durch ein Sieb gießen, dabei die Kochbrühe auffangen.

5 Die Ente während der Bratzeit mehrmals unterhalb der Flügel und Keulen einstechen, damit das Fett besser ausbraten kann. **Nach etwa 30 Minuten Bratzeit** das angesammelte Fett abschöpfen (den Vorgang wiederholen). Sobald der Bratensatz bräunt, etwas von der Kochbrühe zugießen. Verdampfte Flüssigkeit nach und nach durch Kochbrühe ersetzen. Nach **etwa 60 Minuten Bratzeit** die Ente umdrehen.

6 100 ml Wasser mit ½ Teelöffel Salz verrühren, die Ente **etwa 10 Minuten vor Ende der Bratzeit** damit bestreichen und die **Temperatur um 20 °C erhöhen**, damit die Haut kross wird.

7 Die gegarte Ente aus dem Bräter nehmen und zugedeckt 5–10 Minuten ruhen lassen.

8 Den Bratensatz mit etwas Wasser loskochen, durch ein Sieb gießen, entfetten (Foto 3), mit Wasser auf 375 ml (⅜ l) auffüllen und auf der Kochstelle zum Kochen bringen. Speisestärke mit Wasser anrühren, mit einem Schneebesen in die kochende Flüssigkeit einrühren, dabei darauf achten, dass keine Klümpchen entstehen. Die Sauce zum Kochen bringen und ohne Deckel bei schwacher Hitze etwa 5 Minuten leicht kochen, dabei gelegentlich umrühren. Die Sauce mit Salz und Pfeffer abschmecken.

9 Die Ente in Portionsstücke schneiden (tranchieren), auf einer vorgewärmten Platte anrichten und mit der Sauce servieren.

Beilage: Semmelknödel (S. 230), Kartoffelklöße (S. 228) und Spitzkohl (S. 178).

TIPP » Die Sauce schmeckt noch intensiver, wenn Sie den entstandenen Fond entfetten und dann in einem Topf auf die Hälfte einkochen (reduzieren) lassen.

1
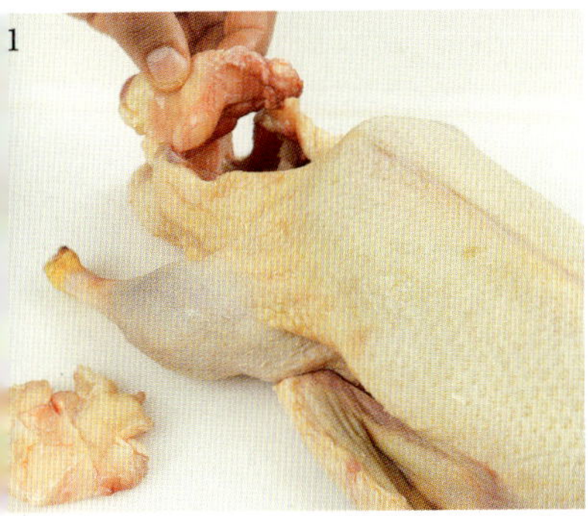

2
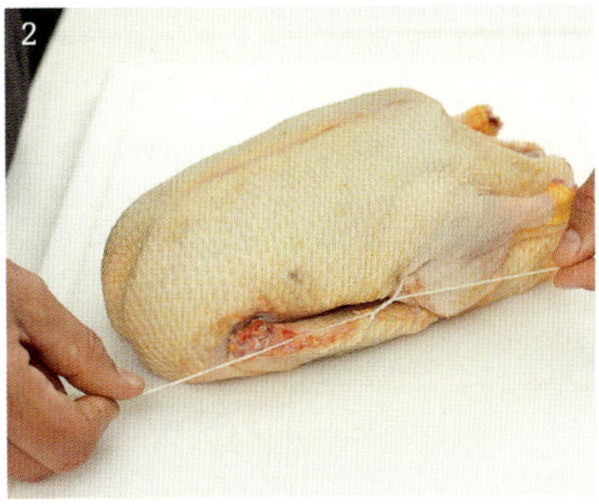

3

Entenbrust mit Orangensauce

MIT ALKOHOL

Zubereitungszeit: etwa 35 Minuten
Bratzeit: etwa 12 Minuten

2 Entenbrustfilets (je etwa 300 g)
Salz
frisch gemahlener Pfeffer
2 TL flüssiger Honig
15 g Butter
3–4 EL Orangenlikör, z. B. Grand Marnier

Für die Orangensauce:
1 Bio-Orange (unbehandelt, ungewachst)
1 Becher (150 g) Crème fraîche
Salz
frisch gemahlener Pfeffer
etwas flüssiger Honig

Pro Portion:
E: 28 g, F: 40 g, Kh: 13 g, kJ: 2299, kcal: 550, BE: 1,0

1 Entenbrustfilets unter fließendem kalten Wasser abspülen, trocken tupfen und die Hautseite leicht einschneiden. Entenbrustfilets mit Salz und Pfeffer bestreuen.

2 Eine Pfanne ohne Fett erhitzen. Die Filets mit der Hautseite nach unten hineinlegen und von beiden Seiten jeweils etwa 6 Minuten braten.

3 Kurz vor Beendigung der Bratzeit die Haut der Entenbrustfilets mithilfe eines Backpinsels mit Honig bestreichen. Butter in die Pfanne geben. Die Filets mit Orangenlikör übergießen und aus der Pfanne nehmen. Filets auf einer vorgewärmten Platte anrichten und zugedeckt warm stellen.

4 Für die Orangensauce Orange heiß abwaschen und trocken reiben. Orange dünn schälen und die Schale in sehr feine Streifen schneiden oder die Schale mit einem Zestenreißer dünn abziehen. Die Orange halbieren und den Saft auspressen.

5 Von dem Bratensatz evtl. das Fett mit einem Löffel abnehmen (entfetten) oder abgießen. Orangensaft und -schale zu dem Bratensatz geben und den Bratensatz etwas loskochen. Crème fraîche unterrühren und die Sauce zum Kochen bringen. Die Sauce mit Salz, Pfeffer und Honig abschmecken, evtl. ausgetretenen Fleischsaft von den Entenbrustfilets unterrühren. Die Sauce zu den Filets reichen.

Beilage: Salzkartoffeln (S. 216), Frühlingszwiebelgemüse und Orangenfilets.

TIPP » Flambieren Sie die Entenbrustfilets. Dazu 4–5 Esslöffel Orangenlikör in einem Pfännchen erwärmen. Alkohol anzünden und über die Filets geben (Foto 1).

Abwandlung: Für **Entenbrust mit Kirschsauce** 1 Becher (500 g) Dr. Oetker Kirschgrütze in einem Topf unter Rühren erhitzen, mit 1 Messerspitze gemahlenen Gewürznelken, 2 Messerspitzen gemahlenem Zimt, Salz und Pfeffer abschmecken. Den entfetteten Bratensatz unterrühren. Mit jeweils 1 Teelöffel gehacktem Rosmarin und Thymian abschmecken.

» REZEPTVARIANTE:

Entenkeulen (Foto 2)
4 Entenkeulen (je etwa 200 g) unter fließendem kalten Wasser abspülen, trocken tupfen, mit Salz und Pfeffer würzen. Eine Pfanne ohne Fett erhitzen. Entenkeulen darin von allen Seiten anbraten. Etwas von 100 ml heißer Hühnerbrühe zugießen. Die Keulen mit Deckel bei mittlerer Hitze etwa 40 Minuten schmoren. Dabei verdampfte Flüssigkeit nach und nach durch Brühe ersetzen, Keulen gelegentlich wenden. Entenkeulen aus der Pfanne nehmen und zugedeckt etwa 10 Minuten ruhen lassen. Nach Belieben die Keulen mit Linsengemüse servieren.

1

2

Putenoberkeule mit Gemüse

FÜR GÄSTE

Zubereitungszeit: etwa 25 Minuten
Bratzeit: etwa 90 Minuten

4 EL Speiseöl, z. B. Sonnenblumenöl
1 Putenoberkeule (mit Knochen, etwa 1 kg)
Salz
frisch gemahlener Pfeffer
1 l heißes Wasser oder Gemüsebrühe
500 g Zwiebeln
200 g Möhren
200 g Knollensellerie
1 kleine Petersilienwurzel
200 g Porree (Lauch)
250 g Tomaten
1–2 Stängel Rosmarin oder Thymian
150 g saure Sahne
1 EL Speisestärke
evtl. 1 EL Thymianblättchen

Pro Portion:
E: 50 g, F: 42 g, Kh: 17 g, kJ: 2723, kcal: 652, BE: 0,5

1 Öl in einer Fettpfanne verteilen, auf der mittleren Einschubleiste etwa 10 Minuten in den Backofen schieben und den Backofen vorheizen.
Ober-/Unterhitze: etwa 200 °C
Heißluft: etwa 180 °C

2 Putenoberkeule unter fließendem kalten Wasser abspülen und trocken tupfen. Putenoberkeule mit Salz und Pfeffer einreiben, in die heiße Fettpfanne legen und **etwa 70 Minuten** braten.

3 Sobald der Bratensatz bräunt, etwas heißes Wasser oder Gemüsebrühe zugießen. Putenkeule ab und zu mit dem Bratensatz begießen. Verdampfte Flüssigkeit nach und nach durch Wasser oder Brühe ersetzen.

4 Inzwischen Zwiebeln abziehen und würfeln. Möhren putzen, schälen. Sellerie schälen. Petersilienwurzel putzen und schälen. Gemüse abspülen und abtropfen lassen. Möhren in etwa 1 ½ cm dicke Scheiben schneiden. Sellerie und Petersilienwurzel grob würfeln.

5 Porree putzen, die Stangen längs halbieren, gründlich waschen, abtropfen lassen und in etwa 3 cm lange Stücke schneiden. Tomaten waschen, abtrocknen, halbieren und die Stängelansätze herausschneiden. Tomaten würfeln.

6 Rosmarin- oder Thymianstängel abspülen, trocken tupfen, die Nadeln bzw. Blättchen von den Stängeln zupfen und grob hacken.

7 Nach etwa 50 Minuten Bratzeit die Zwiebeln und das vorbereitete Gemüse zu der Putenkeule geben, evtl. noch etwas Wasser oder Brühe zugießen. Putenkeule mit Salz, Pfeffer, Rosmarin oder Thymian würzen. Gemüse etwa **20 Minuten bei der angegebenen Backofeneinstellung** mitbraten.

8 Die Putenoberkeule mit dem Gemüse auf einer vorgewärmten Platte anrichten und warm stellen.

9 Den Bratensatz mit etwas Wasser lösen und durch ein Sieb gießen. Bratensatz mit Wasser auf 400 ml auffüllen und zum Kochen bringen.

10 Saure Sahne mit Speisestärke verrühren und mit einem Schneebesen in die kochende Flüssigkeit einrühren. Dabei darauf achten, dass keine Klümpchen entstehen. Die Sauce zum Kochen bringen und ohne Deckel bei schwacher Hitze etwa 5 Minuten leicht kochen lassen, dabei gelegentlich umrühren. Die Sauce mit Salz und Pfeffer abschmecken. Putenoberkeule mit dem Gemüse und der Sauce servieren. Nach Belieben mit Thymian bestreuen.

Beilage: Salzkartoffeln (S. 216), Nudeln oder Reis (S. 240).

Abwandlung: **Zubereitung einer Putenoberkeule bei 95 °C.** Den Backofen auf 95 °C (Ober-/Unterhitze) vorheizen. Die Putenoberkeule unter fließendem kalten Wasser abspülen, trocken tupfen, zusätzlich den Knochen herauslösen (entbeinen) und die Keule mit Küchengarn zusammenbinden. Putenoberkeule mit Salz und Pfeffer würzen. 2 Esslöffel Olivenöl in einem großen, flachen Bräter erhitzen und die Oberkeule darin von allen Seiten kräftig anbraten. Den Bräter auf dem Rost im unteren Drittel in den vorgeheizten Backofen schieben und die Oberkeule **etwa 5 Stunden** garen. Das Gemüse wie im Rezept beschrieben vorbereiten und **etwa 1½ Stunden vor Ende der Garzeit** mit den Kräutern zu der Putenoberkeule in den Bräter geben. Nach Ende der Garzeit das Küchengarn entfernen und die Putenoberkeule mit dem Gemüse servieren.

Putencurry Indische Art

RAFFINIERT (ETWA 6 PORTIONEN)

Zubereitungszeit:
etwa 25 Minuten

500 g Putenschnitzel
1 Zwiebel
1 Knoblauchzehe
250 g Pak Choi
1 rote Paprikaschote
1 grüne Chilischote
2 EL Sesam- oder Erdnussöl
etwa 1½ TL Currypulver
Salz
frisch gemahlener Pfeffer
1 Msp. gemahlener Kardamom
½ TL gemahlener Kreuzkümmel (Cumin)
½ TL Schwarzkümmel (Kalonji)
1 Msp. gemahlener Ingwer
1 TL Tamarindenpaste
400 ml Kokosmilch (ungesüßt)
3 Limettenblätter
2 Stängel Zitronengras
evtl. Curryblätter
100 g Cashewkerne
gehackte Korianderblätter

Pro Portion:
E: 25 g, F: 23 g, Kh: 10 g, kJ: 1455, kcal: 350, BE: 0,5

1 Putenschnitzel unter fließendem kalten Wasser abspülen, trocken tupfen und in etwa ½ cm dicke Streifen schneiden (Foto 1). Zwiebel und Knoblauchzehe abziehen, beides fein würfeln.

2 Pak Choi putzen, waschen, abtropfen lassen und den Strunk entfernen (Foto 2). Pak Choi in grobe Stücke schneiden. Paprikaschote halbieren, entstielen, entkernen und die weißen Scheidewände entfernen. Schote waschen, abtropfen lassen und würfeln. Chilischote waschen, abtropfen lassen, entstielen, entkernen und die weißen Scheidewände entfernen. Chili in Ringe schneiden.

3 Öl in einem Wok oder einer beschichteten Pfanne erhitzen. Die Putenstreifen darin kräftig anbraten. Zwiebel-, Knoblauch-, Paprikawürfel und Chiliringe zufügen und kurz mitbraten (Foto 3). Mit Currypulver, Salz, Pfeffer, Kardamom, Kreuzkümmel, Schwarzkümmel, Ingwer und Tamarindenpaste würzen. Kokosmilch zugeben.

4 Limettenblätter, Zitronengras und evtl. Curryblätter abspülen, trocken tupfen und zugeben. Putencurry wieder zum Kochen bringen und weitere etwa 5 Minuten garen. Kurz vor Ende der Garzeit Cashewkerne, Pak Choi und Koriander zugeben. Alles etwa 2 Minuten unter Rühren erhitzen, nochmals abschmecken. Zitronengras, Limettenblätter und evtl. Curryblätter entfernen.

TIPP » Die exotischen Gewürze erhalten Sie im Asia-Laden. Nach Belieben können Sie die Cashewkerne vorher in einer Pfanne ohne Fett anrösten und den Pak Choi durch Mangold ersetzen.

Beilage: Couscous, Reis oder Ebly®.

1

2

3

Erntedank-Pute

GUT VORZUBEREITEN (8–10 PORTIONEN)

Zubereitungszeit:
etwa 1 Stunde,
ohne Trocken- und Kühlzeit
Garzeit: Brühe (Vorbereitung am Vortag) 1½ Stunden,
Pute: 3–3½ Stunden

1 Ciabatta (italienisches Weißbrot, etwa 400 g)
1 küchenfertige Pute (4–5 kg)
1¼ l Hühnerbrühe
100 g Möhren
1 Zwiebel
1 Stängel Thymian
6 Stängel Petersilie
1 Lorbeerblatt
200 g Zwiebeln
4 Stangen Staudensellerie
100 g durchwachsener Speck oder Schinken
100 g Butter
2 EL gehackte Petersilie
1 EL gehackte Salbeiblättchen
1 EL gehackte Thymianblättchen
Salz
frisch gemahlener Pfeffer
125 ml (1/8 l) Wasser
100 g zerlassene Butter
20 g Weizenmehl

Außerdem:
Küchengarn

Pro Portion:
E: 82 g, F: 76 g, Kh: 24 g,
kJ: 4622, kcal: 1104, BE: 2,0

1 Am Vortag Ciabatta in kleine Würfel schneiden, auf ein Backblech legen, trocknen lassen.

2 Von der Pute Hals, Magen und Herz unter fließendem kalten Wasser abspülen, trocken tupfen, mit der Hühnerbrühe in einen großen Topf geben und zum Kochen bringen.

3 Möhren putzen, schälen, abspülen, abtropfen lassen und klein schneiden. Zwiebel abziehen, grob würfeln. Kräuterstängel abspülen, trocken tupfen. Die vorbereiteten Zutaten mit dem Lorbeerblatt in die Brühe geben und aufkochen lassen. Evtl. mehrmals abschäumen und ohne Deckel etwa 90 Minuten bei schwacher Hitze kochen. Die Brühe dann durch ein Sieb gießen, bis zum nächsten Tag kalt stellen.

4 Zwiebeln abziehen, fein würfeln. Sellerie putzen, die harten Außenfäden abziehen. Sellerie waschen, abtropfen lassen und würfeln. Speck oder Schinken fein würfeln. Butter in einer Pfanne zerlassen. Zwiebel-, Sellerie- und Speck- oder Schinkenwürfel zugeben und 5–7 Minuten darin dünsten.

5 Die Brühe vom Vortag entfetten, mit Wasser auf 1 Liter auffüllen und erhitzen. Den Backofen vorheizen.
Ober-/Unterhitze: etwa 200 °C
Heißluft: etwa 180 °C

6 Vorbereitete Brotwürfel in eine große Schüssel geben, Speck-Gemüse-Mischung, Petersilie, Salbei, Thymian und 400–500 ml Brühe zugeben. Alles gut vermengen, bis eine locker zusammenhaltende Füllung entsteht. Die Füllung mit Salz und Pfeffer abschmecken.

7 Pute innen und außen unter fließendem kalten Wasser abspülen, trocken tupfen, innen mit Küchenpapier ausreiben und mit Salz einreiben. Die Füllung fest hineindrücken. Die Öffnung mit Küchengarn zunähen. Die Pute außen mit Salz und Pfeffer einreiben.

8 Von dem Wasser 75 ml in einen großen Bräter geben. Pute mit der Brust nach unten hineinlegen und mit etwas zerlassener Butter einpinseln. Den Bräter ohne Deckel auf dem Rost auf der untersten Einschubleiste in den vorgeheizten Backofen schieben. Die Pute **3–3½ Stunden** garen.

9 Die Pute nach **etwa 45 Minuten Garzeit** mit zerlassener Butter einpinseln und etwas von der restlichen Brühe zugießen. **Nach weiteren 45 Minuten** Garzeit die Pute wenden und wieder mit Butter einpinseln. Verdampfte Flüssigkeit nach und nach durch Brühe und evtl. Wasser ersetzen. Die Pute zwischendurch mit restlicher Butter einpinseln oder mit Bratensatz begießen.

10 Die gegarte Pute (beim Einstechen mit einer Rouladennadel muss der Fleischsaft klar austreten) aus dem Bräter nehmen und zugedeckt 5–10 Minuten ruhen lassen, damit sich der Fleischsaft setzt.

11 Den Bratensatz durch ein Sieb gießen, Brühe dabei auffangen und mit Wasser auf 600 ml Flüssigkeit auffüllen. Mehl mit dem restlichen Wasser (50 ml) verrühren und mit einem Schneebesen in die kochende Flüssigkeit einrühren. Dabei darauf achten, dass keine Klümpchen entstehen. Die Sauce zum Kochen bringen und ohne Deckel bei schwacher Hitze etwa 5 Minuten kochen, dabei gelegentlich umrühren. Sauce mit den Gewürzen abschmecken.

12 Die Pute in Stücke schneiden (tranchieren), mit der Füllung auf einer vorgewärmten Platte anrichten und die Sauce dazureichen.

Beilage: Salzkartoffeln (S. 216), Spätzle (S. 237), Brokkoli (S. 161).

TIPP » Da Putenfleisch leicht austrocknet ist eine Zubereitung bei Ober-/Unterhitze empfehlenswert. Bei der Zubereitung mit Heißluft muss die Flüssigkeitsmenge zum Garen erhöht werden. Außerdem sollte die Pute dann häufiger mit dem Bratensatz begossen werden.

Gefüllte Gans

FÜR GÄSTE (ETWA 8 PORTIONEN)

Zubereitungszeit: etwa 45 Minuten
Bratzeit: etwa 4 ½ Stunden

1 küchenfertige Gans (4–4 ½ kg)
Salz, Pfeffer
getrockneter, gerebelter Majoran oder Beifuß

Für die Füllung:
50 g durchwachsener Speck
2 Zwiebeln
20 g Butter oder Margarine
etwa 8 Brötchen (Semmeln, 300 g) vom Vortag
300 ml Milch
4 Eier (Größe M)
2 EL gehackte Petersilie
Salz
2 Äpfel

etwa 500 ml (½ l) heißes Wasser
1 Bund Suppengrün (Sellerie, Möhren, Porree [Lauch])
etwa 100 ml kaltes Wasser
10 g Weizenmehl

Außerdem:
Küchengarn oder Holzstäbchen

Pro Portion:
E: 77 g, F: 75 g, Kh: 27 g, kJ: 4552, kcal: 1087, BE: 2,0

1 Die Gans innen und außen unter fließendem kalten Wasser abspülen und trocken tupfen. Die Gans innen mit Salz, Pfeffer und Majoran oder Beifuß einreiben.

2 Für die Füllung Speck würfeln. Zwiebeln abziehen, fein würfeln. Butter oder Margarine in einer Pfanne zerlassen. Die Speckwürfel darin knusprig braten. Dann Zwiebelwürfel zufügen, glasig dünsten und beiseitestellen.

3 Den Backofen vorheizen.
Ober-/Unterhitze: etwa 200 °C
Heißluft: etwa 180 °C

4 Brötchen würfeln und in eine Schüssel geben. Milch in einem Topf erhitzen, über die Brötchenwürfel gießen und gut verrühren. Die Speckzwiebeln unterrühren und die Masse abkühlen lassen.

5 Eier und Petersilie unterrühren, die Masse mit Salz würzen. Äpfel schälen, halbieren, entkernen, raspeln und mit der Masse vermengen. Die Gans mit der Masse füllen. Die Öffnung mit Küchengarn zunähen oder mit Holzstäbchen verschließen. Die Gans außen mit Salz, Pfeffer und Majoran oder Beifuß einreiben.

6 Eine Fettpfanne im unteren Drittel in den Backofen schieben, 125 ml (⅛ l) heißes Wasser hineingießen. Die Gans mit der Brust nach unten auf einen Rost legen und den Rost oberhalb der Fettpfanne in den vorgeheizten Backofen schieben. Die Gans **etwa 90 Minuten** braten. Die Gans während der Bratzeit mehrmals unterhalb der Flügel und Keulen einstechen, damit das Fett besser ausbraten kann. Das gesammelte Fett abschöpfen.

7 Sobald der Bratensatz bräunt, so viel heißes Wasser zugießen, dass das Wasser in der Fettpfanne etwa 1 cm hoch steht. Die Gans ab und zu mit dem Bratensatz begießen. Verdampfte Flüssigkeit nach und nach durch heißes Wasser ersetzen.

8 Inzwischen Sellerie und Möhren schälen, abspülen und abtropfen lassen. Porree putzen, die Stange längs halbieren, gründlich waschen und abtropfen lassen. Suppengrün in Stücke schneiden.

9 Die Gans **nach etwa 90 Minuten Bratzeit** wenden. Suppengrün in die Fettpfanne geben und **etwa 3 Stunden** mitbraten.

10 50 ml kaltes Wasser mit ½ Teelöffel Salz verrühren. Die Gans **etwa 10 Minuten vor Ende der Bratzeit** damit bestreichen und die **Temperatur um etwa 20 °C erhöhen**, damit die Haut schön kross wird. Gans vom Rost nehmen, 5–10 Minuten zugedeckt ruhen lassen.

11 Den Bratensatz mit etwas heißem Wasser lösen. Bratensatz durch ein Sieb streichen, mit Wasser auf 600 ml auffüllen und in einen Topf geben. Bratenfond zum Kochen bringen. Mehl mit 50 ml Wasser anrühren, mit einem Schneebesen in den kochenden Bratenfond rüh-

ren. Dabei darauf achten, dass keine Klümpchen entstehen. Die Sauce zum Kochen bringen und ohne Deckel bei schwacher Hitze etwa 5 Minuten leicht kochen, dabei gelegentlich umrühren. Die Sauce mit Salz, Pfeffer und Majoran abschmecken. Die Gans in Portionsstücke schneiden (tranchieren), auf einer vorgewärmten Platte anrichten und mit der Sauce servieren.

Beilage: Kartoffelklöße (S. 228) und Rotkohl (S. 164).

TIPP » Wenn Sie eine größere Gans zubereiten, verlängert sich die Garzeit pro kg Gewicht um etwa 30 Minuten.

» REZEPTVARIANTE:

Gans mit Aprikosen-Birnen-Füllung

2 Zwiebeln abziehen und fein hacken. 400 g Birnen schälen, vierteln, entkernen und klein würfeln. 200 g getrocknete Aprikosen klein würfeln. 100 g Sahne mit 4 Esslöffeln Williamsgeist verrühren. 200 g gewürfeltes Toastbrot darin einweichen. Birnen-, Aprikosen- und Zwiebelwürfel in 2 Esslöffeln Speiseöl dünsten, dann 125 g gewürfelte Geflügelleber zugeben und mitdünsten. Die Masse dann etwas abkühlen lassen. Toastbrot ausdrücken und zu der Birnenmasse geben. 1 Ei (Größe M) zugeben, mit gemahlenem Zimt, Salz und Pfeffer kräftig würzen, alles gut mischen. Die Gans mit der Masse füllen und wie im Rezept beschrieben braten.

Wild

Weil Wildtiere in ihrer natürlichen Umgebung weitgehend unbelastet von Stress leben, hat ihr Fleisch einen besonderen, unverwechselbaren Geschmack. Zudem ist es besonders fettarm, reich an biologisch hochwertigem Eiweiß, B-Vitaminen, Eisen und Kalium.

Wild wird inzwischen auch von Züchtern oder als Tiefkühlware angeboten, sodass man nicht mehr unbedingt an die jeweilige Jagdzeit gebunden ist.

Einteilung der Wildarten

Die Hauptunterscheidung von Wild ist die von Haar- und Federwild. Zum Haarwild gehören:

» Rehwild mit seinem rotbraunen, besonders zarten und fettarmen Fleisch. Für Braten eignet sich am besten Fleisch vom Rehrücken und der Rehkeule. Damit dieses aromatische Fleisch während des Garens nicht austrocknet, kann man es mit Speckscheiben belegen.

» Rotwild (Hirsch) hat sehr zartes, feinfaseriges, dunkles Fleisch.

» Damwild (Damhirsch) hat zarteres Fleisch als Rotwild und es ist auch mehr mit Fettadern durchzogen. Geschmacklich ähnelt es dem Rehwild.

» Schwarzwild (Wildschwein) eignet sich herrlich für saftige Braten, Steaks und Ragouts. Das Fleisch sollte von jungen Tieren stammen, denn bei älteren Wildschweinen ist das Fleisch nicht nur zäher, sondern auch fetter und schwerer verdaulich; viele mögen dann den intensiven Wildgeschmack nicht.

» Hasen (Feldhasen) haben bis zu einem Alter von 8 Monaten ein sehr zartes, rotbraunes Fleisch. Die Fleischqualität ist aber nicht nur abhängig vom Alter der Tiere, sondern auch von ihrem Lebensraum.

» Wildkaninchen haben ein sehr zartes und fettarmes Fleisch, welches leicht verdaulich ist. Das weiße Kaninchenfleisch ist reich an Eiweiß, aber arm an Fett und Cholesterin.

Zum Federwild gehören unter anderem folgende Wildarten:

» Fasanen: sie sind bratfertig etwa hühnergroß, und vor allem das Fleisch von jungen Tieren ist zart und saftig.

» Rebhühner: sind etwa taubengroß und besonders Jungtiere haben ein sehr zartes Fleisch mit feinem Geschmack.

Wildfleisch sollte nur gut durchgegart verzehrt werden.

Wildsaisonzeiten

Die Jagd- und Schonzeiten der Wildtiere sind abhängig vom Lebenszyklus der Wildarten und werden regional festgelegt.

Einkauf von Wildfleisch

Wildfleisch kann man frisch und/oder tiefgefroren direkt beim Jäger oder Forstamt, in Wildverarbeitungsbetrieben und im Supermarkt kaufen. Beim Metzger ist meist auch eine Wildfleischbestellung möglich. Frisches Wildfleisch erhält man jedoch nur zur jeweiligen Jagdsaison. Beim Kauf von Wildfleisch ist es wichtig, auf die Farbe und den Geruch des Fleisches zu achten.

Wildfleisch enthäuten (Foto 1)

Hierfür ein spitzes, sehr scharfes Messer unter die sehnige Haut schieben und die Haut einschneiden. Das abgeschnittene Sehnenende mit der Hand etwas abziehen. Das Messer mit der Klinge etwas nach oben richten und die Haut in breiten Streifen ablösen.

1

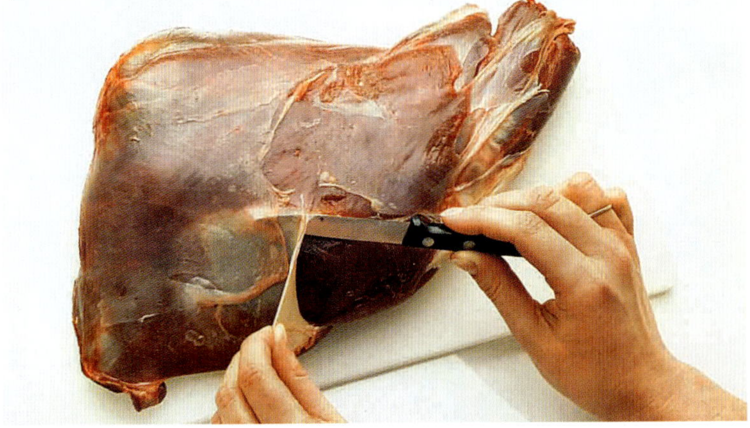

Wild bardieren (Foto 2+3)

Bardieren ist das Umwickeln von fettarmen Fleischstücken mit Speckscheiben. So werden diese vor dem Austrocknen beim Garen bewahrt. Das Fleischstück wird dazu mit fetten oder durchwachsenen Speckscheiben umwickelt, die mit Küchengarn festgebunden werden. Nach dem Garen kann der Speck wieder entfernt werden. Das früher beliebte Spicken von Wildfleisch wird heute nicht mehr empfohlen, weil das feinfaserige Fleisch durch die Spicknadeln verletzt und das Gegenteil von dem erreicht wird, was eigentlich mit dem Spicken bezweckt wird: Der Fleischsaft tritt aus und das Fleisch wird trocken.

Beizen (marinieren)

Die guten Kühlmöglichkeiten beim Reifen (Abhängen) sorgen heute dafür, dass man Wildfleisch nicht mehr unbedingt beizen muss. Während der Reifung wird das Fleisch zart und entwickelt seinen charakteristischen Geschmack. Früher, als Wild noch nicht bei kontrollierter Kühlung reifen konnte, entstand mit Beginn des Zersetzungsprozesses ein strenger Geschmack und Geruch (auch als Hautgout bezeichnet). Durch Beizen des Fleisches in Buttermilch-, Essig- oder Weinbeize sollte dieser spezielle Geschmack und Geruch gemildert werden. Heute beizt man Wild, um ein bestimmtes Geschmacksaroma zu erzeugen oder um älteres, festes Fleisch etwas zarter zu machen.

Für eine Rotweinmarinade benötigen Sie:

Je 2 geputzte, grob gewürfelte Zwiebeln und Möhren, 1 geputzten, grob gewürfelten Knollensellerie, 2 abgespülte Thymianstängel, 1 Esslöffel zerdrückte Wacholderbeeren, 1 Esslöffel Pfefferkörner, 4 Gewürznelken, 2 Lorbeerblätter und 1 Liter trockenen Rotwein. Die Gemüsestücke mit den Gewürzen vermengen und mit dem Fleisch in eine Schüssel geben. Das Fleisch mit dem Wein übergießen und mit Frischhaltefolie zugedeckt 12–24 Stunden im Kühlschrank marinieren. Das Fleisch muss vollständig mit der Marinade bedeckt sein. Die Marinade nicht salzen, da Salz das Fleisch austrocknet.

Gefrorenes Wildfleisch

Tiefgefroren gibt es Wildfleisch das ganze Jahr über im Handel. Das Fleisch wird durch das Gefrieren zarter und mürber. Bei -18 °C kann gefrorenes Wildfleisch 8–10 Monate und Wildgeflügel bis zu 6 Monate aufbewahrt werden. Eine längere Lagerzeit tut tiefgefrorenem Wildfleisch nicht gut – es trocknet ein und wird strohig bzw. lederartig. Wenn Sie Wild selbst einfrieren möchten, gelingt das am besten so:

- Haarwildfleisch enthäuten, evtl. entsehnen und portionieren.
- Federwild vor dem Einfrieren ausnehmen und im Ganzen zusammenbinden.
- Fleischstücke gut verpacken, mit Datum, Inhalt und Gewichtsangabe versehen.

Zur Weiterverarbeitung tauen Sie gefrorenes Wildfleisch zugedeckt im Kühlschrank auf, schütten das Auftauwasser weg und bereiten das aufgetaute Fleisch sofort zu.

2

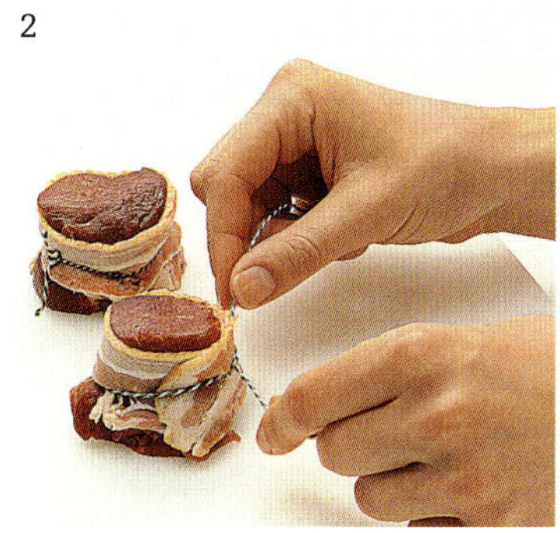

3

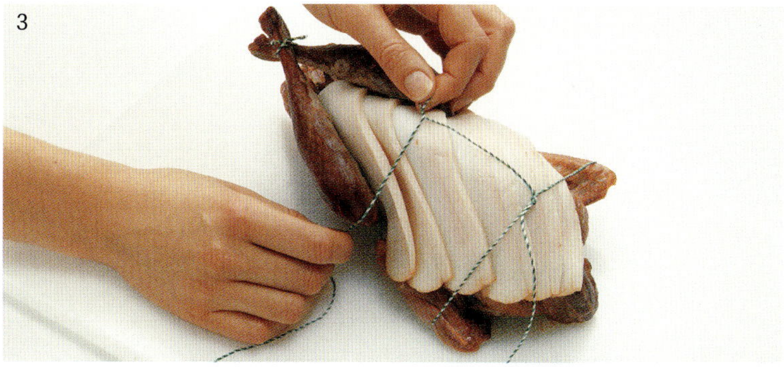

Marinierte Wildsteaks

ETWAS TEURER

Zubereitungszeit: etwa 30 Minuten, ohne Marinierzeit

4 Wildsteaks (je etwa 150 g) vom Reh, Hirsch oder Wildschwein

Für die Marinade:
3 EL Zitronensaft
5 EL Speiseöl, z. B. Sonnenblumen- oder Rapsöl
10 zerdrückte Wacholderbeeren
1 Lorbeerblatt in Stückchen
1 TL getrockneter, gerebelter Thymian oder geschnittener Rosmarin
Salz, Pfeffer
125 g Schlagsahne
2 TL Brombeer- oder Johannisbeergelee
evtl. Cayennepfeffer

Pro Portion:
E: 32 g, F: 27 g, Kh: 4 g, kJ: 1640, kcal: 392, BE: 0,5

1 Die Steaks mit Küchenpapier trocken tupfen, evtl. enthäuten.

2 Für die Marinade Zitronensaft mit Öl, Wacholderbeeren, Lorbeerblatt und Thymian oder Rosmarin verrühren. Die Steaks in eine Schüssel geben und mit der Marinade übergießen. Steaks in der Marinade etwa 2 Stunden mit Frischhaltefolie zugedeckt im Kühlschrank marinieren, dabei gelegentlich wenden.

3 Eine Pfanne ohne Fett erhitzen. Das Fleisch aus der Marinade nehmen, etwas abtropfen lassen, in die Pfanne geben und von beiden Seiten anbraten. Die Steaks etwa 10 Minuten bei mittlerer Hitze braten, dabei zwischendurch einmal wenden. Die Steaks mit Salz und Pfeffer würzen, dann zugedeckt warm stellen.

4 Die restliche Marinade in die Pfanne geben und den Bratensatz loskochen. Sahne und Gelee zufügen, gut verrühren. Den ausgetretenen Fleischsaft von den Steaks unterrühren. Die Sauce mit Salz, Pfeffer und nach Belieben mit Cayennepfeffer abschmecken. Sauce zu den Steaks reichen.

Beilage: Salzkartoffeln (S. 216), gemischter Blattsalat oder Feldsalat (S. 196).

TIPP » Nach Belieben Sauce mit etwas dunklem Saucenbinder binden.

» REZEPTVARIANTEN:

Wildsteaks mit Brombeersauce
250 g Brombeeren verlesen (oder TK-Früchte auftauen lassen). 75 g Zucker in einem Topf bei mittlerer Hitze unter Rühren (mit einem Holz- oder Metalllöffel) schmelzen. So lange rühren, bis der Zucker eine hellbraune Farbe bekommt (karamellisieren). Mit 165 ml schwarzem Johannisbeersaft ablöschen. Alles aufkochen, dann Brombeeren zugeben. 1–2 Teelöffel Speisestärke mit etwas Wasser anrühren, unter Rühren in die Sauce geben und aufkochen. Sauce mit Salz und Pfeffer abschmecken, zu Wildsteaks servieren.

Wildsteaks mit Cocktail-Biersauce
1 Dose Cocktailfrüchte (Abtropfgewicht 250 g) abtropfen lassen, dabei den Saft auffangen. ½ vorbereitete Chilischote hacken. 1 Flasche (330 ml) Grapefruit-Weizen mit der gehackten Chilischote und dem Fruchtsaft aufkochen. 1–2 Teelöffel Speisestärke mit etwas Wasser anrühren, unter Rühren in die Sauce geben und aufkochen. Die Sauce mit Salz, Pfeffer und Honig abschmecken.

Wildragout
800 g Wildfleisch (ohne Knochen, aus der Keule, z. B. Hirsch, Reh, Wildschwein) mit Küchenpapier trocken tupfen, enthäuten, in etwa 2 ½ cm große Würfel schneiden. 2 Zwiebeln abziehen und würfeln.

2 Esslöffel Öl in einem Topf erhitzen, Fleischwürfel zufügen. Fleischwürfel von allen Seiten kräftig anbraten, mit Salz und Pfeffer würzen. Zwiebelwürfel zugeben und mitdünsten. 125 ml (1/8 l) Maracujasirup zugießen, unter Rühren aufkochen lassen. 4 Stück Sternanis, 3 Gewürznelken und 1 Stange Zimt in einen Teefilter geben, gut verschließen und in den Topf geben. Das Fleisch etwa 55 Minuten mit Deckel bei mittlerer Hitze schmoren. Die verdampfte Flüssigkeit nach und nach durch weitere 125 ml (1/8 l) Maracujasirup ersetzen. Inzwischen 4 Pfirsiche abspülen, abtropfen lassen, in Würfel schneiden und unter das Ragout geben. Pfirsiche etwa 5 Minuten mitschmoren lassen. 2 Esslöffel Pfirsichlikör und 1 Esslöffel Obstessig unterrühren.

1–2 Esslöffel Speisestärke mit etwas Wasser verrühren. Angerührte Speisestärke in das Ragout rühren, nochmals aufkochen lassen. 1/2 Bund Basilikum abspülen, trocken tupfen und die Blättchen von den Stängeln zupfen. Blättchen hacken. Teefilter mit den Gewürzen aus dem Ragout entfernen. Ragout mit Salz und Pfeffer abschmecken, mit Basilikum bestreut servieren.

Badischer Rehrücken

MIT ALKOHOL

Zubereitungszeit:
etwa 30 Minuten
Bratzeit: 35–50 Minuten

1 Rehrücken mit Knochen (etwa 1,6 kg)
Salz, Pfeffer
75 g durchwachsener Speck in Scheiben
1 Zwiebel
50 g Knollensellerie
100 g Möhren
5 Wacholderbeeren
125 ml (1/8 l) trockener Rotwein oder Gemüsebrühe
2–3 Birnen, z. B. Williams Christ
200 ml lieblicher Weißwein
Saft von 1 Zitrone
200 ml trockener Rotwein
250 g Schlagsahne
180 g Preiselbeerkompott
evtl. dunkler Saucenbinder

Pro Portion:
E: 64 g, F: 28 g, Kh: 36 g, kJ: 3002, kcal: 718, BE: 3,0

1 Den Backofen vorheizen.
Ober-/Unterhitze: etwa 200 °C
Heißluft: etwa 180 °C

2 Rehrücken mit Küchenpapier trocken tupfen und evtl. enthäuten. Rehrücken mit Salz und Pfeffer einreiben. Rehrücken in einen mit Wasser ausgespülten Bräter legen und mit Speckscheiben belegen.

3 Zwiebel abziehen und fein würfeln. Sellerie und Möhren putzen, schälen, abspülen, abtropfen lassen und würfeln. Gemüse in den Bräter geben. Bräter ohne Deckel auf dem Rost auf mittlerer Einschubleiste in den vorgeheizten Backofen schieben und den Rehrücken **35–50 Minuten** braten. Sobald der Bratensatz bräunt, Wacholderbeeren und Rotwein oder Gemüsebrühe zugeben.

4 Inzwischen Birnen waschen, halbieren und entkernen (am besten mithilfe eines Kugelausstechers). Die Birnenhälften mit Weißwein und Zitronensaft zum Kochen bringen. Birnenhälften mit Deckel etwa 10 Minuten bei mittlerer Hitze dünsten. Birnen mit einer Schaumkelle aus der Flüssigkeit nehmen, erkalten lassen.

5 Das gegarte Fleisch aus dem Bräter nehmen und zugedeckt etwa 10 Minuten ruhen lassen, damit sich der Fleischsaft setzt. Den Bratensatz mit Rotwein loskochen, mit dem Gemüse durch ein Sieb streichen, zum Kochen bringen und die Sahne einrühren. 2 Esslöffel Preiselbeerkompott zugeben, wieder zum Kochen bringen und 3–5 Minuten sprudelnd kochen. Evtl. ausgetretenen Fleischsaft von dem ruhenden Fleisch in die Sauce rühren. Die Sauce nach Belieben mit Saucenbinder andicken und nochmals mit den Gewürzen abschmecken.

6 Speckscheiben entfernen. Fleisch von dem Knochengerüst lösen, in Scheiben schneiden und wieder auf das Knochengerüst legen. Rehrücken auf einer vorgewärmten Platte anrichten.

7 Die Birnenhälften mit restlichem Preiselbeerkompott füllen und um den Rehrücken legen. Die Sauce getrennt dazureichen.

Beilage: Spätzle (S. 237) und Rotkohl (S. 164).

TIPP » **Rehrücken tranchieren** (in Portionsstücke zerlegen). Hierfür den Rücken mit dem Knochen nach unten auf ein Brett legen. Mit einem scharfen Messer am Mittelknochen entlang einschneiden, dann am unteren Knochen entlang auslösen. Das ausgelöste Rückenfleisch in Scheiben oder Stücke schneiden.

Rehkeule

MIT ALKOHOL (ETWA 6 PORTIONEN)

Zubereitungszeit:
etwa 30 Minuten,
ohne Marinierzeit
Bratzeit: 2–2½ Stunden

1½ kg Rehkeule mit Knochen
3 EL Speiseöl,
z. B. Sonnenblumenöl
je 1 TL getrockneter,
gerebelter Majoran
und Thymian
1 TL getrockneter,
geschnittener Rosmarin
100 g fetter Speck in
dünnen Scheiben
Salz, Pfeffer
etwa 150 ml heißer Wildfond
1 Zwiebel
100 g Möhren
150 g Porree (Lauch)
2 EL Tomatenmark

Für die Sauce:
125 ml (⅛ l) Rotwein
250 ml (¼ l) Wildfond
heißes Wasser
oder Fleischbrühe
100 g Schlagsahne
20 g Speisestärke
3 EL kaltes Wasser
3 EL Preiselbeeren
(aus dem Glas)
einige vorbereitete
Thymianblättchen

Pro Portion:
E: 46 g, F: 14 g, Kh: 14 g,
kJ: 1605, kcal: 384, BE: 1,0

1 Rehkeule mit Küchenpapier trocken tupfen und evtl. enthäuten. Öl mit Majoran, Thymian und Rosmarin verrühren, die Keule damit bestreichen und mit Frischhaltefolie zugedeckt über Nacht im Kühlschrank marinieren.

2 Den Backofen vorheizen.
Ober-/Unterhitze: etwa 200 °C
Heißluft: etwa 180 °C

3 Die Hälfte der Speckscheiben in einen mit Wasser ausgespülten Bräter legen. Die Rehkeule mit Salz und Pfeffer bestreuen, auf die Speckscheiben in den Bräter legen und mit den restlichen Speckscheiben bedecken. Den Bräter ohne Deckel auf dem Rost im unteren Drittel in den vorgeheizten Backofen schieben und die Rehkeule **etwa 2–2½ Stunden** braten.

4 Sobald der Bratensatz zu bräunen beginnt, den Fond zugießen. Das Fleisch ab und zu mit dem Bratensatz begießen, verdampfte Flüssigkeit nach und nach durch heißes Wasser oder Fond ersetzen.

5 Inzwischen die Zwiebel abziehen. Möhren putzen, schälen, abspülen und abtropfen lassen. Porree putzen, die Stange längs halbieren, gründlich waschen und abtropfen lassen. Gemüse grob zerkleinern. Nach 60 Minuten Bratzeit erst Tomatenmark leicht im Bräter anrösten, dann Gemüse zugeben und **weitere 60–90 Minuten** mitbraten.

6 Das gegarte Fleisch aus dem Bräter nehmen und zugedeckt etwa 10 Minuten ruhen lassen.

7 Für die Sauce den Bratensatz mit Rotwein und Wildfond loskochen und mit dem Gemüse durch ein Sieb streichen. Bratensatz mit Wasser oder Brühe auf 400 ml auffüllen und mit Sahne zum Kochen bringen. Speisestärke und Wasser mit dem Schneebesen verrühren. Angerührte Speisestärke unter Rühren in die kochende Sauce geben. Dabei darauf achten, dass keine Klümpchen entstehen und die Sauce ohne Deckel etwa 5 Minuten unter gelegentlichem Rühren leicht kochen lassen.

8 Preiselbeeren, Thymianblättchen und evtl. ausgetretenen Fleischsaft unter die Sauce rühren. Die Sauce mit Salz und Pfeffer würzen. Speck von der Rehkeule entfernen. Fleisch in Scheiben schneiden und mit der Sauce servieren.

TIPP » Statt der Rehkeule können Sie nach dem gleichen Rezept auch eine **Wildschweinkeule** zubereiten. Die Keule am besten über Nacht in 1 l Buttermilch einlegen. Wenn Sie eine Keule ohne Knochen (etwa 1 kg) verwenden, beträgt die Garzeit etwa 1½ Stunden. Damit die Keule schön zusammenbleibt, binden Sie die ausgelöste Keule mit Küchengarn zusammen.

Beilage: Kartoffelklöße, Rotkohl.

Fisch & Meeresfrüchte

Bringen Sie doch mal wieder Fisch auf den Tisch! Seefische, Süßwasserfische, Schalen- und Krustentiere – das Angebot aus den Weltmeeren, Flüssen und Seen ist groß. Fische und Meeresfrüchte bringen Abwechslung auf den Speiseplan und sind auch aus ernährungsphysiologischer Sicht besonders zu empfehlen. Denn Fisch ist reich an lebenswichtigen ungesättigten Fettsäuren, die dazu beitragen können, Herz und Kreislauf gesund zu erhalten. Fisch liefert darüber hinaus wertvolles Eiweiß, Vitamine und Jod. Richtig zubereitet sind die meisten Fische „von Natur aus" Schlankmacher, weil sie wenig Fett enthalten. Fisch ist ein Genuss, den man sich mindestens einmal in der Woche gönnen sollte.

Seefische (Salzwasserfische)
Schellfisch, Stein-, Glatt- und Heilbutt, Scholle, Seelachs, Seezunge, Atlantikzunge, Tunfisch, Makrele, Hering, Goldbrasse, Wolfsbarsch (Loup de mer), Dorade, Seeteufel, Rote Meerbarbe, Sardinen, Seehecht, Red Snapper, Rotbarsch, Kabeljau.

Süßwasserfische
Lachs, Aal, Hecht, Forellen, Karpfen, Felchen, Zander, Schleie, Wels, Seesaibling, Äsche, Viktoria-Seebarsch, Pangasius, Tilapia.

Frische Fische richtig kaufen

Ob Fisch frisch ist – dafür gibt es eindeutige Merkmale:

» klare, pralle Augen mit nach außen gewölbten Linsen
» leuchtend rote Kiemen (Foto 1)

Weil die Weltmeere inzwischen stark überfischt sind, werden Fische zunehmend in sogenannten Aquakulturen gezüchtet. Da die Bestände von Rotbarsch, Schellfisch, Lachs, Kabeljau, Dorsch und Seezunge durch Wildfänge besonders gefährdet sind, sollte man lieber auf weniger gefährdete Arten, wie z. B. Seelachs oder Makrele zurückgreifen.

» kräftig glänzende Haut, mit klarem Schleim überzogen
» feste Schuppen
» frischer Geruch (bei Seefischen nach Meerwasser oder Seetang)

Zerlegte Fische zeigen folgende Frischemerkmale:

» glatte, glänzende Filetstücke
» frischer Geruch

Frische Fische richtig aufbewahren

Frisch gekaufter Fisch muss gleich in den Kühlschrank. Legen Sie ihn in eine Glas- oder Porzellanschüssel, auf deren Boden Sie eine umgedrehte Untertasse gelegt haben, damit austretende Flüssigkeit ablaufen kann. Bedecken Sie den Fisch mit Frischhaltefolie und bereiten ihn am besten noch am selben Tag zu, da Fisch relativ schnell verdirbt.

TK-Fisch

Tiefgekühlter Fisch wurde noch auf dem Schiff fangfrisch weiterverarbeitet und tiefgefroren, genauso wie Fisch aus Aquakulturen. Bei -18 °C können Sie TK-Fisch je nach Fettgehalt etwa 2–5 Monate aufbewahren. Zum Auftauen entnehmen Sie den Fisch aus der Verpackung. Lassen Sie ihn in einer Schüssel, in die Sie eine umgedrehte Untertasse gelegt haben, am besten über Nacht auftauen. So kommt der Fisch nicht mit dem Auftauwasser in Berührung. Verarbeiten Sie ihn am nächsten Tag weiter.

Frische Fische richtig vorbereiten

Meistens wird Frischfisch küchenfertig vorbereitet angeboten. Falls Sie sich jedoch für einen ganzen, unausgenommenen Fisch entschieden haben, bereiten Sie ihn folgendermaßen vor:

» Putzen: Den Fisch waschen, abtropfen lassen, den Bauch mit einem sehr scharfen Messer längs aufschneiden. Den Fisch sauber ausnehmen.
» Schuppen: Den Fisch am Schwanzende festhalten. Mit einem flachen, breiten Messer oder einem Fischschupper die Schuppen – am besten unter fließendem Wasser – in Richtung Kopf abschuppen.
» Häuten (z. B. Plattfische): Die Haut an der Schwanzflosse mit einem scharfen Messer einschneiden. Die Schwanzflosse mit einem

Tuch festhalten und die Haut mit einem Ruck in Richtung Kopf abziehen. Den Fisch umdrehen und auf der Rückseite ebenso verfahren. Den Kopf mit einem Messer, Schwanz- und Rückenflossen mit einer Schere abschneiden.
» Filetieren/Filieren: Den gehäuteten Fisch mit einem scharfen Messer an der Hauptgräte entlang vom Kopf bis zum Schwanz einschneiden. Dann das Messer flach ansetzen, das obere und untere Filet vorsichtig von den Gräten trennen. Den Fisch umdrehen und die beiden Filets auf der Rückseite ebenso ablösen.
» Säubern: Den ganzen Fisch von innen und außen, bzw. das Fischfilet unter fließendem kalten Wasser abspülen und trocken tupfen.
» Salzen: Den Fisch erst unmittelbar vor dem Garen salzen, sonst zieht er Wasser und ist nach dem Garen fad und trocken.

Fisch ist gar, wenn
» sich die Flossen und Gräten leicht herausziehen lassen.
» die Augen heraustreten und trüb gefärbt sind.
» sich die Haut vom Fischfleisch leicht abheben lässt.
» sich beim Druck mit der Gabel das Fleisch schuppenförmig löst (Foto 2).

Meeresfrüchte sind u. a.
» Krustentiere: Hummer, Krabben und Garnelen, Krebse, Langusten
» Schalentiere: Muscheln, Austern
» Kopffüßler: Sepia (Tintenfische), Kalmaren, Octopus

Krustentiere (Foto 3)
Die Vielzahl der angebotenen Meeresbewohner mit und ohne Panzer ist groß. Die rötliche Farbe erhalten sie beim Garen, vor dem Garen sind sie grau. Die im Handel erhältlichen Sorten sind häufig bereits vorgekocht oder tiefgefroren.

Krustentiere aus dem Panzer drehen – z. B. Garnelen:
» Fassen Sie das abgekochte Tier mit der einen Hand hinter dem Kopf und mit der anderen am Schwanz.
» Drücken und drehen Sie nun Kopf und Schwanz leicht gegeneinander und ziehen den Kopf ab.
» Drücken Sie den Panzer etwas auseinander und lösen Sie dann das Fleisch heraus.
» Bei Riesengarnelen muss zusätzlich der Darm, der etwas unterhalb der Rückenoberseite liegt und als dunkler Faden erkennbar ist, entfernt werden. Dazu können Sie den Darm mit dem Messer herausziehen. Dafür das Tier vorsichtig entlang des Rückens aufschneiden und dann den Darmfaden entfernen (siehe S. 142). Spülen Sie die Garnelen anschließend kurz ab und tupfen Sie sie trocken. Inzwischen werden aber auch schon entdarmte Garnelen angeboten.

Muscheln (Foto 4)
Es gibt Tausende von verschiedenen Muschelarten, von denen bei uns vor allem Jakobs-, Kamm-, Herz-, Venus- oder Miesmuscheln und Austern bekannt und beliebt sind. Das Muschelinnere ist von zwei Schalen umgeben, die an einer Seite scharnierartig zusammengehalten werden. Das zarte, eiweißreiche Fleisch ist sehr nahrhaft, aber leider auch leicht verderblich. Deshalb erhalten Sie Muscheln als Frischware überwiegend nur in der kalten Jahreszeit.

2

3

4

Ausgebackener Fisch

FÜR KINDER

Zubereitungszeit:
etwa 30 Minuten
Ausbackzeit:
etwa 10 Minuten je Portion

600 g Fischfilet, z. B. Tilapia-, Pangasius- oder Seelachsfilet
Salz
frisch gemahlener Pfeffer

Für den Ausbackteig:
100 g Weizenmehl
1 Ei (Größe M)
Salz
125 ml (1/8 l) Milch
1 EL Speiseöl, z. B. Sonnenblumenöl oder zerlassene Butter

Ausbackfett oder Speiseöl, z. B. Sonnenblumenöl

Pro Portion:
E: 27 g, F: 18 g, Kh: 10 g, kJ: 1297, kcal: 309, BE: 1,0

1 Fischfilets unter fließendem kalten Wasser abspülen, trocken tupfen und in Portionsstücke schneiden. Mit Salz und Pfeffer bestreuen.

2 Für den Ausbackteig Mehl in eine Schüssel geben und in die Mitte eine Vertiefung drücken. Ei mit Salz und Milch verschlagen. Etwas von der Eiermilch in die Vertiefung geben. Von der Mitte aus Eiermilch und Mehl mit einem Schneebesen verrühren. Nach und nach die restliche Eiermilch und Öl oder Butter zugeben. Darauf achten, dass keine Klümpchen entstehen.

3 Die Fischfiletstücke mithilfe einer Gabel in den Ausbackteig tauchen (Foto 1) und portionsweise schwimmend (Foto 2) in siedendem Ausbackfett etwa 10 Minuten braun und knusprig backen. Den fertigen Fisch auf Küchenpapier abtropfen lassen und bis zum Servieren warm stellen.

TIPP » Hohe Erhitzbarkeit und Geschmacksneutralität des Fettes sind beim Frittieren von größter Wichtigkeit. Mit einem guten Frittierfett (unter Beachtung der vorgeschriebenen Temperaturen) können Pommes frites, Fisch, Gemüse, Gebäck und Obst in beliebiger Reihenfolge frittiert werden, ohne dass sich der Geschmack überträgt. Wenn Sie keine Fritteuse haben, können Sie den Fisch in einer hohen Pfanne oder in einem Topf im Fett ausbacken.

Beilage: Kartoffelsalat (Seite 210) oder als Fish and Chips (mit Pommes frites) servieren.

» REZEPTVARIANTE:

Gebratenes Fischfilet
(im Foto 3 vorn)

Dazu 4 Stücke Fischfilet (z. B. Tilapia- oder Pangasiusfilet, je etwa 200 g) unter fließendem kalten Wasser abspülen, trocken tupfen, evtl. in Portionsstücke schneiden. Mit Salz und Pfeffer bestreuen. 1 Ei (Größe M) und 2 Esslöffel kaltes Wasser mit einer Gabel in einem tiefen Teller verschlagen. Die Fischfilets erst in 40 g Weizenmehl, dann in dem Ei und zuletzt in 50–75 g Semmelbröseln wenden. Die Semmelbrösel gut andrücken, nicht anhaftende Semmelbrösel leicht abschütteln. Etwa 75 ml Speiseöl in einer Pfanne erhitzen. Die Filets darin bei mittlerer Hitze etwa 5 Minuten von jeder Seite goldbraun braten, dann auf Küchenpapier abtropfen lassen. Nach Belieben 1 Bio-Zitrone (unbehandelt, ungewachst) gründlich abwaschen, trocken tupfen, in Scheiben schneiden und die Fischfilets damit belegt servieren.

EXTRA-TIPP » Ersetzen Sie die Semmelbrösel durch Sesamsamen oder durch zerbröselte Tortillachips und 1 ½ Teelöffel Chiliflocken.

2

3

Makrelen auf Mittelmeerart

RAFFINIERT

Zubereitungszeit: etwa 25 Minuten
Garzeit: etwa 35 Minuten

4 küchenfertige Makrelen (je etwa 350 g)
Salz
frisch gemahlener Pfeffer

Für die Füllung:
3 Fleischtomaten
15 schwarze, entsteinte Oliven
gerebelter Oregano
1 Bund glatte Petersilie

Zum Garnieren:
einige Basilikumblättchen

Außerdem:
4 Bögen Alufolie
etwas Fett

Pro Portion:
E: 55 g, F: 40 g, Kh: 4 g, kJ: 2504, kcal: 597, BE: 0,0

1 Makrelen innen und außen unter fließendem kalten Wasser abspülen und trocken tupfen. Makrelen mit Salz und Pfeffer bestreuen.

2 Den Backofen vorheizen.
Ober-/Unterhitze: etwa 200 °C
Heißluft: etwa 180 °C

3 Für die Füllung Tomaten waschen, kreuzweise einschneiden und kurz in kochendes Wasser legen, anschließend in kaltem Wasser abschrecken. Tomaten enthäuten, halbieren, entkernen und die Stängelansätze entfernen. Tomaten in Würfel schneiden.

4 Oliven vierteln, mit Oregano zu den Tomatenwürfeln geben. Petersilie abspülen und trocken tupfen. Die Blättchen von den Stängeln zupfen, Blättchen fein hacken und unter die Oliven-Tomaten-Masse heben.

5 Die Makrelen mit der Oliven-Tomaten-Masse füllen. Jeweils 1 gefüllte Makrele auf je einen gefetteten Bogen Alufolie legen und fest verschließen.

6 Die eingepackten Makrelen auf ein Backblech legen. Das Backblech auf der mittleren Einschubleiste in den vorgeheizten Backofen schieben und die Makrelen **etwa 35 Minuten** garen.

7 Die Makrelen mit dem Gemüse aus der Alufolie nehmen und auf einer vorgewärmten Platte anrichten. Basilikumblättchen abspülen und trocken tupfen. Makrelen mit Basilikumblättchen garniert servieren.

TIPP » Sie können die Makrelen auch auf dem Grill garen. Dann die eingepackten Makrelen auf den heißen Grill legen und unter gelegentlichem Wenden etwa 30 Minuten grillen. Statt Makrele können Sie dieses Rezept auch mit Dorade oder Wolfsbarsch (Loup de mer) zubereiten.

EXTRA-TIPP » **Fischgeruch vermeiden.** Bewahren Sie den Fisch bis zur Weiterverarbeitung zugedeckt in einem Gefäß im Kühlschrank auf. Reiben Sie Ihre Hände und alle Gegenstände, die mit dem Fisch in Berührung kommen, mit Wasser, besser noch mit Essigwasser ein.

Fischfilet auf mediterranem Gemüse

LEICHT

Zubereitungszeit:
etwa 20 Minuten,
ohne Auftau- und Garzeit

2 Packungen (je etwa 300 g) TK-Fischfilet (z. B. Tilapia-Filets)
250 g Cocktailtomaten
3 mittelgroße Zucchini (etwa 600 g)
1 Dose Artischockenherzen (Abtropfgewicht 240 g)
2–3 EL Olivenöl
1 Pck. (25 g) TK-Italienische Kräuter
Salz
frisch gemahlener Pfeffer
1 gestr. TL Chiliflocken

Pro Portion:
E: 27 g, F: 10 g, Kh: 6 g,
kJ: 940, kcal: 224, BE: 0

1 Fischfilets nach Packungsanleitung auftauen lassen. Tomaten und Zucchini waschen und trocken tupfen. Tomaten halbieren und die Stängelansätze herausschneiden. Von den Zucchini die Enden abschneiden.

2 Zucchini zuerst in Streifen, dann in kleine Würfel schneiden.

3 Artischockenherzen in einem Sieb abtropfen lassen und vierteln.

4 Öl in einer Pfanne erhitzen. Zucchiniwürfel etwa 2 Minuten darin dünsten. Tomaten, Artischocken und Kräuter zugeben, mit Salz und Pfeffer würzen.

5 Fischfilets unter fließendem kalten Wasser abspülen, trocken tupfen und in 8 gleich große Stücke schneiden.

6 Fischfiletstücke nebeneinander auf das Gemüse legen, mit Salz und Chiliflocken bestreuen. Die Pfanne mit einem Deckel verschließen. Fischfiletstücke und das Gemüse etwa 8 Minuten dünsten.

7 Fischfiletstücke vorsichtig herausheben, das Gemüse mit den Gewürzen abschmecken. Den Fisch auf dem mediterranen Gemüse servieren.

TIPP » Servieren Sie dazu Pesto Rosso und Reis (Seite 240).

» REZEPTVARIANTE:

Fisch Caprese

Dazu 4 Tomaten waschen, trocken tupfen, die Stängelansätze herausschneiden. Tomaten in Scheiben schneiden. 2 kleine Zucchini waschen, abtrocknen, die Enden abschneiden und Zucchini in etwa ½ cm dicke Scheiben schneiden. 250 g Mozzarella-Käse abtropfen lassen und in 12 Scheiben schneiden. Den Backofen vorheizen (Ober-/Unterhitze: etwa 200 °C, Heißluft: etwa 180 °C). Die Hälfte der Tomaten-, Zucchini- und Mozzarellascheiben dachziegelartig in eine flache, gefettete Auflaufform schichten. Mit Salz, Pfeffer und ½ Esslöffel getrockneten, italienischen Kräutern oder Tessiner Gewürzmischung bestreuen, mit 2 Esslöffeln Olivenöl beträufeln. 4 Fischfilets (z. B. Seelachsfilet, je etwa 130 g) unter fließendem kalten Wasser abspülen, trocken tupfen, mit Salz und Pfeffer bestreuen. Fischfilets auf die Gemüse-Käse-Mischung legen. Die restlichen Tomaten-, Zucchini- und Mozzarellascheiben dachziegelartig darauf verteilen. Wieder mit ½ Esslöffel getrockneten, italienischen Kräutern oder Tessiner Gewürzmischung bestreuen und mit 2 Esslöffeln Olivenöl beträufeln. Die Form auf dem Rost auf der mittleren Einschubleiste in den vorgeheizten Backofen schieben und Fisch Caprese **25–30 Minuten** garen. Fisch Caprese mit einigen vorbereiteten gehackten Basilikumblättchen bestreut servieren.

Matjesfilets nach Hausfrauen-Art

GUT VORZUBEREITEN (FOTO)

Zubereitungszeit: etwa 30 Minuten
Durchziehzeit: etwa 12 Stunden

8 Matjesfilets (etwa 600 g)
250 ml (¼ l) Wasser
Salz
3 Zwiebeln
400 g Äpfel
150 g Gewürzgurken (aus dem Glas)
200 g Schlagsahne
1 Becher (150 g) Crème fraîche
3 EL Zitronensaft
Pfeffer, Zucker

Pro Portion:
E: 30 g, F: 51 g, Kh: 16 g, kJ: 2686, kcal: 643, BE: 1,0

1 Matjesfilets unter fließendem kalten Wasser abspülen und trocken tupfen. Evtl. noch vorhandene Gräten entfernen und die Filets in etwa 2 cm große Stücke schneiden.

2 Wasser in einem Topf zum Kochen bringen. ¼ Teelöffel Salz zufügen. Zwiebeln abziehen, halbieren und in Scheiben schneiden. Zwiebelscheiben kurz in dem kochenden Salzwasser blanchieren, dann abtropfen lassen.

3 Äpfel schälen, vierteln und das Kerngehäuse entfernen. Gewürzgurken abtropfen lassen. Äpfel und Gewürzgurken in Scheiben schneiden.

4 Sahne mit Crème fraîche und Zitronensaft verrühren, mit Salz, Pfeffer und Zucker abschmecken. Zwiebel-, Apfel- und Gurkenscheiben unterrühren. Die Matjesfiletstücke mit der Sauce vermengen, mit Frischhaltefolie zugedeckt in den Kühlschrank stellen und etwa 12 Stunden in der Sauce durchziehen lassen.

Beilage: Pellkartoffeln (S. 216) und gebräunte Zwiebelringe, grüne Bohnen (S. 161).

Räucherfischmousse

FÜR GÄSTE

Zubereitungszeit: etwa 15 Minuten
Kühlzeit: etwa 60 Minuten

2 geräucherte Forellenfilets (je etwa 125 g)
30 g weiche Butter
1–2 EL saure Sahne
1–1½ EL Zitronensaft
Salz, Pfeffer
etwas Feldsalat
½ TL rosa Pfefferbeeren

Pro Portion:
E: 14 g, F: 10 g, Kh: 1 g, kJ: 620, kcal: 148, BE: 0,0

1 Forellenfilets grob zerkleinern, dabei evtl. noch vorhandene Gräten entfernen. Die Filets mit Butter, saurer Sahne und Zitronensaft pürieren.

2 Die Masse mit Salz und Pfeffer abschmecken und mit Frischhaltefolie zugedeckt etwa 60 Minuten in den Kühlschrank stellen.

3 Feldsalat putzen, gründlich waschen, trocken schleudern und auf 4 Tellern anrichten.

4 Von der Räucherfischmousse mithilfe von 2 in heißes Wasser getauchten Esslöffeln Nocken formen und auf den Feldsalat geben. Mit Pfefferbeeren bestreut servieren.

Beilage: Ciabatta, Vollkorn- oder Schwarzbrot.

TIPP » Die Räucherfischmousse als Vorspeise servieren.

Lachsforelle auf Blattspinat

FÜR GÄSTE

Zubereitungszeit: 25–30 Minuten
Garzeit: kleine Forellen etwa 35 Minuten, große Forellen etwa 55 Minuten

1 ½ kg Blattspinat
200 g Schalotten
2 Knoblauchzehen
300 g Champignons
150 g Tomaten
2 EL Butter oder Margarine
Salz
frisch gemahlener Pfeffer
geriebene Muskatnuss
1 große Lachsforelle (etwa 1,3 kg)
oder 2 kleine Lachsforellen (je etwa 600 g)
75 g geräucherter, durchwachsener Speck
1 Bund Petersilie
1 Bio-Zitrone (unbehandelt, ungewachst)

6 dünne Scheiben durchwachsener Speck

Pro Portion:
E: 42 g, F: 18 g, Kh: 4 g, kJ: 1468, kcal: 351, BE: 0,0

1 Spinat verlesen, dicke Stiele entfernen. Spinat gründlich waschen, abtropfen lassen. Schalotten und Knoblauchzehen abziehen. Die Hälfte der Schalotten achteln, restliche Schalotten und Knoblauch fein würfeln.

2 Champignons putzen, mit Küchenpapier abreiben. Die Hälfte der Champignons in Scheiben schneiden. Restliche Champignons fein würfeln. Tomaten waschen, abtrocknen, halbieren, entkernen und Stängelansätze herausschneiden. Tomaten in Würfel schneiden.

3 Butter oder Margarine in einem Topf zerlassen. Schalottenachtel, Knoblauch und Champignonscheiben kurz darin dünsten. Spinat zufügen, unter Rühren dünsten (bis der Spinat „zusammenfällt“). Mit Salz, Pfeffer und Muskat würzen. Tomatenwürfel unterheben.

4 Den Backofen vorheizen.
Ober-/Unterhitze: etwa 200 °C
Heißluft: etwa 180 °C

5 Lachsforelle innen und außen unter fließendem kalten Wasser abspülen, trocken tupfen. Innen und außen mit Salz und Pfeffer einreiben. Speck fein würfeln. Petersilie abspülen, trocken tupfen, die Blättchen von den Stängeln zupfen und Blättchen fein hacken.

6 Zitrone heiß abwaschen, abtrocknen und die gelbe Schale abreiben. Die Zitrone halbieren, den Saft auspressen. Speckwürfel mit Champignon-, Schalottenwürfeln, Petersilie, Zitronenschale und -saft verrühren. Die Masse in die Bauchhöhle der Forelle füllen.

7 Das Spinatgemüse in eine große Auflaufform oder einen Bräter geben. Die gefüllte Forelle darauflegen und evtl. restliche Füllung darum verteilen. Die Speckscheiben auf die Forelle legen. Die Form oder den Bräter ohne Deckel auf dem Rost im unteren Drittel in den vorgeheizten Backofen schieben. **Kleine Forellen etwa 35 Minuten, große Forellen etwa 55 Minuten garen.**

Beilage: Salzkartoffeln (S. 216) oder Reis.

» REZEPTVARIANTE:

Forelle Müllerin
Dazu 4 küchenfertige Forellen (je etwa 200 g) wie unter Punkt 5 beschrieben vorbereiten. Forellen in etwa 40 g Weizenmehl wenden, überschüssiges Mehl leicht abschütteln. 3 Esslöffel Speiseöl in einer Pfanne erhitzen. Die Forellen von beiden Seiten darin bei mittlerer Hitze anbraten. 40 g Butter zugeben und zerlassen. Die Forellen in etwa 10 Minuten unter mehrmaligem Wenden braten, dabei ab und zu mit der Butter begießen. 1–2 Bio-Zitronen (unbehandelt, ungewachst) heiß abwaschen, abtrocknen und in Scheiben schneiden. Dann die Forellen mit den Zitronenscheiben belegt servieren.

Gebeizter Lachs

GUT VORZUBEREITEN (8 PORTIONEN)

Zubereitungszeit: etwa 25 Minuten
Marinierzeit: 2–3 Tage

1 kg frischer Lachs
3 Bund Dill
40 g Salz
30 g Zucker

Für die Dillsauce:
1 Bund Dill
3 EL scharfer Senf
3 EL mittelscharfer Senf
4 gehäufte EL Zucker
3 EL Weißweinessig
5 EL Speiseöl, z. B. Sonnenblumenöl

Pro Portion:
E: 24 g, F: 15 g, Kh: 12 g, kJ: 1169, kcal: 280, BE: 1,0

1 Lachs unter fließendem kalten Wasser abspülen und trocken tupfen. Lachs längs halbieren und die Gräten entfernen, evtl. mithilfe einer Pinzette (Foto 1).

2 Dill abspülen, trocken tupfen, die Spitzen von den Stängeln zupfen und Spitzen klein schneiden. Salz mit Zucker mischen, beide Lachshälften auf der Innenseite zunächst mit der Salz-Zucker-Mischung, dann mit dem Dill bestreuen.

3 Eine Lachshälfte mit der Hautseite nach unten in eine große flache Schale (größer als der Fisch und das Brett zum Beschweren) legen. Die andere Lachshälfte mit der Hautseite nach oben darauflegen (Foto 2) und mit Frischhaltefolie bedecken. Darauf ein Brett (etwas größer als der Fisch) legen und beschweren (zum Beispiel mit 2–3 Gewichten oder geschlossenen, gefüllten Konservendosen).

4 Den Lachs 2–3 Tage in den Kühlschrank stellen, dabei zwischendurch 2–3-mal wenden. Ab und zu mit der sich sammelnden Beize begießen.

5 Nach der Marinierzeit das Lachsfleisch leicht schräg zur Hautseite hin in dünne Scheiben schneiden. Lachs auf einer Platte anrichten. Hilfreich zum Schneiden ist hierfür ein Lachsmesser (Foto 3).

6 Für die Dillsauce Dill abspülen, trocken tupfen, die Spitzen von den Stängeln zupfen und Spitzen klein schneiden. Beide Senfsorten mit Zucker und Essig verrühren. Nach und nach Öl unterschlagen. Dill unterrühren und die Sauce zu dem Lachs reichen.

Beilage: Schwarzbrot oder Bauernbrot mit Butter.

TIPP » Den Lachs vor dem Beizen zusätzlich mit 1–2 Esslöffeln zerdrückten weißen Pfefferkörnern und/oder 1 Esslöffel zerdrückten Wacholderbeeren bestreuen.

» REZEPTVARIANTE:
Gebeizte Lachsforelle
Dafür 1 küchenfertige Lachsforelle (etwa 1 kg) unter fließendem kalten Wasser abspülen, trocken tupfen und in 2 Längshälften teilen. Das Rückrat entfernen und die Forelle entgräten. Ab Punkt 2 wie im Rezept beschrieben weiterverfahren.

1

2

3

Seelachsfilet in Folie gegart

RAFFINIERT

Zubereitungszeit: etwa 25 Minuten
Garzeit: 20–25 Minuten

4 Scheiben Seelachsfilets (je etwa 180 g)
Salz
frisch gemahlener Pfeffer
2 kleine Stangen Porree (Lauch)
2 EL Speiseöl, z. B. Rapsöl
4 Tomaten
½ Bund glatte Petersilie
3 EL Röstzwiebeln (Fertigprodukt)

Außerdem:
4 Bögen Alufolie (je etwa 20 x 30 cm)

Pro Portion:
E: 35 g, F: 10 g, Kh: 7 g, kJ: 1093, kcal: 260, BE: 0,5

1 Den Backofen vorheizen.
Ober-/Unterhitze: etwa 200 °C
Heißluft: etwa 180 °C

2 Seelachsfilets unter fließendem kalten Wasser abspülen und trocken tupfen. Von beiden Seiten mit Salz und Pfeffer bestreuen.

3 Porree putzen, die Stangen längs halbieren, gründlich waschen, abtropfen lassen und in feine Streifen schneiden. Öl in einem Topf erhitzen, Porreestreifen zugeben und unter Rühren etwa 3 Minuten dünsten. Mit Salz und Pfeffer würzen.

4 Vier Bögen Alufolie auf einer Arbeitsfläche ausbreiten. Porreestreifen darauf verteilen. Je 1 Scheibe Seelachsfilet darauflegen.

5 Tomaten waschen, abtrocknen und die Stängelansätze herausschneiden. Tomaten in kleine Würfel schneiden. Petersilie abspülen, trocken tupfen und die Blättchen von den Stängeln zupfen. Blättchen grob hacken. Tomaten mit Petersilie und Röstzwiebeln mischen und auf den Seelachsscheiben verteilen (Foto 1).

6 Jeweils ein Stück Fisch und ein Viertel des Gemüses in der Alufolie fest einpacken (Foto 2) und auf ein Backblech legen. Das Backblech auf mittlerer Einschubleiste in den vorgeheizten Backofen schieben. Fisch und Gemüse **20–25 Minuten** garen.

7 Jeweils 1 Seelachsfilet-Päckchen auf einen Teller legen, Alufolie öffnen und den Fisch sofort servieren.

Beilage: Pellkartoffeln (S. 216).

TIPP: » Statt Alufolie können Sie auch Backpapier verwenden.

» REZEPTVARIANTE:

Gedünstete Fischmedaillons auf Gemüsenudeln
250 g TK-Zanderfilet und 250 TK-Lachsfilet nach Packungsanleitung auftauen lassen. 500 g Gemüse (z. B. Möhren, Porree [Lauch]) putzen bzw. schälen, waschen, abtropfen lassen und in feine Streifen oder Würfel schneiden. 250 g Spaghetti in reichlich Salzwasser (auf 1 Liter Wasser benötigt man etwa 1 Teelöffel Salz) nach Packungsanleitung gar kochen. Anschließend in ein Sieb geben, mit heißem Wasser abspülen und abtropfen lassen. Aufgetaute Fischfilets unter fließendem kalten Wasser abspülen, trocken tupfen und sechsteln. 200 ml Weißwein mit Salz, Pfeffer, Zucker und 1 Lorbeerblatt in einen Topf geben und erhitzen. Die Fischmedaillons darin bei schwacher Hitze in etwa 8 Minuten gar ziehen lassen. 2 Esslöffel Olivenöl in einer Pfanne erhitzen. Vorbereitetes Gemüse darin dünsten, mit Salz und Pfeffer würzen. Nudeln zugeben und untermengen. Fischmedaillons auf den Gemüsenudeln anrichten und servieren.

1

2

Lachssteaks mit Zitronenschaum

SCHNELL

Zubereitungszeit:
etwa 30 Minuten

Zum Vorbereiten:
125 g Butter

4 Lachssteaks (je etwa 200 g)
Salz
3 EL Speiseöl,
z. B. Sonnenblumenöl
20 g Butter oder Margarine

Für den Zitronenschaum:
3 Eigelb (Größe M)
5 EL Zitronensaft
2 TL mittelscharfer Senf
Salz
frisch gemahlener Pfeffer
1 Prise Zucker
evtl. 2 TL gehackter Dill

Pro Portion:
E: 39 g, F: 46 g, Kh: 1 g,
kJ: 2433, kcal: 582, BE: 0,0

1 Zum Vorbereiten Butter in einem Topf zerlassen und abkühlen lassen.

2 Lachssteaks unter fließendem kalten Wasser abspülen, trocken tupfen und mit Salz bestreuen. Öl in einer Pfanne erhitzen, Butter oder Margarine zufügen und zerlassen. Die Steaks darin von jeder Seite 3–4 Minuten braten. Die gebratenen Steaks aus der Pfanne nehmen und auf einer vorgewärmten Platte warm stellen.

3 Für den Zitronenschaum Eigelb mit Zitronensaft in einem kleinen Topf mit einem Schneebesen verrühren. Bei schwacher Hitze so lange schlagen, bis eine schaumige Masse entstanden ist (Foto 1).

4 Den Topf sofort auf ein nasses, kaltes Tuch stellen. Die abgekühlte noch flüssige Butter langsam unter die Eigelbmasse rühren (Foto 2). Mit Senf, Salz, Pfeffer und Zucker abschmecken. Nach Belieben Dill unterrühren. Den Zitronenschaum zu den Lachssteaks servieren.

Beilage: Röstkartoffeln oder Reis (S. 240) und grüner Salat.

TIPP » Nach Belieben zusätzlich 2–3 Esslöffel steif geschlagene Schlagsahne unter den Zitronenschaum heben.

» REZEPTVARIANTEN:

Lachssteaks mit Senfsahne
Dazu 400 g Schlagsahne zum Kochen bringen und ohne Deckel sämig einkochen lassen. 3–4 Esslöffel Estragonsenf und 1 Teelöffel gehackte Estragonblättchen unter die Sauce ziehen. Sauce mit Salz, Pfeffer, 1 Prise Zucker und einigen Spritzern Zitronensaft abschmecken. Die Senfsahne zu den Lachssteaks servieren.

Lachssteaks mit Zitronenbutter
Dafür 1–2 Bio-Zitronen (unbehandelt, ungewachst) heiß abwaschen und abtrocknen. Mit einem Messer die Schale dünn abschälen und die Schale in sehr feine Streifen schneiden. 125 g weiche Butter mit den Zitronenschalenstreifen verrühren. Butter auf einem großen Stück Frischhaltefolie zu einer Rolle (Ø etwa 3 cm) formen und darin einwickeln. Die Rolle in den Kühlschrank stellen. Kurz vor dem Servieren Butter in etwa ½ cm dicke Scheiben schneiden. Die Butter eignet sich auch gut zum Einfrieren.

1

2

Speckschollen

FÜR GÄSTE

Zubereitungszeit: etwa 20 Minuten
Garzeit: etwa 15 Minuten
je Portion

4 küchenfertige Schollen (je etwa 300 g)
Salz
frisch gemahlener Pfeffer
40 g Weizenmehl
etwa 150 g durchwachsener Speck
1 Bio-Zitrone (unbehandelt, ungewachst)
3–4 EL Speiseöl, z. B. Sonnenblumenöl
einige Stängel Dill

Pro Portion:
E: 47 g, F: 15 g, Kh: 6 g, kJ: 1455, kcal: 349, BE: 0,5

1 Schollen unter fließendem kalten Wasser abspülen, trocken tupfen, mit Salz und Pfeffer einreiben. Schollen in Mehl wenden, überschüssiges Mehl leicht abschütteln. Speck in Würfel schneiden. Zitrone heiß abwaschen, abtrocknen und achteln.

2 Öl in einer großen Pfanne erhitzen. Die Speckwürfel darin ausbraten, herausnehmen und warm stellen.

3 Je nach Größe der Pfanne die Schollen evtl. nacheinander in dem Speckfett etwa 15 Minuten von beiden Seiten braun und gar braten, evtl. noch etwas Öl zugeben. Die Schollen auf einer vorgewärmten Platte anrichten und warm stellen, bis alle Schollen gebraten sind.

4 Dill abspülen, trocken tupfen. Die Speckwürfel auf den Schollen verteilen. Die Schollen mit Zitronenachteln und Dillstängeln garniert servieren.

Beilage: Salzkartoffeln (S. 216) und Feldsalat (S. 196).

TIPP » Zusätzlich 150–200 g gepulte Krabben in dem Speckfett anbraten und auf den Schollen verteilen.

Muscheln in Weinsud

MIT ALKOHOL

Zubereitungszeit: etwa 60 Minuten
Garzeit: etwa 10 Minuten

2 kg Miesmuscheln
2 Zwiebeln
1 Bund Suppengrün (Sellerie, Möhren, Porree [Lauch])
50 g Butter oder Margarine
500 ml (½ l) trockener Weißwein
Salz
frisch gemahlener Pfeffer

Pro Portion:
E: 9 g, F: 12 g, Kh: 3 g, kJ: 1022, kcal: 244, BE: 0,5

1 Miesmuscheln in reichlich kaltem Wasser gründlich waschen. Muscheln einzeln abbürsten (Foto 1), bis sie nicht mehr sandig sind (Muscheln, die sich beim Waschen öffnen, sind ungenießbar). Evtl. die Fäden (Bartbüschel) entfernen (Foto 2).

2 Zwiebeln abziehen, zuerst in Scheiben schneiden, dann in Ringe teilen. Sellerie schälen. Möhren putzen, schälen. Sellerie und Möhren waschen und abtropfen lassen. Porree putzen, die Stange längs halbieren, gründlich waschen, abtropfen lassen und in Scheiben schneiden. Möhren und Sellerie grob würfeln.

3 Butter oder Margarine in einem Topf zerlassen. Zwiebeln und Suppengrün unter Rühren kurz darin dünsten. Weißwein zugießen, zum Kochen bringen, mit Salz und Pfeffer würzen. Die Muscheln zufügen und mit Deckel unter gelegentlichem Rühren etwa 10 Minuten darin erhitzen (nicht kochen), bis sie sich öffnen (Muscheln, die sich nach dem Garen nicht öffnen, sind ungenießbar).

4 Die Muscheln mit einer Schaumkelle aus der Kochflüssigkeit herausnehmen und in einer vorgewärmten Schüssel anrichten. Die Kochflüssigkeit durch ein Sieb gießen, nochmals mit den Gewürzen abschmecken und zu den Muscheln reichen.

Beilage: Vollkornbrot mit Butter.

» REZEPTVARIANTE:

Muscheln Livorneser Art

Die Muscheln wie in Punkt 1 beschrieben vorbereiten. 6 Tomaten waschen, abtropfen lassen, kreuzweise einschneiden, kurz in kochendes Wasser legen, dann in kaltem Wasser abschrecken. Tomaten enthäuten, halbieren und die Stängelansätze entfernen. Tomaten würfeln. 2 Zwiebeln abziehen und fein hacken. 2 Knoblauchzehen abziehen und durch die Knoblauchpresse drücken. 2 Peperoni (aus dem Glas) abtropfen lassen, fein würfeln. 8 Esslöffel Olivenöl in einem Topf erhitzen. Zwiebeln, Knoblauch und Peperoni darin unter Rühren dünsten. Tomatenwürfel und 200 ml Gemüsebrühe oder Weißwein zufügen, zum Kochen bringen. Muscheln zugeben und mit Deckel etwa 10 Minuten dünsten, dabei ab und zu umrühren. Muscheln mit Salz und Pfeffer würzen. Nach Belieben mit Zitronenvierteln garniert servieren.

TIPP » **Frische Muscheln richtig kaufen.** Kaufen Sie frische Muscheln nur mit fest verschlossener Schale. Bereits geöffnete Muscheln wegwerfen, sie sind verdorben. Frische Muscheln haben einen frischen Meeresgeruch.

2

Riesengarnelen-Spieße

ETWAS TEURER

Zubereitungszeit: etwa 40 Minuten, ohne Auftauzeit

1 Packung (200 g) TK-King Prawns (Riesengarnelen, geschält, entdarmt)
16 Cocktailtomaten
je ½ gelbe und rote Paprikaschote
6 Knoblauchzehen
8 kleine Champignons
30 g Butter oder Margarine
1 EL Zitronensaft
Salz
frisch gemahlener Pfeffer
1 Prise Zucker
evtl. einige vorbereitete Basilikumblättchen

Außerdem:
8 Holz- oder Schaschlikspieße

Pro Portion:
E: 13 g, F: 3 g, Kh: 5 g, kJ: 426, kcal: 102, BE: 0,0

1 Riesengarnelen nach Packungsanleitung auftauen lassen, dann unter fließendem kalten Wasser abspülen und trocken tupfen.

2 Cocktailtomaten waschen, abtrocknen, evtl. halbieren und die Stängelansätze herausschneiden. Paprikaschotenhälften entstielen, entkernen und die weißen Scheidewände entfernen. Die Schoten waschen, abtropfen lassen und in größere Stücke schneiden. 4 Knoblauchzehen abziehen und halbieren. Champignons putzen, mit Küchenpapier abreiben und in Scheiben schneiden. Vorbereitete Zutaten abwechselnd auf Holz- oder Schaschlikspieße stecken.

3 Restliche Knoblauchzehen abziehen, halbieren und durch eine Knoblauchpresse drücken. Butter oder Margarine zerlassen. Knoblauch, Zitronensaft, Salz, Pfeffer und Zucker zufügen und verrühren. Die Spieße damit bestreichen.

4 Eine beschichtete Pfanne ohne Fett erhitzen (nicht zu heiß werden lassen). Die Spieße hineinlegen und darin etwa 2 Minuten je Seite braten. Nach Belieben mit Basilikumblättchen garniert servieren.

Beilage: Risotto (S. 242), Reis oder Baguette und Blattsalat.

TIPP » Sie können die Spieße auch unter dem vorgeheizten Backofengrill (etwa 240 °C) auf Alufolie in etwa 5 Minuten grillen.

» REZEPTVARIANTE

Pikante Garnelen aus dem Ofen (Foto 3)

Von 16 frischen Riesengarnelen den Rücken aufschneiden (Foto 1) und den Darm entfernen (Foto 2). Garnelen unter fließendem kalten Wasser abspülen, trocken tupfen. Den Backofen vorheizen (Ober-/Unterhitze: etwa 200 °C, Heißluft: etwa 180 °C).
2 Knoblauchzehen abziehen. 1 rote Zwiebel abziehen, zuerst in Scheiben schneiden, dann in Ringe teilen. 10 Cocktailtomaten waschen, abtrocknen, halbieren und evtl. die Stängelansätze herausschneiden. Je 4 Stängel Thymian und Petersilie vorbereiten, die Blättchen von den Stängeln zupfen und Blättchen fein hacken. Garnelen in eine Auflaufform geben. Vorbereitete Zutaten untermischen. 1 getrocknete Chilischote zerbröseln und zugeben. Mit Salz und Pfeffer kräftig würzen. 2–3 Esslöffel Olivenöl unterrühren. Die Form auf dem Rost auf mittlerer Einschubleiste in den vorgeheizten Backofen schieben. Die Garnelen **etwa 15 Minuten** garen, dabei einmal umrühren und mit der entstandenen Flüssigkeit begießen. Die Garnelen aus dem Backofen nehmen und sofort servieren.

TIPP » Anstelle der frischen Garnelen können Sie 1 Packung (500 g) TK-Garnelen verwenden. Diese nach Packungsanleitung auftauen lassen und wie im Rezept beschrieben weiter verarbeiten.

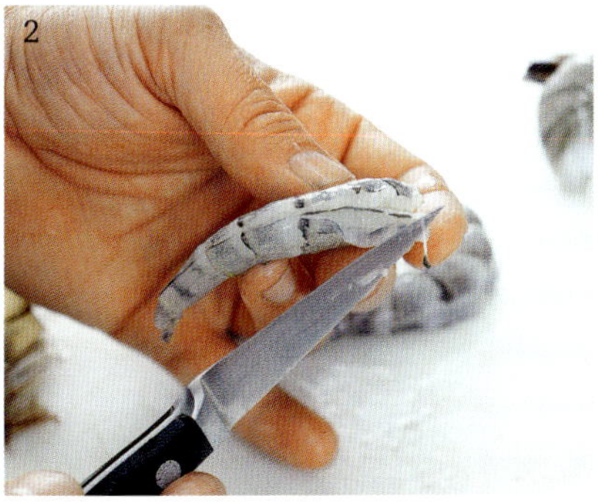
2

3

Brauner Rinderfond
(Rinderjus)

GUT VORZUBEREITEN (ERGIBT ETWA 1 LITER)

Zubereitungszeit: etwa 20 Minuten
Garzeit: etwa 2 ½ Stunden

1 kg Fleischknochen, z. B. vom Kalb (vom Metzger in kleine Stücke hacken lassen)
2 Zwiebeln
1 Bund Suppengrün (Sellerie, Möhren, Porree [Lauch])
2 EL Speiseöl, z. B. Sonnenblumen- oder Rapsöl
1 EL Tomatenmark
etwa 3 l Wasser oder Rotwein
2 Stängel Thymian
2 Stängel Rosmarin
1 Lorbeerblatt
Salz

Insgesamt:
E: 28 g, F: 23 g, Kh: 40 g, kJ: 3191, kcal: 761, BE: 2,0

1 Fleischknochen unter fließendem kalten Wasser abspülen und abtropfen lassen. Zwiebeln abziehen, grob würfeln. Sellerie schälen. Möhren putzen, schälen. Sellerie und Möhren waschen, abtropfen lassen. Porree putzen, die Stange längs halbieren, gründlich waschen, abtropfen lassen. Vorbereitetes Suppengrün grob würfeln.

2 Öl in einem Topf oder Bräter erhitzen. Die Knochen darin anbraten (Foto 1). Das vorbereitete Gemüse zugeben und mitbraten. Tomatenmark zugeben (Foto 2) und kurz mitbraten (Foto 3).

3 So viel Wasser oder Rotwein zugeben, bis der Topfboden knapp bedeckt ist. Die Flüssigkeit verkochen lassen. Diesen Vorgang noch zweimal wiederholen. Dabei darauf achten, dass Gemüse und Knochen nicht anbrennen.

4 Restliches Wasser oder Rotwein zugeben, aufkochen lassen und abschäumen. Kräuter abspülen und mit dem Lorbeerblatt zufügen. Bei schwacher Hitze etwa 2 ½ Stunden ohne Deckel auf 1 l Flüssigkeit einkochen lassen.

5 Den Fond durch ein feines Sieb gießen und nach Belieben mit Salz abschmecken.

Verwendung: Einen braunen Rinderfond können Sie zur Zubereitung von dunklen Saucen z. B. für Braten verwenden.

TIPP » Der Fond lässt sich gut auf Vorrat zubereiten. Dafür die doppelte Menge zubereiten, einfrieren oder heiß randvoll in gründlich gereinigte und gespülte Gläser mit Schraubdeckeln (Twist-off®) füllen. Eingefroren hält sich der Fond etwa 3 Monate, in Gläsern im Kühlschrank aufbewahrt etwa 2 Wochen.

» REZEPTVARIANTE:
Heller Geflügelfond
Dafür 1 kg Geflügelknochen oder Geflügelklein (Flügel, Hals, Herz, Magen) unter fließendem kalten Wasser abspülen, abtropfen lassen. 1 Bund Suppengrün wie im Rezept unter Punkt 1 beschrieben vorbereiten. 1 Zwiebel abziehen, mit 1 Gewürznelke und 1 Lorbeerblatt spicken. Alle Zutaten zusammen mit 125 ml (1/8 l) Weißwein, 2 l Wasser und 2 Teelöffeln Salz in einen Topf geben, ohne Deckel bei mittlerer Hitze zum Kochen bringen. Während des Kochens immer wieder mit einer Schaumkelle abschäumen. Den Fond ohne Deckel bei schwacher Hitze etwa 2 ½ Stunden bis auf 1 l Flüssigkeit einkochen. Dann den Fond durch ein Sieb gießen.

Verwendung: Der helle Geflügelfond eignet sich als Grundlage für Geflügelsaucen, Geflügelragout, gebundene bzw. Cremesuppen, für Risotto (S. 242) und Fischgerichte.

2

3

Helle Grundsauce

SCHNELL (IM FOTO OBEN RECHTS)

Zubereitungszeit: etwa 10 Minuten
Kochzeit: etwa 5 Minuten

25 g Butter oder Margarine
20 g Weizenmehl
375 ml (3/8 l) Brühe, z. B. Gemüsebrühe
Salz
frisch gemahlener Pfeffer

Pro Portion:
E: 1 g, F: 5 g, Kh: 4 g, kJ: 279, kcal: 67, BE: 0,5

1 Butter oder Margarine in einem Topf zerlassen. Mehl unter Rühren so lange darin erhitzen, bis es hellgelb ist.

2 Brühe zugießen und mit einem Schneebesen gut durchschlagen, dabei darauf achten, dass keine Klümpchen entstehen.

3 Die Sauce zum Kochen bringen und ohne Deckel bei schwacher Hitze etwa 5 Minuten leicht kochen lassen, dabei gelegentlich umrühren. Die Sauce mit Salz und Pfeffer abschmecken.

Verwendung: Die helle Grundsauce eignet sich als Basis für Kräuter- oder Käsesaucen. Servieren Sie die Sauce zu gedünstetem Gemüse, Fisch oder kurz gebratenem Fleisch.

» REZEPTVARIANTEN:

Meerrettichsauce
Die helle Grundsauce mit 125 ml (1/8 l) Gemüsebrühe, 125 ml (1/8 l) Milch und 125 g Schlagsahne statt der Brühe zubereiten. Zum Schluss 2 Esslöffel geriebenen Meerrettich (aus dem Glas oder frisch gerieben) unterrühren und die Sauce mit Salz, weißem Pfeffer, Zucker und Zitronensaft abschmecken.

Kräutersauce
(im Foto unten links)
Die helle Grundsauce mit 250 ml (1/4 l) Milch und 125 ml (1/8 l) Gemüsebrühe statt der Brühe zubereiten. Zum Schluss 3 Esslöffel gehackte Kräuter (z. B. Petersilie, Kerbel oder Dill) und 2 Esslöffel Crème fraîche unterrühren. Die Sauce mit Salz, Pfeffer und geriebener Muskatnuss abschmecken.

Dunkle Grundsauce
(im Foto unten rechts)
Dazu erhitzen Sie wie unter Punkt 1 beschrieben das Mehl in der Butter so lange, bis es hell- bis dunkelbraun ist. Gehen Sie weiter wie im Rezept beschrieben vor.

Béchamelsauce mit Schinken
(im Foto oben links)
1 Zwiebel abziehen, fein würfeln. 40 g rohen Schinken würfeln. 30 g Butter oder Margarine in einem Topf zerlassen. Schinkenwürfel darin dünsten. 25 g Weizenmehl und die Zwiebelwürfel zugeben, unter Rühren so lange darin erhitzen, bis das Mehl hellgelb ist. 125 ml (1/8 l) Gemüsebrühe zusammen mit 250 ml (1/4 l) Milch oder 250 g Schlagsahne zugießen und mit einem Schneebesen gut durchschlagen. Dabei darauf achten, dass keine Klümpchen entstehen. Sauce ohne Deckel etwa 5 Minuten bei schwacher Hitze kochen lassen, dabei gelegentlich umrühren. Die Sauce mit Salz, Pfeffer und geriebener Muskatnuss abschmecken.

TIPP » Reichen Sie die Béchamelsauce zu Gemüse, z. B. Blumenkohl (S. 160), Spargel (S. 166), Möhren (S. 160), Kohlrabi (S. 160) oder zu pochierten Eiern. Für eine vegetarische Variante können Sie einfach die Schinkenwürfel weglassen.

Sauce hollandaise

KLASSISCH - MIT ALKOHOL

Zubereitungszeit:
etwa 15 Minuten,
ohne Abkühlzeit

150 g Butter
2 Eigelb (Größe M)
2 EL Weißwein
einige Spritzer Zitronensaft
Salz
frisch gemahlener Pfeffer

Pro Portion:
E: 2 g, F: 34, Kh: 0 g,
kJ: 1343, kcal: 321, BE: 0,0

1 Butter zerlassen, etwas abkühlen lassen und den Schaum abschöpfen (Foto 1).

2 Eigelb mit Weißwein in einer Edelstahlschüssel mit einem Schneebesen verschlagen. Die Schüssel auf ein heißes Wasserbad (Wasser darf nicht kochen) setzen. Die Eigelbmasse mit dem Schneebesen so lange schlagen, bis die Masse schaumig ist (abschlagen, Foto 2).

3 Die Butter langsam unter die Eigelbmasse schlagen (Foto 3). Die Sauce mit Zitronensaft, Salz und Pfeffer würzen.

Hinweis: **Nur ganz frische Eier verwenden, die nicht älter als 5 Tage sind (Legedatum beachten!).**

TIPP » Aufgeschlagene Saucen lassen sich nur kurze Zeit im Wasserbad warm halten. Nach längerem Stehen trennen sich die Saucen in Fett und Eigelb, sie gerinnen. Deshalb die Saucen möglichst erst kurz vor dem Servieren aufschlagen. Geronnene Saucen entweder mit einem Stabmixer aufschlagen oder 1 Eigelb mit 1 Esslöffel kaltem Wasser verrühren und die geronnene Sauce im Wasserbad nach und nach unterrühren.

EXTRA-TIPP » **Abschlagen.** Zutaten für Saucen und Cremes im Wasserbad ständig mit dem Schneebesen schlagen, dabei langsam erwärmen, bis eine gebundene Masse entstanden ist.

» REZEPTVARIANTEN:

Sauce béarnaise
Den Weißwein durch einen Kräutersud ersetzen. Dafür 1 Zwiebel abziehen, fein würfeln und in einen Topf geben. 1 Teelöffel gehackten Estragon, 1 Teelöffel gehackten Kerbel, 2 Teelöffel Weißweinessig und 2 Esslöffel Wasser zufügen und einmal aufkochen. Den Topf von der Kochstelle nehmen und den Kräutersud mit Deckel etwa 5 Minuten ziehen lassen. Dann den Sud durch ein feines Sieb gießen. Je 1–2 Teelöffel gehackten Kerbel und gehackten Estragon unter die fertige Sauce rühren. Die Sauce mit Salz, Pfeffer und Zitronensaft abschmecken.

Sauce maltaise
Anstelle von Weißwein 2 Esslöffel frisch gepressten Blutorangensaft, 2 Teelöffel warmes Wasser und 1 Esslöffel Zitronensaft verwenden. Die Sauce mit Salz und Zucker abschmecken, mit der abgeriebenen Schale von ¼ Bio-Orange (unbehandelt, ungewachst) bestreuen.

Schnelle Hollandaise
(ohne Wasserbad)
Die Butter zerlassen. Eigelb und nur ½ Esslöffel Zitronensaft oder Weißwein in einem Rührbecher mit einem Stabmixer aufschlagen. Heiße Butter langsam einlaufen lassen und durch das Pürieren die Bindung herstellen. Falls die Sauce zu dick wird, mit ½ Esslöffel heißem Wasser verdünnen. Die Sauce mit Gewürzen abschmecken.

2

3

Mayonnaise

SCHNELL (IM FOTO IN DER MITTE)

Zubereitungszeit: etwa 10 Minuten

1 Eigelb (Größe M)
1–2 TL Weißweinessig oder Zitronensaft
Salz
½–1 TL mittelscharfer Senf
125 ml (⅛ l) Speiseöl, z. B. Sonnenblumenöl

Pro Portion:
E: 1 g, F: 33 g, Kh: 0 g, kJ: 1234, kcal: 295, BE: 0,0

1 Eigelb mit Essig oder Zitronensaft, Salz und Senf in einer Schüssel mit einem Rührbesen (Foto 1) zu einer schaumigen Masse aufschlagen.

2 Öl in einem dünnen Strahl zulaufen lassen (Foto 2), nach und nach unterschlagen. Es ist nicht notwendig, das Öl tropfenweise zuzugeben, die mit dem Eigelb verrührten Gewürze verhindern eine Gerinnung.

Verwendung: Die Mayonnaise eignet sich als Grundlage für kalte Saucen und Dips, zu Fondue oder als Brotaufstrich für Sandwiches.

TIPPS » Alle Zutaten für die Mayonnaise sollten etwa die gleiche Temperatur haben, damit sich die Zutaten gut verbinden.
» Sollte die Mayonnaise geronnen sein, nochmals 1 Eigelb mit Essig oder Zitronensaft verrühren und die geronnene Mayonnaise nach und nach unterrühren.

Hinweis: **Nur ganz frische Eier verwenden, die nicht älter als 5 Tage sind (Legedatum beachten!).** Die fertige Mayonnaise im Kühlschrank aufbewahren und innerhalb von 24 Stunden verzehren.

» REZEPTVARIANTEN:

Leichte Mayonnaise
Die Mayonnaise wie im Rezept beschrieben, aber nur mit 5 Esslöffeln Öl zubereiten. Dann 4 Esslöffel Magerquark mit 1 Esslöffel Schlagsahne verrühren und unter die Mayonnaise rühren. Evtl. mit ½ abgezogenen, durchgepressten Knoblauchzehe würzen.

Kalte Currysauce (im Foto unten)
Die Mayonnaise wie im Rezept beschrieben zubereiten, mit 1–2 Teelöffeln Currypulver und 150 g Joghurt (3,5 % Fett) oder Dickmilch verrühren. Für eine süße Currysauce zusätzlich noch 1–2 Esslöffel durch ein Sieb gestrichene Aprikosenkonfitüre unterrühren.

Remouladensauce (im Foto oben)
2 hart gekochte Eier pellen. Eigelb durch ein Sieb streichen und Eiweiß hacken. Das Eigelb mit 1 rohen Eigelb verrühren und eine Mayonnaise wie im Rezept beschrieben zubereiten. Zum Schluss 1 mittelgroße, fein gewürfelte Gewürzgurke, 2 Esslöffel gehackte Kräuter (z. B. Petersilie, Schnittlauch, Dill, Kerbel, Kresse), 1 Teelöffel abgetropfte gehackte Kapern und das gehackte Eiweiß unterrühren. Die Sauce mit Salz, Pfeffer und Zucker abschmecken.

Sauce tartare
4 Schalotten oder kleine Zwiebeln abziehen und fein würfeln. Mit 2 Teelöffeln abgetropften, gehackten Kapern und 2 Esslöffeln gehackten Kräutern (z. B. Petersilie) unter die Mayonnaise rühren. Die Sauce mit Salz abschmecken.

2

Frankfurter Grüne Sauce

KLASSISCH (FOTO)

Zubereitungszeit:
etwa 20 Minuten

etwa 150 g frische Kräuter für Frankfurter Grüne Sauce
1 Becher (150 g) Crème fraîche oder saure Sahne
1 kleine Zwiebel
150 g Joghurt (3,5 % Fett)
1–2 EL Olivenöl
1 TL mittelscharfer Senf
1 Spritzer Zitronensaft
½ TL Zucker
Salz, Pfeffer

Pro Portion:
E: 4 g, F: 13 g, Kh: 7 g, kJ: 677, kcal: 162, BE: 0,5

1 Kräuter abspülen, trocken tupfen, die Blättchen von den Stängeln zupfen. Blättchen grob hacken und mit 2 Esslöffeln Crème fraîche oder saurer Sahne in einer Rührschüssel pürieren oder die Kräuter sehr fein hacken und mit Crème fraîche oder saurer Sahne verrühren. Zwiebel abziehen und fein würfeln.

2 Die restliche Crème fraîche oder saure Sahne, Joghurt, Zwiebelwürfel, Öl und Senf mit der Kräuter-Crème-fraîche-Masse oder den Kräutern verrühren. Die Sauce mit Zitronensaft, Zucker, Salz und Pfeffer würzen und bis zum Servieren kalt stellen.

Verwendung: Die Frankfurter Grüne Sauce zu neuen Kartoffeln mit hart gekochten Eiern oder zu gekochtem Rindfleisch reichen.

TIPP » In die „echte“ Frankfurter Sauce gehören 7 frische Kräuter. Je nach Jahreszeit kann die Zusammenstellung variiert werden. Es gibt abgepackte Kräutermischungen für die Sauce zu kaufen (etwa 150 g). Sie können auch ein Bund gemischte Kräuter, z. B. Petersilie, Schnittlauch, Kerbel, Pimpinelle, Borretsch, Zitronenmelisse und Kresse oder Sauerampfer verwenden. Oder die frischen Kräuter durch TK-Kräuter ersetzen.

Pilzsauce

RAFFINIERT

Zubereitungszeit:
etwa 20 Minuten

1 kleine Zwiebel
1 Knoblauchzehe
250 g frische Pilze, z. B. Champignons, Pfifferlinge, Austernpilze
30 g Butter
15 g Weizenmehl
250 ml (¼ l) Gemüsebrühe
1 Becher (150 g) Crème fraîche
Salz, Pfeffer
etwas Thymian
1 EL gehackte Petersilie

1 Zwiebel und Knoblauchzehe abziehen, fein würfeln.

2 Pilze putzen, mit Küchenpapier abreiben und Pilze in Scheiben schneiden.

3 Butter in einem Topf zerlassen. Die Zwiebel- und Knoblauchwürfel darin unter Rühren kurz dünsten. Pilzscheiben zufügen und mitdünsten. Mehl darüberstäuben und so lange unter Rühren dünsten, bis es hellgelb ist. Gemüsebrühe nach und nach unterrühren, sodass keine Klümpchen entstehen. Alles zum Kochen bringen und ohne Deckel bei schwacher Hitze etwa 5 Minuten kochen lassen, dabei gelegentlich umrühren.

4 Crème fraîche unterrühren. Sauce mit Salz, Pfeffer und Thymian abschmecken. Petersilie unterrühren.

Verwendung: Die Pilzsauce passt zu Steaks, Schnitzeln und gebratenen Fischstücken.

Pro Portion: E: 3 g, F: 18 g, Kh: 5 g, kJ: 807, kcal: 194, BE: 0,5

Tomatensauce

VEGETARISCH (IM FOTO UNTEN)

Zubereitungszeit:
etwa 10 Minuten
Kochzeit: etwa 15 Minuten

1 kg reife Tomaten
1 Zwiebel
1 Knoblauchzehe
2–3 EL Olivenöl
nach Belieben
2 EL Tomatenmark
Salz
frisch gemahlener Pfeffer
etwa 1 TL Zucker
1 Spritzer Weißweinessig
1 EL gehackter Oregano

Pro Portion:
E: 2 g, F: 7 g, Kh: 8 g,
kJ: 438, kcal: 104, BE: 0,0

1 Tomaten waschen, abtropfen lassen, die Stängelansätze entfernen (Foto 1). Tomaten kreuzweise einschneiden (Foto 2), kurz in kochendes Wasser legen, in kaltem Wasser abschrecken. Tomaten enthäuten, halbieren und in Würfel schneiden. Zwiebel und Knoblauchzehe abziehen, fein würfeln.

2 Öl in einem Topf erhitzen. Zwiebel- und Knoblauchwürfel darin dünsten. Die Tomatenwürfel zufügen, nach Belieben Tomatenmark unterrühren. Mit Salz und Pfeffer würzen. Tomatenmasse zum Kochen bringen, mit Deckel bei schwacher Hitze etwa 15 Minuten leicht kochen, dabei gelegentlich umrühren.

3 Die Sauce nach Belieben pürieren (Foto 3), mit Salz, Pfeffer, Zucker, Essig und Oregano abschmecken.

TIPP » Sollte die fertige Sauce noch zu flüssig sein, lassen Sie sie entweder bei mittlerer Hitze noch etwas einkochen oder binden Sie die Sauce mit hellem Saucenbinder. Anstelle von frischen Tomaten können Sie die Sauce auch mit 1 Dose (800 g) geschälten Tomaten zubereiten, den Saft dabei mitverwenden. Die Zugabe von Tomatenmark macht die Sauce sämig und gibt einen intensiven Tomatengeschmack.

» REZEPTVARIANTEN:

Tomaten-Gemüse-Sauce
(im Foto in der Mitte)
1 Bund Suppengrün putzen, waschen, abtropfen lassen, in kleine Stücke schneiden. 1 Esslöffel gewürfeltes Suppengrün zum Garnieren beiseitelegen. Restliches Suppengrün mit 1 abgezogenen, gewürfelten Zwiebel und 1 abgezogenen, gewürfelten Knoblauchzehe in 2–3 Esslöffeln Olivenöl andünsten. 1 Lorbeerblatt und 125 ml ($^{1}/_{8}$ l) Gemüsebrühe zugeben. Sauce bei schwacher Hitze etwa 15 Minuten mit Deckel kochen. 1 Dose (800 g) geschälte Tomaten mit Saft zugeben, noch etwa 5 Minuten kochen. Das Lorbeerblatt entfernen. Die Sauce pürieren, mit Salz, Pfeffer und Zucker abschmecken. Die Sauce mit beiseitegelegtem Suppengrün garniert servieren.

Bologneser Sauce
(im Foto oben)
1 Zwiebel und 1 Knoblauchzehe abziehen. 100 g Möhren putzen, schälen. 50 g Knollensellerie schälen. Möhren und Sellerie waschen und abtropfen lassen. Vorbereitetes Gemüse fein würfeln. 2 Esslöffel Speiseöl in einem Topf erhitzen. Die Gemüsewürfel darin bei mittlerer Hitze dünsten. 250 g Rindergehacktes zugeben und unter Rühren anbraten, dabei die Klümpchen mit einer Gabel zerdrücken. 1 Dose (800 g) geschälte Tomaten in der Dose etwas zerkleinern. Tomaten mit Saft und 2 Esslöffeln Tomatenmark zum Gehackten geben, mit Oregano, Zucker, Salz und Pfeffer würzen. Die Sauce zum Kochen bringen und ohne Deckel bei schwacher Hitze etwa 15 Minuten leicht kochen lassen. Die Sauce mit 2–3 Esslöffeln Rotwein, Salz und Pfeffer abschmecken.

1

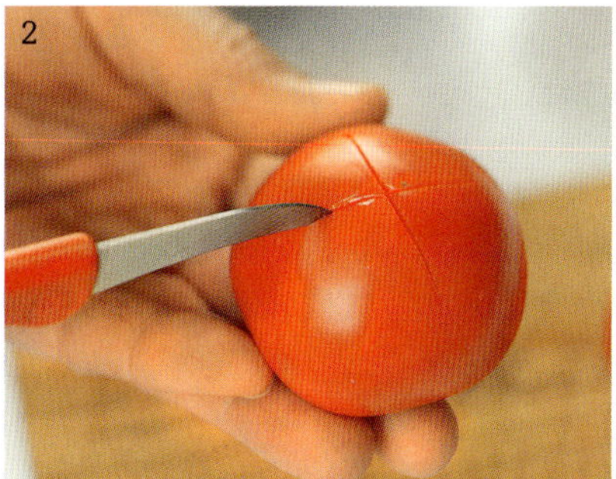

2

3

Pesto
(Italienische Basilikumsauce)

KLASSISCH (ERGIBT 300–350 ml)

Zubereitungszeit:
etwa 20 Minuten, ohne Abkühlzeit

- 50 g Pinienkerne
- 3–4 Knoblauchzehen
- 1 TL Salz
- etwa 8 EL gehackte Basilikumblättchen
- 50 g geriebener Pecorino-Käse
- 50 g geriebener Parmesan-Käse (oder insgesamt 100 g geriebener Parmesan-Käse)
- 200 ml Olivenöl

Insgesamt:
E: 46 g, F: 260 g, Kh: 8 g, kJ: 10521, kcal: 2513, BE: 0,5

1 Pinienkerne in einer Pfanne ohne Fett goldgelb rösten (Foto 1) und auf einem Teller erkalten lassen.

2 Knoblauch abziehen, mit Salz, Pinienkernen und Basilikumblättchen in einen Messbecher (Foto 2) oder Rührbecher geben und pürieren.

3 Beide Käsesorten zugeben, nochmals pürieren. Öl einlaufen (Foto 3) lassen und weiter pürieren, bis ein dickflüssiges Pesto entstanden ist.

Verwendung: Das Pesto zu Nudeln oder Lammkoteletts reichen. Für Nudelgerichte das Pesto mit 1–2 Esslöffeln von dem heißen Nudelwasser verrühren und mit den Nudeln vermengt servieren.

» REZEPTVARIANTEN:

Rucola-Pesto
Dafür 3–4 Knoblauchzehen, 50 g geröstete Pinienkerne, 100 g gehackten Rucola (Rauke), 120 g geriebenen Parmesan-Käse, 100 ml Olivenöl und 50 ml Traubenkernöl wie im Rezept beschrieben verarbeiten.

Tomaten-Pesto
Dafür 1 Glas getrocknete, eingelegte Tomaten (Abtropfgewicht 340 g), 50 g geröstete gehobelte Mandeln, 3–4 Knoblauchzehen, etwa 10 Basilikumblättchen und 150 ml Olivenöl wie im Rezept beschrieben (jedoch ohne Käse) zubereiten.

Meerrettichsahne

SCHNELL

Zubereitungszeit:
etwa 8 Minuten

- 250 g gekühlte Schlagsahne
- 3 EL geriebener Meerrettich (aus dem Glas) oder 1 EL frischer geriebener Meerrettich
- Salz, Pfeffer, Zucker
- etwas Zitronensaft

Pro Portion:
E: 1 g, F: 20 g, Kh: 3 g, kJ: 864, kcal: 207, BE: 0,5

1 Sahne steif schlagen, mit Meerrettich verrühren. Meerrettichsahne mit Salz, Pfeffer, Zucker und Zitronensaft abschmecken.

TIPP » Soll die Sahne länger stehen, z. B. auf einem kalten Büffet, die Sahne mit 1 Päckchen Dr. Oetker Sahnesteif steif schlagen.

Verwendung: Die Meerrettichsahne schmeckt zu kaltem Braten, geräucherter Putenbrust, Räucherfisch oder kaltem Gemüse.

» REZEPTVARIANTEN:

Senfsahne
Die steif geschlagene Sahne mit 1–2 Esslöffeln körnigem Senf verrühren und mit flüssigem Honig oder Zucker abschmecken.

Pfeffersahne
Dafür nur 4 Esslöffel Schlagsahne verwenden. Sahne steif schlagen. 1 Becher (150 g) Crème fraîche und 1–2 Teelöffel eingelegten gehackten, grünen Pfeffer unterrühren. Sahne mit etwas Zucker abschmecken.

2
700 ml
600 ml
1 PINT

3

Grillmarinade

EINFACH (IM FOTO LINKS)

Zubereitungszeit:
etwa 10 Minuten, ohne Abkühlzeit

125 ml ($\frac{1}{8}$ l) Ahornsirup
2 EL brauner Zucker
2 EL Tomatenketchup
1 TL mittelscharfer Senf
oder $\frac{1}{2}$ TL Senfpulver
1–2 EL Obstessig
1 EL Worcestersauce
$\frac{1}{2}$ TL Salz
frisch gemahlener Pfeffer

Insgesamt:
E: 4 g, F: 0 g, Kh: 46 g, kJ: 1632, kcal: 389, BE: 4,0

Verwendung:
Reicht für 1 kg Spareribs oder 800 g Steakfleisch.

1 Ahornsirup mit Zucker, Ketchup, Senf oder Senfpulver, Essig, Worcestersauce, Salz und Pfeffer in einem Topf verrühren, zum Kochen bringen. Sauce ohne Deckel etwa 2 Minuten bei schwacher Hitze kochen, dann abkühlen lassen.

2 Das Fleisch mit der Marinade bestreichen, in den Kühlschrank stellen: Kleine Fleischstücke 2–3 Stunden, große Stücke mindestens 8 Stunden marinieren. Die Fleischstücke dabei gelegentlich wenden.

» REZEPTVARIANTEN:

Grillmarinade mit saurer Sahne
(im Foto oben)
150 g saure Sahne mit 1 Esslöffel Zitronensaft, 1 abgezogenen, durchgepressten Knoblauchzehe, 1 Esslöffel Zwiebelwürfel, $\frac{1}{2}$–1 Teelöffel Paprikapulver rosenscharf, 1 Messerspitze Salz und 1 Teelöffel Worcestersauce verrühren. Für Lammkoteletts oder Hähnchenkeulen verwenden.

Asiatische Grillmarinade
(im Foto rechts)
Dafür 4 Esslöffel Sojasauce mit 2 Esslöffeln flüssigem Honig, 4 Esslöffeln Sherry, 1 abgezogenen, durchgepressten Knoblauchzehe, 1 Teelöffel gemahlenem Zimt, frisch gemahlenem Pfeffer, 1 Messerspitze gemahlenen Gewürznelken und 4 Esslöffeln kaltem schwarzen Tee verrühren. Für Lamm-, Schweine- oder Rindfleisch verwenden.

Rote-Bete-Sauce mit Anis

MIT ALKOHOL

Zubereitungszeit:
etwa 15 Minuten

1 Glas Rote-Bete-Scheiben (Abtropfgewicht 220 g)
250 ml ($\frac{1}{4}$ l) Rotwein
1–2 Stück Sternanis
1 Pck. Dr. Oetker Bourbon-Vanille-Zucker
2 EL Anisschnaps
Salz
frisch gemahlener Pfeffer
1 EL Johannisbeergelee

1 Rote-Bete-Scheiben in einem Sieb abtropfen lassen. Rotwein, Sternanis, Vanille-Zucker und Anisschnaps in einem kleinen Topf aufkochen. Rote Bete pürieren.

2 Sternanis entfernen. Rote-Bete-Püree unterrühren, erhitzen, mit Salz, Pfeffer und Johannisbeergelee abschmecken.

TIPP » Servieren Sie die Sauce zu marinierten Wildsteaks oder zu einer Rehkeule (S. 118).

Pro Portion: E: 1 g, F: 0 g, Kh: 12 g, kJ: 408, kcal: 97, BE: 1,0

Möhren
(Wurzeln, Karotten, gelbe Rüben)

FÜR KINDER (FOTO S. 163)

Zubereitungszeit: etwa 20 Minuten
Garzeit: 5–10 Minuten

1 kg Möhren
50 g Butter
100 ml Gemüsebrühe
Salz
1 gestr. TL Zucker
1–2 EL gehackte Petersilie

Pro Portion:
E: 2 g, F: 11 g, Kh: 11 g, kJ: 640, kcal: 153, BE: 0,0

1 Möhren putzen, schälen, waschen, abtropfen lassen, in Scheiben oder Stifte schneiden (Foto 1, S. 163).

2 Butter in einem Topf zerlassen. Die Möhren darin unter Rühren kurz dünsten. Brühe zufügen. Möhren mit Deckel bei schwacher Hitze 5–10 Minuten gar dünsten.

3 Die Möhren mit Salz und Zucker würzen, mit Petersilie bestreut servieren.

» REZEPTVARIANTEN:

Kohlrabi
Statt Möhren können Sie 1 kg wie im Rezept beschrieben zubereiten. Würzen Sie den Kohlrabi mit Muskatnuss anstelle des Zuckers.

Glasierte Möhren
1 kg kleine Bund- oder Fingermöhren putzen, dabei etwas Grün stehen lassen. Möhren schälen, waschen, abtropfen lassen, in 50 g zerlassener Butter kurz dünsten, 4 Esslöffel Zucker unterrühren, 100 ml Gemüsebrühe zugießen. Möhren mit Deckel 10–15 Minuten bei schwacher Hitze dünsten, salzen und mit 1 Esslöffel gehackter Minze oder Basilikum bestreut servieren.

Blumenkohl

KLASSISCH (4–6 PORTIONEN, FOTO S. 163)

Zubereitungszeit: etwa 20 Minuten
Garzeit: etwa 20 Minuten

750 ml (¾ l) Wasser
2–3 Scheiben von 1 Bio-Zitrone (unbehandelt, ungewachst)
1 großer Blumenkohl (etwa 1,2 kg)
2 TL Salz
60 g Butter
2–3 EL Semmelbrösel
geriebene Muskatnuss

Pro Portion:
E: 4 g, F: 11 g, Kh: 9 g, kJ: 635, kcal: 152, BE: 0,5

1 Wasser mit Zitronenscheiben zum Kochen bringen. Von dem Blumenkohl Blätter und schlechte Stellen entfernen, den Strunk abschneiden. Blumenkohl gründlich abspülen.

2 Blumenkohl mit dem Strunk nach unten in das kochende Wasser geben. Salz zufügen, wieder zum Kochen bringen und mit Deckel bei schwacher Hitze etwa 20 Minuten gar kochen.

3 Butter in einer kleinen Pfanne zerlassen. Semmelbrösel zugeben und unter Rühren hellbraun rösten. Nach Belieben mit Muskat würzen. Blumenkohl mit einer Schaumkelle aus dem Wasser heben, abtropfen lassen und in eine vorgewärmte Schüssel geben. Die Butter-Semmelbrösel-Mischung darübergeben.

TIPP » Blumenkohl mit Käse überbacken ist auch als Hauptgericht geeignet. Schneller geht es, wenn Sie den Blumenkohl vor dem Kochen in Röschen teilen. Dann verringert sich die Kochzeit um etwa 10 Minuten.

Brokkoli

BELIEBT (FOTO S. 163)

1 Wasser in einem Topf zum Kochen bringen. Von dem Brokkoli die Blätter entfernen. Den Strunk abschneiden. Brokkoli in Röschen teilen. Evtl. Stängel schälen. Stängel bis kurz vor den Röschen kreuzförmig einschneiden (Foto 2, S. 163).

2 Brokkoli waschen, mit Salz in das kochende Wasser geben, wieder zum Kochen bringen und mit Deckel bei mittlerer Hitze etwa 10 Minuten gar kochen.

3 Butter in einem Topf zerlassen, mit Muskat würzen. Eier pellen, klein hacken und zu der Butter geben.

4 Brokkoli mit einer Schaumkelle aus dem Wasser nehmen, abtropfen lassen, in eine vorgewärmte Schüssel geben. Eier-Butter-Mischung auf dem Brokkoli verteilen.

TIPP » Den Strunk schälen, in etwa 1 cm breite Stücke schneiden und mitgaren.

Zubereitungszeit:
etwa 15 Minuten
Garzeit: etwa 10 Minuten

500 ml (½ l) Wasser
1 kg Brokkoli
½ TL Salz, 40 g Butter
geriebene Muskatnuss
2 hart gekochte Eier

Pro Portion:
E: 9 g, F: 12 g, Kh: 4 g,
kJ: 677, kcal:161, BE: 0,0

Grüne Bohnen
(Schnitt- oder Brechbohnen)

EINFACH (FOTO S. 163)

1 Wasser in einem Topf zum Kochen bringen. Von den Bohnen die Enden abschneiden, die Fäden abziehen (Foto 3, S. 163). Bohnen waschen, abtropfen lassen und in Stücke schneiden. Bohnenkraut abspülen. Bohnen, Bohnenkraut und 2 Teelöffel Salz in das kochende Wasser geben, wieder zum Kochen bringen. Bohnen mit Deckel 8–12 Minuten gar kochen.

2 Inzwischen Zwiebel abziehen und würfeln. Butter oder Margarine zerlassen. Die Zwiebelwürfel darin unter Rühren kurz dünsten.

3 Die gegarten Bohnen in einem Sieb abtropfen lassen, das Bohnenkraut entfernen. Bohnen mit den Zwiebelwürfeln vermengen. Die Bohnen mit Salz, Pfeffer und Muskat würzen, mit Petersilie bestreut servieren.

TIPP » Grüne Bohnen passen zu Fleischgerichten aller Art.

EXTRA-TIPPS » Sie können gelbe Wachsbohnen auf die gleiche Weise zubereiten.
» Prinzess- oder Keniabohnen sind sehr zart (Garzeit 5–7 Minuten).
» Die gegarten Bohnen mit kaltem Wasser abschrecken, dann behalten sie ihre grüne Farbe.

» REZEPTVARIANTE:
Grüne Bohnen mit Speck
Zusätzlich 70 g durchwachsenen Speck würfeln und in einer Pfanne auslassen. Butter oder Margarine zufügen und zerlassen. Die Zwiebelwürfel kurz darin dünsten, die gegarten Bohnen darin schwenken. Nach Belieben grüne Bohnen mit Speck zu Lammfleisch oder Frikadellen servieren.

Zubereitungszeit:
etwa 15 Minuten
Garzeit: 8–12 Minuten

2 l Wasser
750 g grüne Bohnen
3–4 Stängel Bohnenkraut
Salz
1 Zwiebel
40 g Butter oder Margarine
frisch gemahlener Pfeffer
geriebene Muskatnuss
1 EL gehackte Petersilie

Pro Portion:
E: 4 g, F: 9 g, Kh: 6 g,
kJ: 522, kcal: 124, BE: 0,5

Junge Erbsen

FÜR KINDER

Zubereitungszeit: etwa 5 Minuten
Garzeit: etwa 8 Minuten

35 g Butter
750 g TK-Erbsen
100 ml Gemüsebrühe
Salz, Pfeffer, Muskatnuss
1 Prise Zucker
1 EL gehackte Petersilie

Pro Portion:
E: 13 g, F: 8 g, Kh: 25 g, kJ: 971, kcal: 232, BE: 2,0

1 Butter in einem Topf zerlassen. Die gefrorenen Erbsen darin unter Rühren kurz dünsten. Gemüsebrühe, Salz, Pfeffer, Muskat und Zucker zufügen. Die Erbsen mit Deckel bei schwacher Hitze etwa 8 Minuten gar dünsten, dabei gelegentlich umrühren.

2 Die Erbsen mit Salz und Zucker würzen, mit Petersilie bestreut servieren.

TIPP » Erbsen passen als Beilage zu Fleisch- oder Geflügelgerichten oder als Teil einer gemischten Gemüseplatte.
» Frische Erbsen: Um 750 g Erbsen zu erhalten, benötigen Sie 2 kg ungepalte Erbsen (mit Hülsen). Die Erbsen palen, waschen, abtropfen lassen und wie im Rezept angegeben garen.

Zuckerschoten

SCHNELL

Zubereitungszeit: etwa 10 Minuten
Garzeit: etwa 2–3 Minuten

2 l Wasser
500 g Zuckerschoten
Salz
30 g Butter
frisch gemahlener Pfeffer

Pro Portion:
E: 5 g, F: 6 g, Kh: 12 g, kJ: 534, kcal: 127, BE: 1,0

1 Wasser in einem Topf zum Kochen bringen. Inzwischen von den Zuckerschoten die Enden abschneiden, die Schoten evtl. abfädeln, waschen und abtropfen lassen. Schoten und Salz (auf 1 l Wasser 1 TL Salz) in das kochende Wasser geben, wieder zum Kochen bringen und 2–3 Minuten mit Deckel gar kochen.

2 Die Schoten sofort mit einer Schaumkelle aus dem Wasser nehmen, in eiskaltes Wasser geben, damit sie ihre grüne Farbe behalten. Dann herausnehmen und gut abtropfen lassen.

3 Butter zerlassen. Die Schoten darin schwenken, mit Salz und Pfeffer würzen.

TIPP » Zuckerschoten als Teil einer gemischten Gemüseplatte anrichten oder als Beilage zu Hähnchen- oder Putengeschnetzeltem, Kalbs- oder Putenschnitzeln servieren.

(Foto: Rezept Möhren, Kohlrabi, Blumenkohl S. 160, Rezept Brokkoli, Grüne Bohnen S. 161)

2

3

Rotkohl

GEFRIERGEEIGNET (FOTO)

Zubereitungszeit: etwa 35 Minuten
Garzeit: 45–60 Minuten

- 1 kg Rotkohl
- 375 g saure Äpfel, z. B. Cox Orange oder Boskop
- 2 Zwiebeln
- 5 EL Speiseöl oder 50 g Gänseschmalz
- 1 Lorbeerblatt
- 3 Gewürznelken
- 3 Wacholderbeeren
- 5 Pimentkörner
- Salz, Pfeffer, Zucker
- 2 Stangen Zimt
- 2 EL Rotweinessig
- 3 EL Johannisbeergelee
- 125 ml (1/8 l) Wasser

Pro Portion:
E: 4 g, F: 13 g, Kh: 32 g, kJ: 1116, kcal: 268, BE: 2,0

1 Von dem Rotkohl die äußeren welken Blätter entfernen. Kohl vierteln, abspülen, abtropfen lassen, den Strunk herausschneiden (Foto 1). Den Kohl sehr fein schneiden oder hobeln (Foto 2). Äpfel schälen, vierteln, das Kerngehäuse entfernen und Äpfel klein schneiden. Zwiebeln abziehen und würfeln.

2 Öl oder Schmalz in einem Topf erhitzen. Die Zwiebelwürfel darin unter Rühren kurz dünsten. Rotkohlstreifen und Apfelstücke zugeben und mitdünsten.

3 Lorbeerblatt, Gewürznelken, Wacholderbeeren, Pimentkörner, Salz, Pfeffer, Zucker, Zimt, Essig, Johannisbeergelee und Wasser zufügen (Foto 3). Den Rotkohl mit Deckel bei schwacher Hitze 45–60 Minuten gar dünsten, dabei gelegentlich umrühren. Rotkohl mit Salz und Zucker abschmecken.

TIPPS » Es ist empfehlenswert, Rotkohl in größeren Mengen zuzubereiten und ihn dann portionsweise einzufrieren. Der Rotkohl sollte dann noch „Biss" haben, also nicht zu gar sein.
» Sie können den Rotkohl statt mit Wasser mit der gleichen Menge Weiß- oder Rotwein dünsten oder anstelle von Johannisbeergelee 2 Esslöffel Preiselbeerkompott unterrühren.

Rosenkohl

EINFACH

Zubereitungszeit: etwa 15 Minuten
Garzeit: 10–15 Minuten

- 2 l Wasser
- 1 kg Rosenkohl
- 2 TL Salz
- 40 g Butter
- Muskatnuss, Pfeffer

Pro Portion:
E: 9 g, F: 9 g, Kh: 7 g, kJ: 615, kcal: 146, BE: 0,0

1 Wasser in einem Topf zum Kochen bringen. Inzwischen Rosenkohl von den schlechten äußeren Blättchen befreien und etwas vom Strunk abschneiden. Die Rosenkohlröschen am Strunk kreuzförmig einschneiden. Rosenkohl waschen und abtropfen lassen.

2 Rosenkohl und Salz in das kochende Wasser geben, zum Kochen bringen. Bei schwacher Hitze 10–15 Minuten mit Deckel garen.

3 Rosenkohl in einem Sieb abtropfen lassen. Butter zerlassen, den Rosenkohl darin schwenken. Mit Salz, Muskat und Pfeffer würzen.

TIPP » Rosenkohl als Beilage zu deftigen Braten (z. B. Wild-, Schweine-, Gänse- oder Rinderbraten) servieren. Wenn Sie TK-Rosenkohl verwenden, benötigen Sie für 4 Portionen 800–900 g. Den gefrorenen Rosenkohl wie im Rezept beschrieben garen.

2

3

Schwarzwurzeln in Sahnesauce

KLASSISCH (FOTO)

Zubereitungszeit: etwa 30 Minuten
Garzeit: 10–15 Minuten

1 3/8 l Wasser
4 EL Weißweinessig
1 kg Schwarzwurzeln
1 TL Salz

Für die Sahnesauce:
30 g Butter oder Margarine
25 g Weizenmehl
125 g Schlagsahne
250 ml (¼ l) Schwarzwurzelkochwasser
1 Eigelb (Größe M)
2 EL kaltes Wasser
Salz
frisch gemahlener, weißer Pfeffer
1–2 EL fein gehackte, glatte Petersilie

Pro Portion:
E: 4 g, F: 18 g, Kh: 8 g, kJ: 900, kcal: 214, BE: 0,5

1 1 l Wasser mit der Hälfte des Essigs verrühren. Schwarzwurzeln unter fließendem kalten Wasser gründlich abbürsten (am besten mit Gummihandschuhen, da die Schwarzwurzeln stark färben). Schwarzwurzeln dünn schälen, abspülen, abtropfen lassen. Schwarzwurzeln einige Zeit in das Essigwasser legen, damit die Stangen weiß bleiben, dann abtropfen lassen und in etwa 3 cm lange Stücke schneiden.

2 Restliches Wasser mit Salz und restlichem Essig zum Kochen bringen. Schwarzwurzeln hineingeben, mit Deckel 10–15 Minuten bei schwacher Hitze gar kochen. Die Schwarzwurzeln mit einer Schaumkelle in eine vorgewärmte Schüssel geben, warm stellen. 250 ml (¼ l) von dem Kochwasser abmessen.

3 Für die Sahnesauce Butter oder Margarine in einem Topf zerlassen. Mehl unter Rühren so lange darin erhitzen, bis es hellgelb ist (Foto 1). Sahne und das abgemessene Kochwasser nach und nach zugießen. Mit einem Schneebesen gut durchschlagen (Foto 2), dabei darauf achten, dass keine Klümpchen entstehen. Sauce ohne Deckel bei schwacher Hitze etwa 5 Minuten kochen, gelegentlich umrühren.

4 Eigelb und Wasser in einer kleinen Schüssel verschlagen, 4 Esslöffel Sauce unterrühren und die Eigelbmasse unter Rühren in die Sauce geben (die Sauce nicht mehr kochen lassen, da das Eigelb sonst gerinnt). Die Sauce mit Salz und Pfeffer abschmecken. Petersilie unterrühren. Die Schwarzwurzeln mit der Sauce vermengen.

TIPP » Die Schwarzwurzeln mit Schinken und Salzkartoffeln oder als Beilage zu Steaks (S. 68), Bratwurst (S. 49) oder Hähnchenkeulen (S. 88) servieren.

Spargel

ETWAS TEURER

Zubereitungszeit: etwa 45 Minuten
Garzeit: 10–15 Minuten

2 kg weißer Spargel
2 l Wasser
1–2 TL Salz
½ TL Zucker
70 g Butter

1 Spargel von oben nach unten dünn schälen, dabei darauf achten, dass die Schalen vollständig entfernt, die Köpfe aber nicht verletzt werden. Die unteren Enden abschneiden. Spargel abspülen und abtropfen lassen.

2 Wasser in einem großen Topf zum Kochen bringen. Salz, Zucker, 10 g Butter und den Spargel hineingeben, wieder zum Kochen bringen und je nach Stangendicke 10–15 Minuten mit Deckel gar kochen.

3 Den Spargel mit einer Schaumkelle herausnehmen und auf eine vorgewärmte Platte legen.

4 Die restliche Butter zerlassen, nach Belieben bräunen und zu dem Spargel reichen.

TIPP » Spargel zu rohem oder gekochtem Schinken, Kalbs- oder Putenschnitzeln und Petersilienkartoffeln servieren. Den Spargel statt mit Butter mit Sauce hollandaise (S. 148) oder Sauce béarnaise (S. 148) servieren und mit gehackter Petersilie bestreuen.

Abwandlung: Anstelle von weißem Spargel können Sie auch **grünen Spargel** verwenden. Spargel waschen, abtropfen lassen. Stangen im unteren Drittel dünn schälen und die holzigen Enden abschneiden. Spargel wie im Rezept angegeben garen (7–10 Minuten).

Pro Portion:
E: 7 g, F: 13 g, Kh: 8 g,
kJ: 745, kcal: 179, BE: 0,0

Chicorée im Schinkenmantel

RAFFINIERT

Zubereitungszeit: etwa 30 Minuten
Garzeit: etwa 30 Minuten

4 große Chicorée
50 g Butter
1 EL Speiseöl, z. B. Sonnenblumenöl
4 Scheiben gekochter Schinken
1 Becher (150 g) Crème fraîche
150 g Joghurt (3,5 % Fett)
200 g Sahne-Schmelzkäse
Salz
frisch gemahlener Pfeffer
50 g geraspelter Gratin- oder Gouda-Käse

Pro Portion:
E: 23 g, F: 46 g, Kh: 9 g, kJ: 2301, kcal: 551, BE: 0,5

1 Den Backofen vorheizen.
Ober-/Unterhitze: etwa 180 °C
Heißluft: etwa 160 °C

2 Vom Chicorée die äußeren welken Blätter entfernen. Chicorée längs halbieren, waschen und abtropfen lassen. Die bitteren Strünke keilförmig so herausschneiden (Foto 1), dass die Blätter noch zusammenhalten.

3 Butter und Öl in einer Pfanne erhitzen. Chicorée darin mit der Schnittseite nach unten bei schwacher Hitze etwa 10 Minuten dünsten.

4 Schinkenscheiben halbieren, je eine Hälfte um eine Chicoréehälfte legen und in eine flache Auflaufform geben.

5 Crème fraîche und Joghurt unter Rühren in der Pfanne erhitzen und zum Kochen bringen. Schmelzkäse unter Rühren darin auflösen.

6 Die Sauce mit Salz und Pfeffer würzen, über die Chicoréehälften geben. Den geraspelten Käse darüberstreuen. Die Form auf dem Rost im unteren Drittel in den vorgeheizten Backofen schieben und Chicorée **etwa 20 Minuten** garen.

TIPP » Servieren Sie den Chicorée im Schinkenmantel nach Belieben mit einigen roten Paprikawürfeln bestreut.

Beilage: Kleine Kartoffeln, Baguette oder Reis.

Gurkengemüse

SCHNELL (FOTO 3)

Zubereitungszeit: etwa 20 Minuten
Garzeit: etwa 5 Minuten

1 kg Salatgurken
30 g Butter oder Margarine oder 3 EL Speiseöl, z. B. Sonnenblumenöl
Salz
frisch gemahlener Pfeffer
1 EL gehackte Kräuter, z. B. Dill, Petersilie oder Koriander

1 Gurken schälen. Enden abschneiden. Gurken längs halbieren. Die Kerne mithilfe eines Löffels herausschaben (Foto 2). Die Gurken in etwa 1 cm breite Streifen schneiden.

2 Butter, Margarine oder Öl in einem Topf erhitzen. Die Gurkenstreifen darin bei schwacher Hitze mit Deckel etwa 5 Minuten gar dünsten, dabei ab und zu umrühren. Gemüse mit Salz und Pfeffer würzen, mit Kräutern bestreut servieren.

TIPPS » Das Gurkengemüse zu Fischgerichten, Frikadellen (S. 48) oder Hackbraten (S. 70) servieren.
» Nach Belieben können Sie zum Schluss 2 Esslöffel Crème fraîche unter die Gurken rühren.
» Verwenden Sie im Spätsommer Schmorgurken anstelle von Salatgurken, denn ihr Aroma ist noch intensiver. Schneiden Sie vor dem Schälen die Gurkenenden ab und probieren sie, denn manche schmecken bitter.

» REZEPTVARIANTE:

Curry-Gurkengemüse
Zusätzlich 1 Zwiebel abziehen, würfeln, mit den Gurken in das erhitzte Fett geben. Mit 1 Esslöffel Currypulver bestäuben und wie im Rezept beschrieben dünsten. Zum Schluss 4 Esslöffel Schlagsahne unterrühren und erhitzen. Das Gemüse mit Zitronensaft und 1 Prise Zucker abschmecken. Mit 1 Esslöffel gehackten Kräutern bestreuen.

Pro Portion:
E: 1 g, F: 7 g, Kh: 3 g,
kJ: 350, kcal: 84, BE: 0,0

2

3

Kürbisgemüse

SCHNELL (ETWA 8 PORTIONEN, FOTO)

Zubereitungszeit: etwa 25 Minuten
Garzeit: etwa 8 Minuten

1,2 kg Kürbis
30 g Butter oder Margarine
125 ml (1/8 l) Gemüsebrühe
Salz
frisch gemahlener Pfeffer
etwas Zucker
1 EL Weißweinessig
2 EL gehackter Dill
2 EL gehackte Petersilie

Pro Portion:
E: 2 g, F: 3 g, Kh: 5 g,
kJ: 248, kcal: 59, BE: 0,5

1 Kürbis halbieren, Kerne und Innenfasern entfernen. Kürbis in Spalten schneiden, schälen, Fruchtfleisch in Stifte oder Würfel schneiden.

2 Butter oder Margarine zerlassen. Kürbis kurz darin unter Rühren dünsten. Gemüsebrühe zugießen. Kürbis mit Deckel bei schwacher Hitze etwa 8 Minuten gar dünsten, dabei gelegentlich umrühren.

3 Das Kürbisgemüse mit Salz, Pfeffer, Zucker und Essig würzen. Dill und Petersilie unterheben.

» REZEPTVARIANTE:
Kürbisspalten aus dem Backofen
1,2 kg Hokkaido-Kürbis waschen, nicht schälen, halbieren (Foto 1), vierteln, entkernen und die Innenfasern entfernen (Foto 2). Kürbisviertel der Länge nach in etwa 2½ cm dicke Spalten schneiden. 1 Knoblauchzehe abziehen, fein hacken. 1 Päckchen Dr. Oetker Finesse Natürliches Orangenschalen-Aroma, ½ Teelöffel Chiliflocken, ½ Teelöffel gemahlener Pfeffer, 1 Teelöffel Kräuter der Provence, ½ Teelöffel Kreuzkümmel und Knoblauch mit 5 Esslöffeln Olivenöl verrühren. Die Spalten mindestens 30 Minuten in der Gewürzmischung marinieren. Den Backofen vorheizen (Ober-/Unterhitze: etwa 200 °C, Heißluft: etwa 180 °C). Kürbisspalten mit der Schale nach unten auf ein gefettetes Backblech setzen. Das Backblech im unteren Drittel in den vorgeheizten Backofen schieben. Kürbisspalten **etwa 30 Minuten** garen. Kürbisspalten nach Belieben salzen.

Porree (Lauch)

EINFACH

Zubereitungszeit: etwa 25 Minuten
Garzeit: 5–8 Minuten

1,2 kg Porree (Lauch)
30 g Butter oder Margarine
100 ml Gemüsebrühe
Salz, Pfeffer, Muskatnuss
1 EL gehackte Petersilie

Pro Portion:
E: 4 g, F: 8 g, Kh: 6 g,
kJ: 453, kcal: 109, BE: 0,0

1 Porree putzen und die Stangen längs halbieren. Stangen gründlich waschen, abtropfen lassen und in etwa 6 cm lange Stücke schneiden.

2 Butter oder Margarine in einem Topf erhitzen. Porreestücke darin kurz dünsten, Brühe zugießen und mit Deckel bei schwacher Hitze 5–8 Minuten gar dünsten.

3 Porree mit Salz, Pfeffer und Muskat würzen, mit Petersilie bestreuen.

TIPPS » Porree als Beilage zu Rinderrouladen (S. 64), Rinderschmorbraten (S. 76), Schweineschmorbraten (S. 58), Steaks (S. 68) oder Schnitzeln (S. 50) servieren.
» Zusätzlich 2 hart gekochte Eier pellen, hacken und über den fertigen Porree streuen.

2

Fenchel

EINFACH

Zubereitungszeit: etwa 20 Minuten
Garzeit: 15–20 Minuten

250 ml (¼ l) Wasser
600 g Fenchelknollen
¼ TL Salz
40 g Butter

Pro Portion:
E: 3 g, F: 9 g, Kh: 4 g, kJ: 458, kcal: 110, BE: 0,0

1 Wasser in einem Topf zum Kochen bringen. Von den Fenchelknollen die Stiele dicht oberhalb der Knollen abschneiden, braune Stellen und Blätter entfernen. Fenchelgrün zum Garnieren beiseitelegen. Wurzelenden gerade schneiden. Knollen waschen, abtropfen lassen und halbieren.

2 Die Fenchelhälften mit dem Salz in das kochende Wasser geben und mit Deckel bei schwacher Hitze 15–20 Minuten garen. Fenchelhälften dabei einmal wenden.

3 Inzwischen das Fenchelgrün abspülen, trocken tupfen und hacken. Die gegarten Fenchelhälften mit der Schaumkelle herausnehmen, auf eine vorgewärmte Platte legen und warm stellen. Butter zerlassen und über den Fenchel gießen. Mit Fenchelgrün bestreut servieren.

» REZEPTVARIANTE:
Überbackener Fenchel in Tomatensauce (Foto)
Fenchel wie im Rezept beschrieben vorbereiten, zusätzlich vierteln, etwa 10 Minuten im Salzwasser garen, in einem Sieb abtropfen lassen, Flüssigkeit dabei auffangen. 1 gewürfelte Zwiebel in 30 g Butter dünsten. 400 g Tomatenwürfel aus der Dose zugeben, sowie 100 ml von der aufgefangenen Flüssigkeit. Mit 1 Teelöffel Kräuter der Provence, Salz, Pfeffer und Zucker würzen. Etwa 5 Minuten dünsten.
Backofen vorheizen (Ober-/Unterhitze: etwa 200 °C, Heißluft: etwa 180 °C). Den Fenchel in eine gefettete Auflaufform geben. Die Tomatensauce darübergeben, mit 100 g geriebenem Käse bestreuen. Die Form auf dem Rost im unteren Drittel in den Backofen schieben. Fenchel **etwa 30 Minuten** garen.

Sauerkraut

KLASSISCH

Zubereitungszeit: etwa 20 Minuten
Garzeit: 25–30 Minuten

4 Zwiebeln
1 Apfel, z. B. Cox Orange
3 EL Speiseöl, z. B. Sonnenblumenöl
750 g Sauerkraut
125 ml (1/8 l) Wasser, Weißwein oder Cidre
1 Lorbeerblatt

1 Zwiebeln abziehen und würfeln. Apfel schälen, vierteln und das Kerngehäuse entfernen. Apfel in Scheiben schneiden.

2 Öl in einem Topf erhitzen. Zwiebeln darin andünsten. Sauerkraut locker zupfen, mit Wasser, Weißwein oder Cidre zufügen. Apfelscheiben auf das Sauerkraut legen.

3 Lorbeerblatt, Wacholderbeeren und Pfefferkörner zugeben, mit Salz würzen. Das Sauerkraut mit Deckel bei schwacher Hitze in 25–30 Minuten gar dünsten, gelegentlich umrühren. Evtl. noch etwas Flüssigkeit zugießen. Sauerkraut mit Salz, Zucker und Pfeffer abschmecken.

TIPPS » Das Sauerkraut zu Kasseler (S. 56) und Kartoffelpüree (S. 224) servieren.
» Sauerkraut wird sämiger, wenn Sie in den letzten 10 Minuten 1 geriebene rohe Kartoffel mitgaren. Das Sauerkraut wird dadurch milder.
» Nach Belieben den Apfel durch 150 g Ananasstücke (aus der Dose, den Saft auffangen) ersetzen. Anschließend das Sauerkraut mit Ananassaft abschmecken.

4 Wacholderbeeren
6 Pfefferkörner
Salz, Zucker, Pfeffer

Pro Portion:
E: 4 g, F: 8 g, Kh: 8 g,
kJ: 590, kcal: 142, BE: 0,5

Mangold mit Schmand

PREISWERT (FOTO)

Zubereitungszeit:
etwa 40 Minuten

- 2–3 Knoblauchzehen
- 2 rote Zwiebeln
- 1 kg Mangold
- 1–2 TL Zitronensaft
- 3 EL Speiseöl, z. B. Sonnenblumenöl
- 125 ml (1/8 l) Gemüsebrühe
- Salz
- frisch gemahlener Pfeffer
- geriebene Muskatnuss
- 200 g Schmand

Pro Portion:
E: 6 g, F: 20 g, Kh: 10 g, kJ: 1049, kcal: 252, BE: 0,0

1 Knoblauch und Zwiebeln abziehen, fein würfeln. Mangold putzen, gründlich waschen. Stiele von den Blättern schneiden. Blätter und Stiele in etwa 1 cm breite Streifen schneiden. Mangoldstiele mit Zitronensaft vermengen.

2 Öl in einem großen Topf erhitzen. Mangoldstiele, Knoblauch- und Zwiebelwürfel zufügen, unter Rühren kurz dünsten. Brühe zugeben und mit Deckel bei schwacher Hitze 3–4 Minuten dünsten. Dann die Blätter zufügen und mit Deckel noch etwa 5 Minuten dünsten.

3 Mit Salz, Pfeffer und Muskat würzen. Schmand glatt rühren, kurz vor dem Servieren über das Gemüse geben.

TIPP » Den Mangold als Beilage zu Steaks (S. 68), Schnitzeln oder Hähnchenkeulen (S. 88) reichen.

» REZEPTVARIANTE:

Mangold in Currysauce
Mangold wie im Rezept beschrieben zubereiten, würzen und in einem Sieb abtropfen lassen. Dabei die Garflüssigkeit auffangen. Eine helle Grundsauce (S. 146) mit der Garflüssigkeit (mit Gemüsebrühe auf 250 ml [1/4 l] auffüllen) und 125 g Schlagsahne zubereiten. Sauce mit 1–2 Teelöffeln Currypulver, etwas Zitronensaft und Zucker würzen, mit dem Mangold vermengen und nochmals abschmecken.

Blattspinat

SCHNELL

Zubereitungszeit:
etwa 25 Minuten

- 1 kg Blattspinat
- 2 Zwiebeln
- 40 g Butter oder 4 EL Olivenöl
- Salz
- frisch gemahlener Pfeffer
- geriebene Muskatnuss

Pro Portion:
E: 6 g, F: 10 g, Kh: 3 g, kJ: 534, kcal: 128, BE: 0,0

1 Spinat verlesen, dicke Stiele entfernen. Spinat gründlich waschen und in einem Sieb abtropfen lassen. Zwiebeln abziehen und würfeln. Butter oder Öl in einem großen Topf erhitzen. Die Zwiebelwürfel darin unter Rühren kurz dünsten.

2 Den Spinat zufügen, mit Salz, Pfeffer und Muskat würzen. Spinat mit Deckel bei schwacher Hitze etwa 5 Minuten garen. Spinat vorsichtig umrühren, mit Salz, Pfeffer und Muskat abschmecken.

TIPPS » Den Spinat zu pochierten Eiern (S. 254), Spiegeleiern (S. 252), zu gedünstetem Fisch oder kurz gebratenem Fleisch reichen.
» Zusätzlich 2 abgezogene, durchgepresste Knoblauchzehen mit den Zwiebeln andünsten oder 125 g klein gewürfelten Mozzarella- oder Gorgonzola-Käse unter den fertigen Spinat geben.
» Statt frischem Spinat können Sie auch TK-Blattspinat verwenden. 1 kg frischer Spinat entspricht etwa 600 g TK-Spinat. Die Garzeit kann sich dabei um etwa 5 Minuten verlängern (Packungsanleitung beachten).

Rote-Bete-Gemüse

PREISWERT (FOTO)

Zubereitungszeit: etwa 20 Minuten
Garzeit: etwa 35 Minuten

- 750 g Rote-Bete-Knollen
- 40 g Butter oder Margarine
- Salz
- frisch gemahlener Pfeffer
- 250 ml (¼ l) Gemüsebrühe
- etwa 400 g Gemüsezwiebeln
- 50–75 g durchwachsener Speck
- 1 Becher (150 g) Crème fraîche oder saure Sahne
- 2 EL Schnittlauchröllchen

Pro Portion:
E: 7 g, F: 21 g, Kh: 18 g, kJ: 1221, kcal: 293, BE: 1,0

1 Rote Bete unter fließendem kalten Wasser gründlich abbürsten (Foto 1), schälen (am besten mit Gummihandschuhen, da die Rote Bete stark färbt), abspülen und in dünne Scheiben schneiden (Foto 2). Große Scheiben halbieren oder vierteln.

2 Butter oder Margarine in einem Topf zerlassen, die Rote-Bete-Scheiben darin unter Rühren kurz dünsten. Mit Salz und Pfeffer würzen. Gemüsebrühe zugießen und die Rote Bete mit Deckel bei schwacher Hitze etwa 20 Minuten gar dünsten, dabei gelegentlich umrühren.

3 Inzwischen Gemüsezwiebeln abziehen und in Scheiben schneiden. Zwiebelscheiben zu der Roten Bete geben und weitere etwa 15 Minuten mit Deckel gar dünsten, dabei gelegentlich umrühren.

4 Speck würfeln, in einer Pfanne ohne Fett kross ausbraten und zu dem gegarten Gemüse geben. Das Gemüse auf einer Platte anrichten. Crème fraîche oder saure Sahne auf das Gemüse geben und mit Schnittlauchröllchen bestreut servieren.

TIPPS » Rote-Bete-Gemüse als Beilage zu deftigem Schweinebraten (S. 58), Steaks (S. 68), gebratenem, frittiertem Fisch (S. 122) servieren.
» Sie können auch vakuumierte geschälte Rote Bete verwenden. Die Garzeit beträgt dann insgesamt nur etwa 15 Minuten.

» REZEPTVARIANTE:

Rote Bete aus dem Ofen
(6–8 Portionen)
Den Backofen vorheizen (Ober-/Unterhitze: etwa 200 °C, Heißluft: etwa 180 °C). Von 8 Rote-Bete-Knollen (etwa 1,2 kg) Wurzeln und Blätter abschneiden. Die Knollen unter kaltem Wasser bürsten, dann einzeln in gefettete Alufolie wickeln. Rote Bete auf ein Backblech legen und im unteren Drittel in den vorgeheizten Backofen schieben. Die Knollen **etwa 90 Minuten** garen. Mit Kräuter- oder Meerrettichquark servieren.

1

2

3

Topinambur

SCHNELL

1 Topinambur unter fließendem kalten Wasser gründlich abbürsten (Foto 3), abtropfen lassen, evtl. dünn schälen. Topinambur in dünne Scheiben oder Streifen schneiden. Wasser in eine Schüssel geben, Zitronen- und Topinamburscheiben zugeben.

2 Butter in einem Topf zerlassen, Topinamburscheiben mit einer Schaumkelle aus dem Wasser nehmen, etwas abtropfen lassen und unter Rühren in der Butter andünsten, dann salzen. Gemüsebrühe zugießen und Topinambur mit Deckel bei schwacher Hitze in 8–10 Minuten gar dünsten, dabei gelegentlich umrühren.

3 Die Topinamburscheiben mit Salz und Pfeffer würzen. Mit gehackter Petersilie oder Schnittlauchröllchen bestreut servieren.

TIPP » Topinambur als Beilage zu kurz gebratenem Fleisch oder Geflügel servieren.

Zubereitungszeit:
etwa 30 Minuten
Garzeit: 8–10 Minuten

800 g Topinambur
kaltes Wasser
einige Scheiben von
1 Bio-Zitrone (unbehandelt, ungewachst)
30 g Butter
Salz
100 ml Gemüsebrühe
frisch gemahlener Pfeffer
1 EL gehackte glatte Petersilie oder Schnittlauchröllchen

Pro Portion: E: 4 g, F: 6 g, Kh: 8 g, kJ: 499, kcal: 120, BE: 0,5

Wirsing

PREISWERT

Zubereitungszeit: etwa 55 Minuten
Garzeit: 15–20 Minuten

1 kg Wirsing
1 Zwiebel
40 g Butter oder Margarine
etwa 125 ml (1/8 l) Gemüsebrühe
Salz
frisch gemahlener Pfeffer
1 Prise Zucker
1 Msp. abgeriebene Schale von 1 Bio-Zitrone (unbehandelt, ungewachst)
1–2 EL Zitronensaft oder Weißwein

Pro Portion:
E: 6 g, F: 9 g, Kh: 6 g, kJ: 548, kcal: 132, BE: 0,0

1 Von dem Wirsing die äußeren welken Blätter entfernen. Den Wirsing achteln, abspülen und abtropfen lassen. Strunk herausschneiden, Wirsing in feine Streifen schneiden. Zwiebel abziehen und würfeln.

2 Butter oder Margarine in einem Topf zerlassen. Die Zwiebelwürfel darin kurz dünsten. Die Kohlstreifen zugeben und mitdünsten. Gemüsebrühe, Salz und Pfeffer zufügen. Die Kohlstreifen mit Deckel bei schwacher Hitze in 15–20 Minuten gar dünsten.

3 Den Wirsing mit Salz, Pfeffer, Zucker, Zitronenschale, Zitronensaft oder Wein abschmecken.

TIPP » Den Wirsing als Beilage zu Fleischgerichten servieren.

EXTRA-TIPP » Kohl mit etwas zerstoßenem oder gemahlenem Kümmel-, Anis- oder Fenchelsamen würzen. Dadurch wird der Kohl leichter verdaulich.

» REZEPTVARIANTEN:

Chinakohl oder **Spitzkohl**
Statt Wirsing China- oder Spitzkohl verwenden (Garzeit bei beiden Kohlsorten: 10–15 Minuten).

Wirsing-Möhren-Gemüse
Nur 800 g Wirsing wie im Rezept beschrieben vorbereiten und zusätzlich 250 g Möhren putzen, schälen, waschen, abtropfen lassen und in Streifen schneiden. 1–2 Knoblauchzehen abziehen und in Scheiben schneiden. Möhren und Knoblauch zusammen mit dem Wirsing wie im Rezept beschrieben dünsten.

Rahm-Wirsing (Foto)
Von 1 kg Wirsing die groben äußeren Blätter entfernen. Den Wirsing vierteln, Strunk herausschneiden. Kohl in Streifen schneiden, waschen und abtropfen lassen. 1 Esslöffel Butter in einem Topf zerlassen. Wirsingstreifen kurz darin dünsten, mit Salz und Pfeffer würzen. 125 ml (1/8 l) Gemüsebrühe zugießen, den Wirsing 15–20 Minuten garen. 75 g Schlagsahne oder 2 Esslöffel Crème fraîche unterrühren und kurz miterwärmen. Vor dem Servieren den Rahmwirsing mit 1 Esslöffel Schnittlauchröllchen bestreuen.

Steinpilze

ETWAS TEURER

Zubereitungszeit:
etwa 30 Minuten
Bratzeit: 5–7 Minuten

500 g Steinpilze
1 Knoblauchzehe
150 g Tomaten
5 EL Olivenöl
Salz
frisch gemahlener Pfeffer
1 EL gchackte Petersilie

Pro Portion:
E: 4 g, F: 13 g, Kh: 2 g,
kJ: 574, kcal: 137, BE: 0,0

1 Pilze putzen (Foto 1), mit Küchenpapier abreiben (Foto 2) oder mit einem Pinsel abbürsten (Foto 3). Pilze in Scheiben schneiden. Knoblauchzehe abziehen und fein hacken. Tomaten abspülen, abtropfen lassen, kreuzweise einschneiden, kurz in kochendes Wasser legen, dann in kaltem Wasser abschrecken. Tomaten enthäuten, halbieren, die Stängelansätze herausschneiden und Tomaten würfeln.

2 Die Hälfte des Öls in einer Pfanne erhitzen. Die Hälfte der Pilzscheiben darin bei mittlerer Hitze 5–7 Minuten braten, mit Salz und Pfeffer würzen, herausnehmen. Steinpilze auf vorgewärmten Tellern anrichten und warm stellen. Die restlichen Pilzscheiben ebenso zubereiten.

3 Knoblauch in dem verbliebenen Bratfett andünsten. Tomatenwürfel zugeben und erhitzen. Petersilie unterrühren, salzen, pfeffern und über die Pilze geben.

Pilze in Rahmsauce

KLASSISCH

Zubereitungszeit:
etwa 35 Minuten
Garzeit: 8–10 Minuten

800 g Pilze (z. B. Champignons, Austernpilze, Pfifferlinge)
2 Zwiebeln
1 Bund Frühlingszwiebeln
30 g Butter
100 ml Gemüsebrühe
Salz, Pfeffer
1 Becher (150 g) Crème fraîche
1 Msp. Cayennepfeffer
Worcestersauce
etwa 1 TL Zitronensaft
etwas Zucker
2 EL gehackte Petersilie

Pro Portion:
E: 7 g, F: 18 g, Kh: 8 g,
kJ: 936, kcal: 225, BE: 0,0

1 Pilze putzen, mit Küchenpapier abreiben oder mit einem Pinsel abbürsten. Champignons in Scheiben, Austernpilze in Streifen schneiden. Pfifferlinge evtl. halbieren. Zwiebeln abziehen und würfeln. Frühlingszwiebeln putzen, waschen, abtropfen lassen und in Scheiben schneiden.

2 Butter in einem breiten Topf zerlassen. Zwiebelwürfel darin unter Rühren kurz andünsten. Pilze zugeben und mitdünsten. Gemüsebrühe zufügen und die Pilze ohne Deckel bei schwacher Hitze unter Rühren 6–8 Minuten garen. Mit Salz und Pfeffer würzen.

3 Frühlingszwiebelscheiben zufügen und 1–2 Minuten mitdünsten. Crème fraîche unterrühren und erhitzen. Mit Cayennepfeffer, Worcestersauce, Zitronensaft und Zucker abschmecken, mit Petersilie bestreuen.

TIPPS » Die Pilze in Rahmsauce zu Steaks (S. 68), Schnitzeln (S. 50) oder Semmelknödeln (S. 230) servieren. Anstelle von Gemüsebrühe kann Weißwein verwendet werden.
» Auf diese Weise können Sie auch Wildpilze zubereiten.

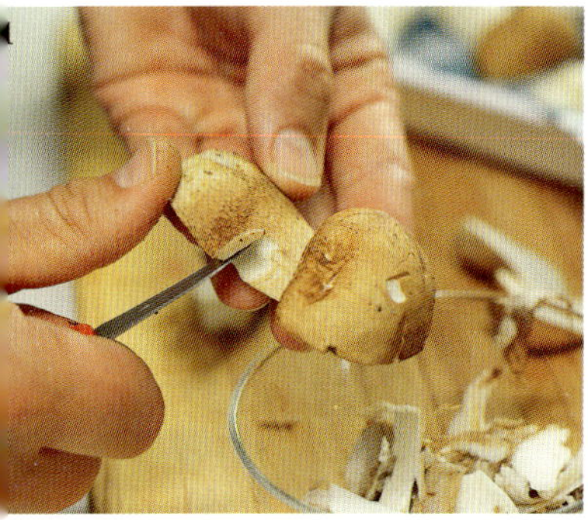

2

3

Ratatouille

KLASSISCH

Zubereitungszeit: etwa 30 Minuten
Garzeit: etwa 15 Minuten

300 g Gemüsezwiebeln
2–3 Knoblauchzehen
je 1 rote und grüne Paprikaschote (je etwa 150 g)
250 g Zucchini
250 g Auberginen
300 g Tomaten
4 EL Olivenöl
1 Lorbeerblatt
Salz
frisch gemahlener Pfeffer
2–3 TL Kräuter der Provence

Pro Portion:
E: 4 g, F: 11 g, Kh: 10 g, kJ: 652, kcal: 155, BE: 0,0

1 Gemüsezwiebeln abziehen, halbieren und in Scheiben schneiden. Knoblauchzehen abziehen und in Scheiben schneiden.

2 Paprikaschoten halbieren, entstielen, entkernen und die weißen Scheidewände entfernen. Schoten waschen, abtropfen lassen, in mundgerechte Stücke schneiden. Zucchini und Auberginen waschen, abtrocknen, die Enden abschneiden, in mundgerechte Stücke schneiden.

3 Tomaten waschen, abtropfen lassen, kreuzweise einschneiden, kurz in kochendes Wasser legen und in kaltem Wasser abschrecken. Tomaten enthäuten, halbieren, entkernen und die Stängelansätze herausschneiden. Tomaten in Stücke schneiden.

4 Öl in einem flachen Topf erhitzen. Zwiebel- und Knoblauchscheiben darin unter Rühren kurz andünsten. Paprika-, Auberginenstücke, Lorbeerblatt, Salz, Pfeffer und 2 Teelöffel Kräuter der Provence zugeben, unter Rühren mitdünsten. Mit Deckel bei schwacher Hitze etwa 10 Minuten dünsten, dabei gelegentlich umrühren.

5 Zucchinistücke zugeben und weitere etwa 5 Minuten mit Deckel dünsten. Dann Tomatenstücke unterheben und einmal aufkochen lassen. Das Gemüse mit Salz, Pfeffer und Kräutern der Provence abschmecken.

TIPP » Ratatouille als Beilage zu gebratenem Lammfleisch oder als vegetarisches Hauptgericht mit Reis oder Baguette servieren. Das Gemüse schmeckt auch kalt zu Grillfleisch.

Abwandlung: Für **Ratatouille als kalte Vorspeise** (4 Portionen) die halbe Rezeptmenge wie im Rezept beschrieben zubereiten, erkalten lassen und mit etwas Balsamico-Essig würzen. Das Gemüse auf 2 in Scheiben geschnittenen Tomaten anrichten, mit Basilikumblättern und 100 g klein geschnittenem Schafkäse garnieren.

» REZEPTVARIANTE:
Backofengemüse
Den Backofen vorheizen (Ober-/Unterhitze: etwa 180 °C, Heißluft: etwa 160 °C). 1 kg festkochende, mittelgroße Kartoffeln gründlich waschen, evtl. abbürsten, trocken tupfen und längs vierteln. Kartoffelviertel in eine Fettpfanne legen, mit Salz, Pfeffer bestreuen und mit 2 Esslöffeln Olivenöl beträufeln. Die Fettpfanne auf mittlerer Einschubleiste in den vorgeheizten Backofen schieben. Kartoffelviertel **20–25 Minuten** garen. Inzwischen 400 g rote und 200 g gelbe Paprikaschoten vierteln, entstielen, entkernen und die weißen Scheidewände entfernen. Schoten waschen, abtropfen lassen und in kleine Stücke schneiden. 400 g Zucchini waschen, abtrocknen, die Enden abschneiden und Zucchini in kleine Stücke schneiden.

(Fortsetzung Seite 184)

Das vorbereitete Gemüse salzen, pfeffern und mit 5 Esslöffeln Olivenöl vermengen. Rosmarin abspülen, trocken tupfen.
4 Knoblauchzehen abziehen. Knoblauchzehen mit dem Gemüse und dem Rosmarin zu den vorgegarten Kartoffeln geben und untermengen. Backblech wieder in den Backofen schieben, das Gemüse **bei gleicher Backofeneinstellung weitere 20–25 Minuten** garen.

Gemüse-Linsen-Curry mit Dip

GELINGT LEICHT

Zubereitungszeit: etwa 25 Minuten
Garzeit: etwa 13 Minuten

6 Frühlingszwiebeln
400 g Möhren
2 Knoblauchzehen
4 TL Speiseöl, z. B. Sonnenblumenöl
225 g TK-Erbsen
160 g rote Linsen
4 TL Currypulver
1 TL Cayennepfeffer
1 TL Kreuzkümmel (Cumin)
400 ml Kokosmilch (ungesüßt)
Salz
etwas Zitronensaft

Für den Dip:
1 Topf Minze
300 g Joghurt (3,5 % Fett)
1 Pck. Dr. Oetker Finesse Geriebene Zitronenschale
Salz

Pro Portion:
E: 20 g, F: 25 g, Kh: 43 g, kJ: 2034, kcal: 489, BE: 3,0

1 Frühlingszwiebeln putzen, waschen, abtropfen lassen und in schräge Stücke schneiden. Möhren putzen, schälen, waschen, abtropfen lassen und in feine schräge Scheiben schneiden. Knoblauchzehen abziehen und fein hacken.

2 Öl in einer Pfanne oder einem Topf erhitzen. Frühlingszwiebeln und Möhren kurz darin dünsten. Gefrorene Erbsen, Linsen, Knoblauch, Currypulver, Cayennepfeffer und Kreuzkümmel zufügen und mitdünsten. Mit Kokosmilch ablöschen. Salz zufügen und zugedeckt etwa 13 Minuten garen.

3 Für den Dip Minze abspülen, trocken tupfen und die Blättchen von den Stängeln zupfen. Blättchen in feine Streifen schneiden. Joghurt, Zitronenschale und Minze verrühren, mit Salz abschmecken.

4 Gemüsecurry mit Zitronensaft und Gewürzen abschmecken, mit dem Joghurt-Dip servieren.

TIPP » Als Hauptgericht reicht das Curry für 4 Portionen, als Beilage für 6 Portionen.

Deftiger Grünkohl

GEFRIERGEEIGNET

Zubereitungszeit: etwa 30 Minuten
Garzeit: etwa 60 Minuten

4 l Wasser
4 TL Salz
1½ kg Grünkohl
2 Zwiebeln
3 EL Speiseöl, z. B. Sonnenblumenöl oder 30 g Gänseschmalz
375 ml (3/8 l) Gemüsebrühe
frisch gemahlener Pfeffer
etwa 2 TL mittelscharfer Senf
500 g Kasselernacken (mit Knochen)
2 Rauchenden (Mettwürstchen, je etwa 150 g)
2 frische oder geräucherte Kohlwürste (je etwa 150 g)
1 Prise Zucker
20 g zarte Haferflocken

Pro Portion:
E: 55 g, F: 58 g, Kh: 13 g, kJ: 3294, kcal: 789, BE: 0,5

1 Wasser in einem großen Topf zum Kochen bringen, Salz zufügen. Inzwischen von dem Grünkohl welkfleckige Blätter und die Blattrippen entfernen. Den Grünkohl gründlich waschen, abtropfen lassen und fein hacken. Grünkohl portionsweise in das kochende Salzwasser geben und zum Kochen bringen. 1–2 Minuten blanchieren. Anschließend kurz in kaltem Wasser abschrecken und in einem Sieb abtropfen lassen.

2 Zwiebeln abziehen und würfeln. Öl oder Schmalz in einem Topf erhitzen. Die Zwiebelwürfel darin unter Rühren dünsten. Grünkohl zufügen. Brühe zugeben, mit Salz und Pfeffer würzen. 2 Teelöffel Senf unterrühren. Grünkohl zum Kochen bringen und mit Deckel bei schwacher Hitze etwa 30 Minuten kochen, dabei gelegentlich umrühren.

3 Inzwischen Kasseler mit Küchenpapier trocken tupfen und den Knochen auslösen. Das Fleisch mit dem Knochen zum Grünkohl geben und mit Deckel etwa 15 Minuten mitkochen.

4 Rauchenden und Kohlwürste zum Grünkohl geben und mit Deckel bei schwacher Hitze etwa 15 Minuten erwärmen.

5 Fleisch, Knochen und Würste herausnehmen und zugedeckt warm stellen. Den Grünkohl mit Salz, Pfeffer, Senf und Zucker abschmecken. Haferflocken unterrühren und einmal aufkochen. Das Fleisch in Scheiben schneiden, mit den Würsten und dem Grünkohl auf einer großen Platte anrichten.

Beilage: Salzkartoffeln oder in Butter und Zucker gebratene Röstkartoffeln.

TIPPS » Grünkohl kann sehr gut in größeren Mengen zubereitet und portionsweise eingefroren werden. Er kann auch blanchiert und gehackt zur späteren Verwendung eingefroren werden.
» Grünkohl schmeckt auch aufgewärmt.

Gefüllte Paprikaschoten

BELIEBT

Zubereitungszeit: etwa 40 Minuten
Garzeit: etwa 50 Minuten

4 Paprikaschoten (je etwa 150 g)
250 g Gemüsezwiebeln
500 g Tomaten
6 EL Olivenöl
400 g Gehacktes (halb Rind-, halb Schweinefleisch)
2 EL Tomatenmark
Salz
frisch gemahlener Pfeffer
etwa 375 ml (3/8 l) Gemüsebrühe
15 g Weizenmehl
6 EL Schlagsahne
getrockneter, gerebelter Oregano
etwas Zucker

Pro Portion:
E: 24 g, F: 37 g, Kh: 17 g, kJ: 2073, kcal: 495, BE: 0,5

1 Am Stielende der Paprikaschoten einen Deckel abschneiden. Kerne und weiße Scheidewände entfernen. Die Schoten innen und außen abspülen, abtropfen lassen. Gemüsezwiebeln abziehen, halbieren und würfeln. Tomaten waschen, abtrocknen, halbieren, entkernen und die Stängelansätze herausschneiden. Die Hälfte der Tomaten würfeln.

2 Zwei Esslöffel Öl in einer Pfanne erhitzen. Die Hälfte der Zwiebelwürfel kurz darin dünsten. Gehacktes zufügen und unter Rühren darin anbraten, dabei die Klümpchen mithilfe einer Gabel zerdrücken.

3 Tomatenwürfel und die Hälfte des Tomatenmarks unterrühren, mit Salz und Pfeffer würzen. Die Masse etwas abkühlen lassen. Dann die Hackfleischmasse in die vorbereiteten Paprikaschoten füllen. Die Paprikadeckel wieder auflegen.

4 Die restlichen Tomaten in Stücke schneiden. Das restliche Öl in einem großen Topf erhitzen. Die restlichen Zwiebelwürfel kurz darin dünsten. Die Paprikaschoten nebeneinander in den Topf stellen. Tomatenstücke und 375 ml (3/8 l) Gemüsebrühe zugeben und die Schoten mit Deckel bei schwacher Hitze in etwa 50 Minuten gar dünsten. Anschließend die Paprikaschoten auf einer vorgewärmten Platte warm stellen.

5 Für die Sauce die Garflüssigkeit mit den Tomatenstücken und Zwiebeln durch ein Sieb streichen. 375 ml (3/8 l) abmessen, evtl. mit Gemüsebrühe ergänzen. Restliches Tomatenmark unterrühren. Sauce zum Kochen bringen. Mehl mit Sahne verrühren, nach und nach in die kochende Sauce rühren. Sauce etwa 10 Minuten schwach kochen lassen, gelegentlich umrühren.

6 Die Sauce mit Salz, Pfeffer, Oregano und Zucker würzen, zu den gefüllten Paprikaschoten servieren.

Beilage: Reis, Salz- oder Pellkartoffeln und ein gemischter Blattsalat.

» REZEPTVARIANTEN:

Paprikaschoten mit Geflügelfüllung
Das Gehackte durch 400 g Hähnchenbrust- oder Putenbrustfilet ersetzen. Das Filet unter fließendem kalten Wasser abspülen, trocken tupfen, in sehr feine Würfel schneiden und wie im Rezept (ab Punkt 2) beschrieben verarbeiten. Sauce mit 2 Esslöffeln gehackter Petersilie anstelle von Oregano würzen.

Gefüllte Zucchini
4 Zucchini (etwa 1 kg) waschen, abtrocknen und die Enden abschneiden. Zucchini längs halbieren und mit einem Löffel so aushöhlen, dass ein Rand stehen bleibt. Zucchini wie im Rezept beschrieben füllen und in einem Bräter etwa 30 Minuten garen.

Gefüllte Kohlrabi

Dazu 6 Kohlrabi (etwa 2 kg) schälen, jeweils einen Deckel abschneiden. Kohlrabi mit einem Kugelausstecher oder einem Esslöffel aushöhlen (Kohlrabifleisch für die Sauce mitverwenden). Kohlrabi wie im Rezept beschrieben füllen und etwa 50 Minuten garen.

Salate

Salate haben sich in den letzten Jahren von einer einfachen Beilage zum beliebten und oft raffinierten Hauptgericht gemausert, das mit den unterschiedlichsten Zutaten wie Käse, Schinken, Nüssen, Meeresfrüchten oder Ei serviert wird. Eine Vielfalt feinster Salatsaucen von süß-pikant bis herb-würzig sorgt dafür, dass Salat nicht nur ein Genuss für die Augen, sondern auch für den Gaumen ist. – Viele Vorzüge, die fast vergessen lassen, dass (Blatt-)Salat auch noch gesund ist, denn er ist reich an wichtigen Vitaminen, Mineralstoffen und Spurenelementen, enthält aber so gut wie kein Fett.

Salate richtig einkaufen und lagern

» Verwenden Sie für Rohkost-, Blatt- oder Gemüsesalate möglichst immer frische Waren aus dem Freilandanbau Ihrer Region.
» Achten Sie darauf, die Salatköpfe vorsichtig zu transportieren und nicht zu quetschen.
» Lagern Sie frische Blattsalate nach dem Kauf kühl und dunkel. Günstig ist es, sie in ein feuchtes Tuch zu wickeln oder in einen großen Plastikbeutel zu geben, etwas Luft hinein zu blasen und den Beutel fest verschlossen im Gemüsefach des Kühlschranks aufzubewahren.
» Die Lagerzeit sollte so kurz wie möglich sein, da sonst viele Aromen und Nährstoffe verloren gehen.

Blattsalat richtig vorbereiten (putzen)

» Entfernen Sie die äußeren welken Blätter.
» Zerteilen Sie den Salatkopf in einzelne Blätter und entfernen Sie schlechte Stellen. Oder halbieren bzw. vierteln Sie den Salat und schneiden Sie den Strunk heraus.
» Waschen Sie die ganzen Blätter vorsichtig, aber gründlich. Drücken Sie dabei die Blätter nicht. Lassen Sie diese auch nicht im Wasser liegen, damit sie nicht welk werden und die wertvollen Nährstoffe im Wasser zurückbleiben.
» Tupfen Sie die Salatblätter gründlich trocken oder verwenden Sie eine Salatschleuder, um die einzelnen Salatbätter zu trocken. So bleibt die Salatsauce besser haften.
» Schneiden Sie grobe Stiele und harte Mittelrippen heraus und zupfen oder schneiden Sie die Blätter in mundgerechte Stücke.

Dressing und Vinaigrette

Ein gutes Dressing oder eine gute Vinaigrette unterstreicht den Geschmack der Salatzutaten. Sie können jedem Salat eine besondere Note verleihen. Dressings können mild, pikant, cremig oder flüssig sein. Die klassische Vinaigrette basiert auf einer Essig-Öl-Mischung, für die meist 2 Teile Öl mit 1 Teil Essig verschlagen werden. Gewürzt wird je nach Rezept mit Salz, Kräutern und Gewürzen.

Essig und Öl (Foto 1)

» Wie gut Ihr Dressing oder die Vinaigrette schmeckt, hängt ganz entscheidend davon ab, welches Öl und welchen Essig Sie dafür wählen. Besonders zu empfehlen sind hochwertige, kalt gepresste, so genannte „native“ Speiseöle. Durch ihren hohen Gehalt an ungesättigten Fettsäuren und fettlöslichen Vitaminen sind sie besonders gesund.

Anders als z. B. Oliven- und Nussöl sind Sonnenblumen-, Raps- und Maiskeimöl relativ geschmacksneutral.

» Essig wird z. B. durch das Vergären von alkoholhaltigen Flüssigkeiten oder Saft, z. B. Apfelsaft für Apfelessig hergestellt. Wein- und Fruchtessige sind eher mild im Geschmack, aber genauso vielfältig einsetzbar wie Kräuteressige. Sehr beliebt ist Aceto Balsamico – ein dunkler, würziger Essig aus Italien. Er wird aus reinem Traubenmost gewonnen und sollte im Holzfass mehrere Jahre gereift sein.

Küchenkräuter, gehackte Nüsse, Samen und Croûtons (Foto 2)

Diese Zutaten geben Ihrem Salat das gewisse Etwas.

» Küchenkräuter betonen den Geschmack und verleihen dem Salat ein frisches Aussehen. Verwenden Sie frische oder tiefgekühlte Kräuter, diese sind aromatischer als getrocknete.

» Nusskerne, Kürbiskerne oder Samen geben Ihrem Salat Biss – ganz abgesehen davon enthalten sie die wertvollen einfach oder mehrfach ungesättigten Fettsäuren sowie Vitamine und Mineralstoffe. Ohne Fett in der Pfanne geröstet schmecken sie besonders aromatisch.

» Croûtons sind kleine, in Butter oder Speiseöl geröstete Weißbrotwürfel, die dem Salat eine knusprige Note geben. Schwarz- oder Mischbrotwürfel geröstet in Knoblauch- oder Zitronenöl machen Ihren Salat besonders herzhaft.

Gemüse – Hauptzutat vieler Salate

Die meisten Gemüsesorten enthalten wenig Kalorien, wenig Zucker und viel Wasser.

Schon aus diesem Grund ist Gemüse bestens für eine gesunde, kalorienarme aber ballaststoffreiche Ernährung geeignet. Unter Salat wird Gemüse meist roh oder nur kurz gedünstet gemischt, sodass die wertvollen Nährstoffe weitgehend erhalten bleiben.

2

Allgemeine Tipps zum Gemüse

» Viele Gemüse werden das ganze Jahr über angeboten. Wenn möglich, entscheiden Sie sich immer für einheimisches, frisches, knackiges Gemüse, das gerade Saison hat, dann ist es nicht nur besonders aromatisch, sondern meist auch preiswerter.

» Vor allem bei Blattgemüsen ist Freilandware der Gewächshausware vorzuziehen – die Blätter sind einfach robuster und enthalten mehr Nährstoffe und weniger Nitrat.

» Gemüse mit welken Stängeln und Blättern ist nicht mehr frisch. Auch Blattsalate, deren Schnittfläche am Strunk dunkel verfärbt oder gefleckt ist, sind ebenfalls nicht mehr frisch.

» Verarbeiten Sie Gemüse wenn möglich noch am Ernte- bzw. Kauftag, dann ist es nicht nur am knackigsten, sondern hat auch noch seinen vollen Nährstoffgehalt.

» Gemüse lagern Sie am besten im Gemüsefach Ihres Kühlschranks, im kühlen Keller oder Vorratsraum.

Tomaten-Zwiebel-Salat

FÜR GÄSTE (4–6 PORTIONEN)

Zubereitungszeit:
etwa 35 Minuten

500 g Tomaten
250 g Zwiebeln
1 EL gehackte, glatte Petersilie
Salz
frisch gemahlener Pfeffer

Für die Salatsauce:
2 EL Kräuteressig
2 EL Orangensaft
1 TL Orangen- oder Feigensenf
1 EL flüssiger Honig
6 EL Olivenöl
Salz, Pfeffer,
evtl. vorbereitete, glatte Petersilienblätter

Pro Portion:
E: 2 g, F: 12 g, Kh: 8 g, kJ: 637, kcal: 152, BE: 0,5

1 Tomaten waschen, abtrocknen, die Stängelansätze herausschneiden. Zwiebeln abziehen und zunächst in Scheiben schneiden, dann in Ringe teilen. Tomaten in Scheiben schneiden, mit den Zwiebelringen und der Petersilie in einer Salatschüssel vermengen. Die Tomatenscheiben mit Salz und Pfeffer bestreuen.

2 Für die Salatsauce Essig, Orangensaft, Senf und Honig verrühren. Nach und nach das Öl unterschlagen. Salatsauce mit Salz und Pfeffer abschmecken.

3 Die Salatsauce über die Salatzutaten geben und den Salat bis zum Verzehr kalt stellen. Nach Belieben mit Petersilienblättchen bestreuen.

TIPP » Den Tomaten-Zwiebel-Salat als Beilage zu Steaks oder Gegrilltem, zu Schinken oder als Partysalat servieren.

» REZEPTVARIANTEN:

Tomatensalat mit Öl-Essig-Vinaigrette
Dazu 4 Esslöffel Olivenöl mit 2 Esslöffeln Weißweinessig verschlagen. Die Sauce mit Salz, Pfeffer und Zucker abschmecken.

Tomaten-Porree-Salat
Die Zwiebeln durch Porree (Lauch) ersetzen. Dafür Porree putzen, die Stangen längs halbieren, gründlich waschen, abtropfen lassen und in Scheiben schneiden. Porree in kochendem Salzwasser etwa 1 Minute blanchieren, dann abtropfen lassen und anstelle der Zwiebeln mit den Tomaten einschichten.

Korsischer Tomatensalat
800 g Fleischtomaten wie im Rezept unter Punkt 1 beschrieben vorbereiten. Tomaten in Scheiben schneiden und auf einer Platte anrichten. 2 Zwiebeln und 4 Knoblauchzehen abziehen, fein würfeln. 1 Bund gehackte, glatte Petersilie mit 3 Esslöffeln Kapern, 10 schwarzen Oliven, Zwiebel- und Knoblauchwürfeln über die Tomaten streuen. Tomatensalat mit 4 Esslöffeln Olivenöl beträufeln. Den Salat mit Salz und Pfeffer würzen.

Bohnensalat

KLASSISCH (4–6 PORTIONEN)

Zubereitungszeit: etwa 35 Minuten
Durchziehzeit: etwa 30 Minuten

750 g grüne Bohnen
250 ml (¼ l) Wasser
¼ TL Salz

Für die Sauce:
1 Zwiebel
2–3 EL Essig, z. B. Kräuteressig
Salz, Pfeffer, Zucker
3 EL Speiseöl, z. B. Sonnenblumen- oder Olivenöl
1 EL gehackte Kräuter, z. B. Petersilie, Dill, Bohnenkraut

Pro Portion:
E: 4 g, F: 6 g, Kh: 6 g, kJ: 395, kcal: 94, BE: 0,0

1 Von den Bohnen die Enden abschneiden, Bohnen abfädeln, waschen, abtropfen lassen, in Stücke schneiden. Wasser zum Kochen bringen. Salz und Bohnen zufügen, mit Deckel etwa 10 Minuten bei mittlerer Hitze gar kochen.

2 Die gegarten Bohnen in ein Sieb geben, kurz mit kaltem Wasser übergießen und abtropfen lassen.

3 Für die Sauce Zwiebel abziehen, fein würfeln. Essig mit Salz, Pfeffer und Zucker verrühren. Öl unterschlagen. Zwiebelwürfel und Kräuter unterrühren. Die noch warmen Bohnen mit der Sauce vermengen und den Salat etwa 30 Minuten durchziehen lassen.

4 Den Bohnensalat vor dem Servieren nochmals mit Salz, Pfeffer und Zucker abschmecken.

» REZEPTVARIANTEN:

Bohnensalat mit Schafkäse
Zusätzlich unter den angemachten Bohnensalat 100 g gewürfelten Schafkäse und 2–4 Esslöffel gehacktes Basilikum geben.

Bohnensalat mit Honig-Vinaigrette
Dazu 3 Esslöffel Speiseöl, 2 Esslöffel Weißweinessig, 1 Esslöffel Honig, Salz, Pfeffer, Paprikapulver edelsüß und 1 Teelöffel Bohnenkraut verrühren. Zutaten kurz aufkochen, mit den gegarten Bohnen vermengen, abschmecken und in einer Schüssel anrichten.

TIPP » Wenn es ganz schnell gehen soll, können Sie auch 2 Dosen grüne Bohnen (Abtropfgewicht je 340 g) verwenden.

Weißkohlsalat

GUT VORZUBEREITEN (8–12 PORTIONEN, FOTO)

Zubereitungszeit: etwa 30 Minuten
Durchziehzeit: etwa 60 Minuten

1–1,5 kg Weißkohl
300 g Gemüsezwiebeln
1 TL Kümmelsamen
5 EL Speiseöl, z. B Sonnenblumen- oder Rapsöl
150 g Speckwürfel
5 EL Weißweinessig

1 Von dem Weißkohl die äußeren welken Blätter entfernen. Den Kohl vierteln, abspülen, abtropfen lassen, den Strunk herausschneiden und den Kohl in feine Streifen schneiden oder hobeln (Foto 1). Zwiebeln abziehen und in feine Streifen schneiden. Die Kohl- und Zwiebelstreifen in eine große Schüssel geben. Kümmel mit ein paar Tropfen Öl auf einem Brett grob hacken (Foto 2, Hinweis: Das Öl dient dazu, dass der Kümmel beim Hacken nicht wegspringt.)

2 Einen Esslöffel Öl in einer Pfanne erhitzen. Die Speckwürfel darin knusprig braten, herausnehmen, auf Küchenpapier abtropfen lassen.

3 Für die Marinade restliches Öl, Essig, Gewürze, Zucker und Meerrettich in einen Topf geben, einmal aufkochen.

4 Heiße Marinade über den Weißkohlsalat geben, gut vermengen und den Salat etwa 60 Minuten durchziehen lassen.

5 Den Salat vor dem Servieren mit Salz, Pfeffer, Meerrettich und Zucker abschmecken. Mit den Speckwürfeln bestreut servieren.

TIPP » Nach Belieben den Salat mit kross gebratenen Baconscheiben belegen. Sie können den Salat bereits 1 Tag vor dem Verzehr zubereiten. Wenn Sie den Weißkohlsalat durchkneten, wird er noch weicher und zieht besser durch.

» REZEPTVARIANTE:
Vegetarischer Weißkohlsalat
Den Speck weglassen. Dafür 2 Esslöffel Sonnenblumenkerne in einer Pfanne ohne Fett rösten und über den fertigen Salat streuen.

1 TL Selleriesalz
1 TL Salz
½ TL frisch gemahlener Pfeffer
1–2 EL Zucker
1–2 TL geriebener Meerrettich aus dem Glas

Pro Portion:
E: 4 g, F: 10 g, Kh: 8 g,
kJ: 576, kcal: 137, BE: 0,0

1

2

Rucola mit Parmesan

ETWAS TEURER (FOTO)

Zubereitungszeit:
etwa 25 Minuten,
ohne Abkühlzeit

30 g Pinienkerne
125 g Rucola (Rauke)
200 g Cocktailtomaten
30 g Parmesan-Käse

Für die Sauce:
2–3 EL Balsamico-Essig
½ TL flüssiger Honig
Salz, Pfeffer
5 EL Olivenöl

Pro Portion:
E: 5 g, F: 19 g, Kh: 3 g,
kJ: 849, kcal: 203, BE: 0,0

1 Pinienkerne in einer Pfanne ohne Fett goldbraun rösten, dann auf einen Teller geben, erkalten lassen.

2 Rucola verlesen, dicke Stängel abschneiden. Rucola waschen, trocken schleudern oder tupfen und größere Blätter einmal durchschneiden. Cocktailtomaten waschen, abtrocknen, halbieren oder vierteln. Parmesan hobeln.

3 Für die Sauce Essig mit Honig, Salz und Pfeffer verrühren. Öl unterschlagen. Rucola auf einer Platte anrichten. Tomaten darauf verteilen, mit der Salatsauce beträufeln, Pinienkerne und Parmesan darüberstreuen.

TIPPS » Den Salat als Vorspeise, als Beilage zu Grillgerichten, zu kurz gebratenem Fleisch oder zu Risotto (S. 242) servieren.
» Anstelle der Pinienkerne können Sie auch gestiftelte Mandeln oder grob gehackte Walnusskerne verwenden.

Feldsalat (Rapunzelsalat)

EINFACH (4–6 PORTIONEN)

Zubereitungszeit:
etwa 25 Minuten

250 g Feldsalat
2 Scheiben Weißbrot
(je etwa 20 g), 20 g Butter
1 hart gekochtes Ei

Für die Sauce:
1 EL Essig, z. B. Balsamico- oder Sherryessig
Salz, Pfeffer, Zucker
3 EL Speiseöl, z. B. Walnussöl
1 EL gehackte Kräuter,
z. B. Petersilie, Schnittlauch

Pro Portion:
E: 3 g, F: 11 g, Kh: 4 g,
kJ: 521, kcal: 124, BE: 0,5

1 Feldsalat verlesen, Wurzelansätze abschneiden. Feldsalat gründlich waschen und trocken schleudern.

2 Weißbrot entrinden und in kleine Würfel schneiden. Butter in einer Pfanne zerlassen, die Brotwürfel darin bei mittlerer Hitze knusprig braten. Ei pellen und fein hacken.

3 Für die Sauce Essig mit Salz, Pfeffer und Zucker verrühren. Öl unterschlagen. Kräuter unterrühren. Den Salat kurz vor dem Servieren mit der Sauce vermengen. Weißbrotwürfel und gehacktes Ei darüberstreuen.

TIPPS » Den Feldsalat als Vorspeise oder als Beilage zu Blech- oder Pellkartoffeln servieren.
» Sie können den Feldsalat auch durch 400–500 g (je nach Sorte) jungen Spinat ersetzen (waschen Sie den Spinat gründlich, denn Freilandspinat ist oft sehr sandig).

» REZEPTVARIANTE:
Feldsalat mit Walnusskernen
1 kleine, geschälte und entkernte Birne sehr klein würfeln und zusätzlich in die Salatsauce geben. 50 g Walnusskerne grob hacken und den Salat mit den Nüssen anstelle des Eies bestreuen.

Abwandlung: Anstelle der angegebenen Salatsauce können Sie auch eine **Kartoffel-Vinaigrette** (etwa 10 Portionen) verwenden.
Dafür 200 g Kartoffeln mit einem

Lorbeerblatt in etwa 25 Minuten gar kochen. Kartoffeln abgießen, etwas abkühlen lassen und pellen. Kartoffeln grob zerkleinern. 1–2 Knoblauchzehen abziehen und grob zerkleinern. 2 Esslöffel Weißwein- oder Kräuteressig und 1 Esslöffel Honig mit Knoblauch und Kartoffeln in einem Rührbecher pürieren. 200–300 ml Wasser oder Fleischbrühe und 3 Esslöffel Oliven- oder Rapsöl dazulaufen lassen. Die Sauce weiter pürieren. Salatsauce mit Salz und Pfeffer abschmecken, etwa 30 Minuten durchziehen lassen. Die Salatsauce ist im Kühlschrank etwa 3 Tage haltbar.

Sommersalat mit Hähnchenbruststreifen

BELIEBT

Zubereitungszeit:
etwa 30 Minuten

1 kleiner Kopf Lollo Rosso
1 kleiner Kopf Lollo Bionda
100 g Feldsalat
1 Bund Frühlingszwiebeln (etwa 150 g)
je 1 kleine rote und gelbe Paprikaschote
4 Hähnchenbrustfilets (je etwa 150 g)
5 EL Speiseöl, z. B. Sonnenblumenöl
Salz
frisch gemahlener Pfeffer
4 EL Weißweinessig

Pro Portion:
E: 39 g, F: 14 g, Kh: 8 g, kJ: 1346, kcal: 322, BE: 0,0

1 Salatköpfe putzen und äußere schlechte Blätter entfernen. Salatblätter jeweils vom Strunk lösen. Feldsalat verlesen, Wurzelenden abschneiden. Salatblätter und Feldsalat gründlich waschen, trocken schleudern oder in einem Sieb abtropfen lassen. Große Salatblätter kleiner zupfen und die Herzblätter ganz lassen.

2 Frühlingszwiebeln putzen, abspülen, abtropfen lassen und in schräge Scheiben schneiden. Paprikaschoten halbieren, entstielen, entkernen und die weißen Scheidewände entfernen. Schoten waschen, abtrocknen und in Streifen schneiden.

3 Hähnchenbrustfilets unter fließendem kalten Wasser abspülen, trocken tupfen, evtl. Sehnen entfernen. Filets quer zur Faser in etwa ½ cm dicke Streifen schneiden.

4 2 Esslöffel Öl in einer Pfanne erhitzen. Die Fleischstreifen in 2 Portionen darin von allen Seiten braten. Dann das Fleisch herausnehmen, warm stellen.

5 Frühlingszwiebelscheiben und Paprikastreifen in das verbliebene Bratfett geben und 2–3 Minuten dünsten. Dann Gemüse herausnehmen, mit Salz und Pfeffer würzen und warm stellen.

6 Für die Sauce den Bratensatz mit Essig ablöschen, mit dem restlichen Öl verschlagen, mit Salz und Pfeffer würzen.

7 Vorbereitete Salatzutaten mit den Hähnchenbruststreifen auf einer Platte oder in einer Schüssel anrichten und mit der lauwarmen Sauce beträufeln. Salat sofort servieren.

TIPP » Anstelle der angegebenen Salate können Sie auch 2 Beutel Salat aus der Kühltheke je nach Hersteller und Mischung von je 200–230 g verwenden.

Abwandlung 1: Für ein **Zitronen-Buttermilch-Dressing** (etwa 8 Portionen) 125 ml (⅛ l) Buttermilch mit 1 Becher (150 g) Crème fraîche und 1 Päckchen Dr. Oetker Finesse Geriebene Zitronenschale verrühren. Sauce mit Salz und Pfeffer abschmecken. Das Dressing mit 2 Esslöffeln Schnittlauchröllchen verrührt, anstelle der angegebenen Salatsauce zu dem Salat servieren.

Abwandlung 2: Für ein **pikantes Himbeerdressing** (etwa 8 Portionen) 300 g Himbeeren verlesen. Beeren in einem Rührbecher pürieren, anschließend durch ein feines Sieb streichen. 2 Esslöffel Himbeergelee mit 4 Esslöffeln hellem Balsamico-Essig verrühren. 2 Teelöffel milden Senf, 1 Päckchen Dr. Oetker Finesse Natürliches Orangenschalen-Aroma und das Himbeerpürree zugeben. Mit Salz und Pfeffer abschmecken und 6 Esslöffel Oliven- oder Distelöl unterschlagen. Das Dressing anstelle der angegebenen Salatsauce zu dem Salat servieren.

Abwandlung 3: Für ein **Sesam-Honig-Dressing** (etwa 8 Portionen) 2 Esslöffel Sesamsamen in einer Pfanne ohne Fett bei mittlerer Hitze rösten, bis er leicht bräunt. Anschließend Sesam auf einen Teller geben und erkalten lassen. 1 Teelöffel Honig, ½ Teelöffel milden Senf, 2 Esslöffel Weißweinessig und 4 Esslöffel frisch gepressten Orangensaft verrühren. Mit Salz und Pfeffer würzen. Einige Stängel Thymian oder Oregano abspülen, trocken tupfen. Blättchen von den Stängeln zupfen, Blättchen fein hacken und unter die Essig-Mischung rühren. 4 Esslöffel Distel-, Sonnenblumen- oder Rapsöl mit einem Schneebesen unterschlagen, sodass ein sämiges Dressing entsteht. Dann den Sesam unterrühren und anstelle der angegebenen Salatsauce zu dem Salat servieren.

Griechischer Bauernsalat

BELIEBT (4–6 PORTIONEN, FOTO)

Zubereitungszeit:
etwa 20 Minuten

375 g Salatgurken
400 g Tomaten
125 g Gemüsezwiebel
75 g Oliven
200 g griechischer Schafkäse

Für die Sauce:
2 EL Weißweinessig
Salz, Pfeffer, Zucker
5 EL Olivenöl
frische Thymianblättchen

1 Gurken schälen. Die Enden abschneiden. Gurken längs halbieren, evtl. die Kerne mithilfe eines Löffels herausschaben und Gurken in dünne Scheiben schneiden. Tomaten waschen, abtrocknen, halbieren und die Stängelansätze herausschneiden.

2 Gemüsezwiebel abziehen und in dünne Scheiben schneiden. Oliven evtl. abtropfen lassen. Schafkäse in dünne Scheiben schneiden. Die vorbereiteten Zutaten auf einer großen Platte oder in einer Schüssel anrichten.

3 Für die Sauce Essig mit Salz, Pfeffer und Zucker verrühren. Öl unterschlagen. Die Sauce über die Salatzutaten geben und mit vorbereiteten Thymianblättchen bestreuen.

TIPP » Den Bauernsalat als kleines Gericht, z. B. mit aufgebackenem Fladenbrot (Pide) servieren.

Pro Portion: E: 8 g, F: 23 g, Kh: 5 g, kJ: 1109, kcal: 264, BE: 0,0

Rote-Bohnen-Mais-Salat

GUT VORZUBEREITEN

Zubereitungszeit:
etwa 10 Minuten
Durchziehzeit: etwa 30 Minuten

1 große Dose rote Bohnen (Abtropfgewicht 425 g)
2 Dosen Gemüsemais (Abtropfgewicht je 285 g)
1 Bund Frühlingszwiebeln
200 g Edamer-Käse

Für die Sauce:
4 EL Weißweinessig
1 TL scharfer Senf
Salz, Pfeffer, Zucker
80 ml Speiseöl, z. B. Sonnenblumenöl

1 Rote Bohnen und Mais jeweils in ein Sieb geben, kalt abspülen und gut abtropfen lassen. Frühlingszwiebeln putzen, waschen, abtropfen lassen und in feine Scheiben schneiden. Edamer entrinden und würfeln. Die vorbereiteten Zutaten in eine Salatschüssel geben.

2 Für die Sauce Essig mit Senf, Salz, Pfeffer und Zucker verrühren. Öl unterschlagen. Die Salatzutaten mit der Sauce vermengen und den Salat mindestens 30 Minuten durchziehen lassen.

3 Den Salat vor dem Servieren nochmals mit Salz, Pfeffer und etwas Essig abschmecken.

TIPP » Den Salat als Partysalat, mit Brot, als kleine Mahlzeit oder mit Parmaschinken und Oliven als Vorspeise servieren.

Pro Portion: E: 26 g, F: 35 g, Kh: 40 g, kJ: 2434, kcal: 582, BE: 3,0

Knackiger Gemüsesalat

FÜR GÄSTE (FOTO)

Zubereitungszeit: etwa 30 Minuten

etwa 600 g gemischtes Gemüse, z. B. Fenchel, Möhren, Staudensellerie, Kohlrabi, Kürbis
50 g Sprossen, z. B. Rote Bete- oder Sojasprossen

Für die Sauce:
1 Becher (150 g) Crème fraîche
2 EL Schlagsahne oder Milch
1–2 EL Essig, z. B. Sherryessig
Salz, Pfeffer, 1 Prise Zucker
2 EL gehackte Kräuter, z. B. Kerbel, Estragon, Basilikum

1 Gemüse (außer Sprossen) putzen (je nach Gemüse schälen), waschen und abtropfen lassen.

2 Gemüse (z. B. Möhren) der Länge nach in dünne Streifen schneiden oder Gemüse (z. B. Fenchel, Kürbis) in dünne Scheiben schneiden. Sprossen abspülen und trocken tupfen.

3 Für die Sauce Crème fraîche mit Sahne oder Milch und Essig verrühren. Mit Salz, Pfeffer und Zucker würzen. Kräuter unterrühren.

4 Die Salatzutaten auf einer Platte anrichten und die Sauce darüber verteilen. Mit den Sprossen garnieren.

TIPPS » Den Salat zu gegrillten oder kurz gebratenen Fleischstücken oder als Snack mit Baguette oder Fladenbrot servieren.
» Um Kalorien zu sparen, können Sie Crème fraîche durch Joghurt (3,5 % Fett) ersetzen.

Abwandlung: In der Spargelsaison können Sie weißen Spargel verwenden. Spargel von oben nach unten dünn schälen, die unteren, holzigen Enden abschneiden. Den Spargel kalt abspülen, abtropfen lassen und schräg in sehr dünne Scheiben schneiden.

Pro Portion: E: 4 g, F: 13 g, Kh: 7 g, kJ: 663, kcal: 160, BE: 0,0

Chinakohlsalat mit Frischkäse

FÜR KINDER

Zubereitungszeit: etwa 25 Minuten

600 g Chinakohl
1 Dose Mandarinen (Abtropfgewicht 175 g)
100 g gekochter Schinken

Für die Sauce:
100 g Kräuter-Frischkäse
4 EL Schlagsahne
4 EL Mandarinensaft (aus der Dose)
1–2 EL Weißweinessig
Salz, Zucker, Pfeffer

1 Von dem Chinakohl die äußeren welken Blätter entfernen, den Kohl halbieren, den Strunk herausschneiden. Chinakohl abspülen, in einem Sieb gut abtropfen lassen, evtl. trocken tupfen und in schmale Streifen schneiden.

2 Mandarinen in einem Sieb abtropfen lassen, dabei den Saft auffangen und 4 Esslöffel für die Sauce abmessen. Schinken in Streifen schneiden.

3 Für die Sauce Frischkäse mit Sahne und Mandarinensaft verrühren, mit Essig, Salz, Zucker und Pfeffer würzen. Sauce mit Salatzutaten vermengen und den Salat sofort servieren.

TIPPS » Den Chinakohlsalat mit Brot oder Reis als kleine Mahlzeit servieren. Er eignet sich auch als Partysalat, dann Salatzutaten und Sauce getrennt anrichten.
» Verwenden Sie Eisbergsalat statt Chinakohl.

Pro Portion: E: 9 g, F: 10 g, Kh: 13 g, kJ: 777, kcal: 186, BE: 1,0

Möhren-Apfel-Salat

SCHNELL

Zubereitungszeit:
etwa 20 Minuten

500 g Möhren
250 g säuerliche Äpfel, z. B. Elstar, Cox Orange

Für die Sauce:
3 EL Zitronensaft
3 EL Orangensaft
1–2 TL Zucker oder Honig
Salz
1 TL Speiseöl, z. B. Sonnenblumen- oder Rapsöl

Pro Portion:
E: 1 g, F: 1 g, Kh: 14 g, kJ: 314, kcal: 75, BE: 1,0

1 Möhren putzen, schälen, waschen und abtropfen lassen. Äpfel schälen, vierteln und das Kerngehäuse entfernen. Beide Zutaten auf der Haushaltsreibe raspeln.

2 Für die Sauce Zitronen- und Orangensaft mit Zucker oder Honig und Salz verrühren. Öl unterschlagen. Möhren und Äpfel mit der Sauce vermengen. Den Salat mit Zucker abschmecken.

TIPPS » Bei ungespritzten Äpfeln können Sie die Äpfel auch nur waschen, abtrocknen und mit der Schale reiben.
» Die Sauce nach Belieben zusätzlich mit 1 Messerspitze gemahlenem Ingwer würzen.

Sprossen-Avocado-Salat

VEGETARISCH (FOTO)

Zubereitungszeit:
etwa 30 Minuten

150 g Feldsalat
250 g Tomaten
1 reife Avocado
150 g Soja-, Radieschen- oder Erbsensprossen

Für die Sauce:
2–3 EL Essig, z. B. Kräuteressig
2 EL Wasser, Salz, Pfeffer
1 Prise Zucker
1 TL mittelscharfer Senf
4 EL Speiseöl, z. B. Walnussöl

Pro Portion:
E: 4 g, F: 24 g, Kh: 4 g, kJ: 1045, kcal: 249, BE: 0,0

1 Feldsalat verlesen, die Wurzelenden so abschneiden, dass die Blätter noch zusammenhalten (Foto 1). Schlechte Blätter entfernen, den Salat gründlich waschen und trocken schleudern oder in einem Sieb abtropfen lassen.

2 Tomaten waschen, abtrocknen, die Stängelansätze herausschneiden und die Tomaten in Spalten schneiden. Avocado längs halbieren, den Stein herauslösen (Foto 2). Avocado schälen und das Fruchtfleisch längs in Spalten schneiden. Sprossen abspülen und trocken tupfen.

3 Für die Sauce Essig mit Wasser, Salz, Pfeffer, Zucker und Senf verrühren. Öl unterschlagen. Die vorbereiteten Salatzutaten auf einer Platte anrichten und die Sauce darübergeben. Die Sprossen auf dem Salat verteilen.

TIPP » Den Sprossen-Avocado-Salat als kleine Mahlzeit mit Brot oder als Beilage zu hellem Fleisch oder Fisch servieren. Zusätzlich 50 g gehackte Walnusskerne über den fertigen Salat streuen.

1

2

Geflügelsalat

FÜR GÄSTE (4–6 PORTIONEN, FOTO)

Zubereitungszeit:
etwa 30 Minuten

1 Beutel (125 g) Ebly®
(Zartweizenkörner)
500 g gebratenes oder
gekochtes Geflügelfleisch,
z. B. Hähnchenbrustfilet
je 100 g grüne und blaue
kernlose Weintrauben
4 Stängel Estragon
½ rote Chilischote

Für die Sauce:
2 Knoblauchzehen
2 EL Kräuteressig
1 EL flüssiger Honig
1 Becher (150 g) Crème fraîche
2 EL Apfelsaft
1 EL mittelscharfer Senf
6 EL Olivenöl
Salz, Pfeffer

Pro Portion:
E: 27 g, F: 23 g, Kh: 30 g,
kJ: 1800, kcal: 431, BE: 2,5

1 Ebly® nach Packungsanleitung garen und erkalten lassen. Geflügelfleisch in Streifen schneiden. Weintrauben abspülen (Foto 1), abtropfen lassen und halbieren. Estragon abspülen, trocken tupfen, die Blättchen von den Stängeln zupfen (Foto 2) und Blättchen grob hacken. Chilischote halbieren, entkernen, die weißen Scheidewände entfernen. Schote waschen, abtropfen lassen und fein hacken.

2 Für die Sauce Knoblauchzehen abziehen und grob hacken. Essig, Honig, Crème fraîche, Apfelsaft, Senf und Knoblauch pürieren. Nach und nach das Öl unterschlagen. Sauce mit Salz und Pfeffer abschmecken.

3 Geflügelstreifen mit der Marinade, Chili und Ebly® in einer Schüssel vermengen. Weintrauben und Estragon vorsichtig unterheben und den Salat servieren.

TIPP » Ebly® ist sonnengereifter Weizen, der seine Wurzeln in der mediterranen Küche hat. Durch seine schonende Verarbeitung ist er reich an Ballaststoffen, Vitaminen und Mineralstoffen und dabei locker-leicht. Er eignet sich besonders für Pfannengerichte und Salate.

» REZEPTVARIANTEN:

Geflügelsalat mit Erbsen (Foto 3)
Die Weintrauben durch 200 g TK-Erbsen ersetzen. Die gefrorenen Erbsen in wenig kochendes Salzwasser geben, 3–5 Minuten kochen, dann mit kaltem Wasser abschrecken und abtropfen lassen. Die Erbsen mit den übrigen Salatzutaten vermengen.

Geflügelsalat mit geräucherter Hähnchenbrust
Das gebratene Geflügelfleisch durch in Streifen geschnittenes, geräuchertes Hähnchenbrustfilet ersetzen.

Gurkensalat

SCHNELL

Zubereitungszeit:
etwa 15 Minuten

600–750 g Salatgurken

Für die Sauce:
1 Zwiebel
2 EL Kräuteressig
Salz, Pfeffer, Zucker
3 EL Speiseöl,
z. B. Sonnenblumenöl

1 Gurken schälen. Die Enden abschneiden, Gurken in feine Scheiben schneiden oder hobeln.

2 Für die Sauce Zwiebel abziehen und fein würfeln. Essig mit Salz, Pfeffer und Zucker verrühren. Öl unterschlagen. Zwiebelwürfel und Kräuter unterrühren.

3 Die Gurkenscheiben mit der Sauce vermengen und den Salat sofort servieren.

TIPP » Den Gurkensalat als Beilage zu Fischgerichten, Hackbraten (S. 70) oder Frikadellen (S. 48) oder als Teil einer Salatplatte servieren.

» REZEPTVARIANTE:

Cremiger Gurkensalat

Gurken vorbereiten (Punkt 1). 1 Becher (150 g) Crème fraîche mit 100 g Schmand, 1 Esslöffel grobkörnigen Dijon-Senf, 1 Teelöffel Honig, Salz, Pfeffer, 1 Teelöffel Currypulver und 1 Esslöffel Kräuteressig verrühren. 2 Esslöffel gehackte Kräuter (z. B. Dill, Petersilie) mit den Gurkenscheiben und der Sauce vermengt servieren.

2 EL gehackte Kräuter, z. B. Dill, Petersilie

Pro Portion:
E: 1 g, F: 8 g, Kh: 4 g, kJ: 373, kcal: 89, BE: 0,0

1

2

3

Italienischer Spaghettisalat

FÜR GÄSTE (4–6 PORTIONEN)

Zubereitungszeit: etwa 50 Minuten
Durchziehzeit: etwa 20 Minuten

- 3 l Wasser
- 250 g Spaghetti
- Salz
- 250 g Gemüsezwiebeln
- 200 g Zucchini
- 200 g Fleischtomaten
- 200 g Bratenaufschnitt, z. B. Kalbsbraten
- 3 EL Balsamico-Essig
- frisch gemahlener Pfeffer
- getrockneter, gerebelter Oregano
- 4 EL Olivenöl
- 12 schwarze Oliven ohne Stein
- 2 TL Kapern (aus dem Glas)

Für die Tunfischsauce:

- 1 Dose (185 g) Tunfisch in Öl
- 150 g Joghurt (3,5 % Fett)
- 1 EL Salatmayonnaise
- 1 Topf Basilikum

Pro Portion:
E: 26 g, F: 30 g, Kh: 41 g, kJ: 2297, kcal: 549, BE: 3,0

1 Wasser in einem großen geschlossenen Topf zum Kochen bringen. Spaghetti zweimal durchbrechen. 3 Teelöffel Salz und Spaghetti in das kochende Wasser geben. Die Spaghetti ohne Deckel bei mittlerer Hitze nach Packungsanleitung bissfest kochen, dabei 4–5-mal umrühren. Anschließend Spaghetti in ein Sieb geben, mit heißem Wasser abspülen und abtropfen lassen.

2 Gemüsezwiebeln abziehen, halbieren und in dünne Scheiben schneiden. Zucchini waschen, abtrocknen, die Enden abschneiden und Zucchini in dünne Scheiben schneiden. Zwiebel- und Zucchinischeiben in wenig kochendes Salzwasser geben, einmal aufkochen lassen. Dann in ein Sieb geben, mit kaltem Wasser übergießen und abtropfen lassen.

3 Tomaten waschen, abtropfen lassen, kreuzweise einschneiden, kurz in kochendes Wasser legen, dann in kaltem Wasser abschrecken. Tomaten enthäuten. Tomaten vierteln, entkernen, die Stängelansätze herausschneiden und Tomaten in Spalten schneiden. Bratenaufschnitt in Streifen schneiden.

4 Essig mit Salz, Pfeffer und Oregano verrühren. Öl unterschlagen. Die Sauce mit den vorbereiteten Zutaten, abgetropften Oliven und abgetropften Kapern in einer Schüssel vermengen und den Salat etwa 20 Minuten durchziehen lassen.

5 Für die Tunfischsauce Tunfisch mit dem Öl, Joghurt und Mayonnaise pürieren. Die Sauce mit Salz und Pfeffer abschmecken.

6 Basilikum abspülen, trocken tupfen, Blättchen von den Stängeln zupfen und den Salat damit garnieren. Die Tunfischsauce zu dem Salat reichen.

TIPP » Den italienischen Spaghettisalat als kaltes Hauptgericht mit Ciabatta oder als Partysalat servieren.

Abwandlung: Anstelle von Bratenaufschnitt können Sie auch 150 g gegrilltes oder geräuchertes, in Scheiben geschnittenes Hähnchenbrustfilet verwenden.

Kartoffelsalat mit Mayonnaise

TRADITIONELL (IM FOTO IN DER MITTE)

Zubereitungszeit: etwa 45 Minuten, ohne Abkühlzeit
Durchziehzeit: etwa 30 Minuten

800 g festkochende Kartoffeln
2 Zwiebeln
100 g Gewürzgurken (aus dem Glas)
3 hart gekochte Eier

Für die Sauce:
6 EL Salatmayonnaise
3 EL Gurkenflüssigkeit
1 EL mittelscharfer Senf
Salz, Pfeffer

Pro Portion:
E: 10 g, F: 25 g, Kh: 31 g, kJ: 1630, kcal: 389, BE: 2,5

1 Kartoffeln gründlich waschen, in einem Topf mit Wasser bedeckt zum Kochen bringen und mit Deckel bei mittlerer Hitze 20–25 Minuten gar kochen.

2 Die gegarten Kartoffeln abgießen, abtropfen, kurz abkühlen lassen und pellen. Kartoffeln in Scheiben schneiden und in eine große Schüssel geben.

3 Zwiebeln abziehen, fein würfeln. Gewürzgurken und die gepellten Eier in Scheiben schneiden.

4 Für die Sauce Mayonnaise, Gurkenflüssigkeit und Senf verrühren. Zutaten mit den abgekühlten Kartoffelscheiben und der Sauce vermengen. Mit Salz und Pfeffer würzen. Kartoffelsalat mindestens 30 Minuten durchziehen lassen.

TIPP » Den Kartoffelsalat als Beilage zu Gegrilltem, zu Wurst, zu Leberkäse, zu Schinkenbraten oder Frikadellen (S. 48) servieren.

» REZEPTVARIANTEN:

Kartoffelsalat mit Fleischwurst
Zusätzlich 1 geschälten, entkernten, in Würfel geschnittenen Apfel und 250 g enthäutete, in kleine Würfel geschnittene Fleischwurst unter den Salat mischen.

Kartoffelsalat mit Kürbis
Anstelle der Gewürzgurken 1 Glas eingelegten Kürbis (Abtropfgewicht 200 g) in einem Sieb abtropfen lassen, dabei die Flüssigkeit auffangen und 3 Esslöffel für die Sauce abmessen (die Kürbisflüssigkeit anstelle der Gurkenflüssigkeit verwenden). Die Kürbisstücke evtl. kleiner schneiden.

Süddeutscher Kartoffelsalat

GUT VORZUBEREITEN (IM FOTO OBEN)

Zubereitungszeit: etwa 50 Minuten, ohne Durchziehzeit

1 kg festkochende Kartoffeln
1 Lorbeerblatt

Für die Sauce:
2 Zwiebeln
50 g gewürfelter durchwachsener Speck

1 Kartoffeln gründlich waschen, mit Lorbeerblatt in einem Topf mit Wasser bedeckt zum Kochen bringen, bei schwacher Hitze 20–25 Minuten mit Deckel gar kochen, nicht zu weich kochen lassen.

2 Inzwischen für die Sauce Zwiebeln abziehen, würfeln. Speckwürfel in einem Topf mit 1 Esslöffel Öl braten. Zwiebelwürfel zugeben, dann mit Essig und Brühe ablöschen, etwa 3 Minuten ziehen lassen. Sauce mit Salz und Pfeffer würzen.

3 Die gegarten Kartoffeln abgießen, abtropfen lassen, heiß pellen. Kartoffeln in Scheiben schneiden und in eine hitzebeständige Schüssel geben. Die Sauce mit den warmen Kartoffelscheiben vorsichtig vermengen, nach und nach restliches Öl zugeben. Den Salat einige Stunden durchziehen lassen.

4 Den Backofen vorheizen.
Ober-/Unterhitze: etwa 150 °C
Heißluft: etwa 130 °C

5 Den Salat mit Salz, Pfeffer und Essig nochmals abschmecken. Die Schüssel mit dem Salat auf dem Rost in den vorgeheizten Backofen schieben. Den Salat **15–20 Minuten** wärmen, dabei gelegentlich durchschwenken.

6 Schnittlauch unterrühren. Den Salat warm servieren.

TIPP » Die Kartoffeln bei schwacher Hitze kochen lassen, damit sie nicht zu weich werden.

» REZEPTVARIANTE:
Süddeutscher Kartoffelsalat mit Kürbiskernen (im Foto unten)
Zusätzlich 70 g Kürbiskerne in einer Pfanne ohne Fett rösten und den Salat ohne Speck zubereiten. Die Kürbiskerne unter den fertigen Salat mischen. Den Salat nach Belieben mit etwas Kürbiskernöl beträufelt servieren.

etwa 100 ml Speiseöl, z. B. Rapsöl
4–5 EL Kräuteressig
125 ml (1/8 l) heiße Gemüsebrühe
Salz, Pfeffer
2 EL Schnittlauchröllchen

Pro Portion:
E: 7 g, F: 29 g, Kh: 35 g, kJ: 1803, kcal: 430, BE: 3,0

Wurst-Käse-Salat

EINFACH (FOTO)

Zubereitungszeit: etwa 35 Minuten
Durchziehzeit: etwa 1 Stunde

250 g Zwiebeln
250 g Emmentaler-Käse
350 g Fleischwurst
75 g Gewürzgurken

Für die Sauce:
2 EL Weißweinessig
2 EL Wasser
1 TL mittelscharfer Senf
Salz, Pfeffer, Zucker
4 EL Speiseöl, z. B. Sonnenblumenöl
1 EL Schnittlauchröllchen

1 Zwiebeln abziehen und zunächst in Scheiben schneiden, dann in Ringe teilen. Zwiebelringe in kochendes Wasser geben, etwa 2 Minuten kochen, dann in ein Sieb geben und abtropfen lassen.

2 Emmentaler entrinden und in Streifen schneiden. Fleischwurst enthäuten. Fleischwurst und Gewürzgurken in Scheiben schneiden.

3 Für die Sauce Essig mit Wasser, Senf, Salz, Pfeffer und Zucker verrühren. Öl unterschlagen. Die Salatzutaten mit der Sauce vermengen und den Salat etwa 1 Stunde durchziehen lassen. Den Salat mit Schnittlauchröllchen bestreut servieren.

TIPP » Den Wurst-Käse-Salat als kleine Mahlzeit mit Laugenbrötchen oder -brezeln oder als Partysalat servieren. Sie können den Salat auch mit Geflügelfleischwurst oder Kasseler zubereiten.

Pro Portion: E: 29 g, F: 48 g, Kh: 4 g, kJ: 2357, kcal: 563, BE: 0,0

Eiersalat mit Porree

FÜR GÄSTE (4–6 PORTIONEN)

Zubereitungszeit: etwa 30 Minuten

300 g Porree (Lauch)
300 g Möhren
½ Kopf Eisbergsalat (etwa 150 g)
6 hart gekochte Eier

Für die Sauce:
100 g Salatmayonnaise
150 g Joghurt (3,5 % Fett)
2 EL Zitronensaft
Salz, Pfeffer, Zucker
1 EL Schnittlauchröllchen

1 Porree putzen, die Stangen längs halbieren, gründlich waschen, abtropfen lassen und in sehr feine Streifen schneiden. Möhren putzen, schälen, waschen, abtropfen lassen und grob raspeln.

2 Von dem Eisbergsalat die äußeren welken Blätter entfernen. Den Salat in feine Streifen schneiden, waschen und trocken schleudern. Eier pellen und in Sechstel schneiden.

3 Für die Sauce Mayonnaise mit Joghurt und Zitronensaft verrühren, mit Salz, Pfeffer und Zucker würzen. Die vorbereiteten Salatzutaten (außer Eier) in einer Schüssel mit der Salatsauce vermengen und nochmals abschmecken. Die Eiersechstel darauf verteilen und mit Schnittlauchröllchen bestreuen.

TIPP » Den Eiersalat als kleine Mahlzeit mit Brot servieren.

Pro Portion: E: 11 g, F: 19 g, Kh: 7 g, kJ: 1034, kcal: 247, BE: 0,5

Kartoffeln, Reis & Teigwaren

Kartoffeln

Kartoffeln sind nicht nur ein wertvolles Grundnahrungsmittel, auch die Vielfalt ihrer Zubereitungsmöglichkeiten ist schier unbegrenzt. Und ganz nebenbei sind die angeblichen „Kellerkinder“ auch noch wahre Vitaminbomben: neben reichlich Vitamin C, A und Vitaminen der B-Gruppe enthalten sie auch Mineralstoffe und Spurenelemente, wie Natrium, Kalium, Calcium und Eisen. Zudem haben Kartoffeln von allen pflanzlichen Eiweißlieferanten den höchsten Anteil an für den Organismus verwertbarem Eiweiß. Bei den vielen Kartoffelsorten unterscheidet man:

» Festkochende Speisekartoffeln: wie Cilena, Hansa, Linda, Nicola, Sieglinde. Aus diesen Sorten kann man besonders gut Salate, Gratins, Salz-, Pell- oder Bratkartoffeln zubereiten.

» Vorwiegend festkochende Speisekartoffeln: wie Leyla, Christa, Granola, Grata oder Hela. Diese eignen sich für Salz-, Pell- oder Bratkartoffeln, Folienkartoffeln und Suppen.

» Mehligkochende Speisekartoffeln: wie Adretta, Afra, Bintje, Datura, Ilona oder Maritta. Hieraus lassen sich leckere Suppen, Eintöpfe, Knödel oder Kartoffelpuffer zaubern.

Kartoffeln richtig lagern

Weil Kartoffeln bei zu warmer, heller Lagerung schnell Keime bilden und es zu Grünverfärbungen kommt, werden sie am besten kühl (4–12 °C), luftig und trocken gelagert. Sollten Ihnen keine guten Lagerungsmöglichkeiten zur Verfügung stehen, kaufen Sie lieber nur kleine Mengen und füllen Sie diese in einen Leinen-, Jute- oder Netzsack um, weil die Kartoffeln in einem Folienbeutel schnell faulen. Wenn Sie einen Vorratskeller haben, können Sie auch größere Mengen einlagern. Achten Sie darauf, dass es lagerfähige Sorten sind, z. B. Afra oder Nicola. Lagern Sie Kartoffeln nie zusammen mit Äpfeln oder Birnen. Diese Früchte geben einen Stoff (Ethylen) ab, der die Reifung beschleunigt und die Kartoffeln schneller verderben lässt.

Klöße und Knödel

Für Kenner sind Klöße und Knödel mehr als nur eine Beilage. Schon die verschiedenen Grundteige lassen ahnen, wie viele Möglichkeiten in ihnen stecken. Es gibt den vorwiegend aus rohen oder gekochten Kartoffeln oder Semmeln (Brötchen) zubereiteten Grundteig, aber auch den aus Hefeteig oder Grieß hergestellten. Selbst gemachte Klöße gelingen, wenn Sie folgende fünf Regeln beachten:

» Klöße mögen es gemischt! Vermengen Sie alle Zutaten sorgfältig zu einer einheitlichen Masse.

» Klöße benötigen Platz! Wählen Sie zum Garen einen großen Topf.

» Klöße brauchen Bewegung! (Aber nicht zu viel!) Rütteln Sie während der Garzeit ab und zu vorsichtig am Topf, damit die garen Klöße an die Wasseroberfläche steigen.

» Klöße brauchen eine Garprobe! Reißen Sie einen Kloß zum Ende der Garzeit mit zwei Gabeln auf. Ist das Kloßinnere trocken, sind sie gar, ist es feucht, müssen sie noch ziehen.

» Klöße mögen keine nassen Füße! Nehmen Sie die gegarten Klöße mit einer Schaumkelle aus dem Topf und lassen Sie diese vor dem Servieren gut abtropfen.

Teigwaren

Teigwaren – von den meisten gern als Nudeln bezeichnet – sind beliebte und vielseitige Nahrungsmittel, die als Beilage, Suppeneinlage oder eigenständiges Gericht schmecken. Es gibt sie in vielen Formen und Farben, gefüllt und ungefüllt, getrocknet und als Frischteigwaren im Kühlregal. Sie sind problemlos in der Vorratshaltung (vor allem getrocknete Nudeln sind sehr lange haltbar) und einfach in der Zubereitung. Man unterscheidet zwischen zwei Sorten: Teigwaren, die mit Ei hergestellt werden, und solche, die ohne Ei auskommen.

Nudeln richtig kochen

Nudeln immer in reichlich Wasser garen. Pro 100 g Nudeln benötigt man 1 Liter Wasser – (ab einer Nudelmenge von mehr als 400–500 g sollten Sie die Menge auf 2 Töpfe verteilen).
Salz unterstreicht den Geschmack der Nudeln – pro Liter Wasser wird 1 Teelöffel Salz zugegeben. Geben Sie das Salz nicht in das kalte, sondern zusammen mit den Nudeln in das kochende Wasser. Lassen Sie die Nudeln ohne Deckel bei mittlerer Hitze so lange kochen, wie auf der Packung angegeben ist (selbst gemachte Nudeln benötigen nur einige Minuten). Rühren Sie dabei gelegentlich kurz um, damit die Nudeln nicht zusammenkleben. Schütten Sie die gegarten Nudeln dann in ein Sieb, spülen sie mit heißem Wasser ab und lassen sie abtropfen.

Reis

Egal ob Sie Langkorn-, Rundkorn-Patna- oder Wildreis bevorzugen – er ist reich an Vitaminen und Mineralstoffen, kalorienarm und sehr gut verträglich.

Reis richtig zubereiten

Reis verdreifacht sich bei der Zubereitung: d. h. 1 Tasse roher Reis ergibt 3 Tassen gekochten Reis. Ungeschälter Reis ist nach 35–40 Minuten gar, geschälter Reis braucht 15–20 Minuten (Packungsanleitung beachten). Man kann Reis auf zwei Arten zubereiten: kochen Sie ihn in reichlich Salzwasser oder dünsten Sie ihn erst in etwas Öl und lassen ihn in wenig Flüssigkeit (im Verhältnis 1 Tasse Reis auf 2 Tassen Flüssigkeit) ausquellen. Beim Kochen gehen durch das Abschütten des überschüssigen Kochwassers Nährstoffe verloren. Während der Reis beim Ausquellen die gesamte Flüssigkeit aufnimmt und alle Nährstoffe erhalten bleiben.

Tipps

» Gegarter Reis bleibt körnig, wenn Sie nach dem Garen ein Baumwolltuch, z. B. ein sauberes Geschirrtuch, zwischen Topf und Topfdeckel spannen.
» Um Reis aufzuwärmen, füllen Sie ihn in größeren Mengen in eine gefettete, hitzebeständige Form und wärmen ihn zugedeckt im Backofen bei etwa 150 °C (Ober-/ Unterhitze) auf.
» Reisreste können Sie tiefkühlgerecht verpackt einfrieren und bei Bedarf im Siebeinsatz über Wasserdampf auftauen und erwärmen.
» Reis ist eine leckere Suppeneinlage. Kochen Sie ihn dazu in einem separaten Topf nur knapp gar und geben Sie ihn erst kurz vor dem Servieren in die Suppe. So gart er in der heißen Suppe nach, bleibt aber dennoch schön bissfest.

Nährmittel

Nährmittel ist der Oberbegriff für Trockenerzeugnisse aus Getreidekörnern. Zu den Nährmitteln gehören Graupen, Sago, Pudding-Pulver, Frühstücks-Cerealien oder Suppen und Saucen in Pulverform.
» Getreide wie Roggen, Gerste, Weizen, Hafer, Hirse oder Buchweizen sollte ein wichtiger Bestandteil unserer Ernährung sein. Es steckt voller wichtiger Vitamine, Mineralstoffe, Spurenelemente und Ballaststoffe. Im Handel erhält man Getreide in Form von ganzen Körnern, grob oder fein geschrotet, gequetscht (Flocken) oder unterschiedlich fein gemahlen.

Salzkartoffeln

EINFACH

Zubereitungszeit: etwa 10 Minuten
Garzeit: 20–25 Minuten

750 g Kartoffeln
1 TL Salz

Pro Portion:
E: 3 g, F: 0 g, Kh: 22 g, kJ: 447, kcal: 107, BE: 2,0

1 Kartoffeln mit einem Messer oder Sparschäler dünn schälen. Schlechte und grüne Stellen entfernen.

2 Kartoffeln abspülen, abtropfen lassen und größere Kartoffeln 1–2-mal durchschneiden. Kartoffeln in einen Topf geben, Salz darüberstreuen, mit Wasser knapp bedecken und zum Kochen bringen. Kartoffeln mit Deckel in 20–25 Minuten gar kochen.

3 Das Kochwasser abgießen. Die Kartoffeln im offenen Topf unter leichtem Schütteln abdämpfen lassen oder zum Abdämpfen ein Küchentuch oder Küchenpapier zwischen Topf und Deckel legen.

TIPP » Salzkartoffeln passen zu den meisten Fleisch-, Fisch- oder Gemüsegerichten mit Sauce.

» REZEPTVARIANTEN:

Petersilienkartoffeln
Die Kartoffeln wie im Rezept angegeben zubereiten und in 20–30 g zerlassener Butter und 2 Esslöffeln gehackter Petersilie schwenken.

Pellkartoffeln
1 kg Kartoffeln gründlich waschen, evtl. abbürsten und in einem Topf mit Wasser bedeckt zum Kochen bringen. Kartoffeln mit Deckel 20–25 Minuten gar kochen. Die gegarten Kartoffeln abgießen, mit kaltem Wasser abschrecken, abtropfen lassen und sofort pellen. Die Pellkartoffeln als Beilage oder als Hauptgericht mit Kräuterquark oder Béchamelsauce und Salat servieren.

Folienkartoffeln

EINFACH (IM FOTO HINTEN)

Zubereitungszeit: etwa 20 Minuten
Garzeit: 45–60 Minuten

8 mehligkochende Kartoffeln (etwa 1 kg)
Salz

Für die Sauce:
1 Becher (150 g) Crème fraîche
1 EL gehackte Petersilie
Salz, Pfeffer
evtl. einige Kümmelsamen

1 Den Backofen vorheizen.
Ober-/Unterhitze: etwa 200 °C
Heißluft: etwa 180 °C

2 Kartoffeln gründlich waschen, evtl. abbürsten (Foto 1), trocken tupfen und der Länge nach etwa 1 cm tief einschneiden (Foto 2). Die Einschnitte salzen. Die Kartoffeln einzeln in gefettete Alufolie wickeln (Foto 3) und auf dem Rost im unteren Drittel in den vorgeheizten Backofen schieben. Kartoffeln je nach Größe **45–60 Minuten** garen.

3 Inzwischen für die Sauce Crème fraîche mit Petersilie verrühren, mit Salz und Pfeffer würzen. Nach Belieben mit etwas Kümmel abschmecken.

4 Wenn die Kartoffeln gar sind, die Alufolie öffnen, die Kartoffeln mit 2 Gabeln aufbrechen und mit der Sauce füllen.

TIPPS » Die Folienkartoffeln zu gegrilltem Fleisch oder Gemüse, zu Steaks oder als Snack servieren.

» Sehr große Kartoffeln (je etwa 250 g, dann genügt 1 Kartoffel pro Person) sind unter der Bezeichnung Backkartoffeln im Gemüsegeschäft zu bekommen.

» **REZEPTVARIANTEN:**

Folienkartoffeln mit Lachs
(im Foto vorn) Zusätzlich 100 g Räucher- oder Graved Lachs in sehr feine Streifen schneiden. Crème fraîche und Lachsstreifen in die heißen Kartoffeln füllen.

Folienkartoffeln mit Meerrettichquark
Anstelle der Crème-fraîche-Sauce 200 g Speisequark (20 % Fett i. Tr.) mit 1–2 Esslöffeln Milch und 1–2 Esslöffeln geriebenem Meerrettich (aus dem Glas) verrühren, mit Salz abschmecken. 100 g Katenschinken fein würfeln und unterheben. Die heißen Kartoffeln mit Quark und Schinken füllen.

Außerdem:
Alufolie
etwas Fett

Pro Portion:
E: 6 g, F: 12 g, Kh: 38 g,
kJ: 1207, kcal: 289, BE: 3,0

Kartoffelgratin

FÜR GÄSTE

Zubereitungszeit:
etwa 30 Minuten
Backzeit: etwa 45 Minuten

1 Knoblauchzehe
800 g festkochende Kartoffeln
Salz
frisch gemahlener Pfeffer
geriebene Muskatnuss
125 ml (⅛ l) Milch
125 g Schlagsahne
2 EL geriebener Parmesan-Käse

Außerdem:
Fett für die Form

Pro Portion:
E: 7 g, F: 15 g, Kh: 26 g, kJ: 1148, kcal: 274, BE: 2,0

1 Den Backofen vorheizen.
Ober-/Unterhitze: etwa 180 °C
Heißluft: etwa 160 °C

2 Knoblauch abziehen, halbieren und eine gefettete, flache Auflaufform mit dem Knoblauch einreiben (Foto 1).

3 Kartoffeln schälen, abspülen, trocken tupfen und in dünne Scheiben schneiden. Die Kartoffelscheiben dachziegelartig schräg in die vorbereitete Form einschichten (Foto 2). Kartoffeln mit Salz, Pfeffer und Muskat bestreuen.

4 Milch mit Sahne verrühren und über die Kartoffelscheiben gießen (Foto 3). Parmesan darüberstreuen. Die Form auf dem Rost auf der mittleren Einschubleiste in den vorgeheizten Backofen schieben und das Gratin **etwa 45 Minuten** goldbraun backen.

TIPP » Das Kartoffelgratin zu saucenlosen Fleisch-, Fisch- oder Gemüsegerichten servieren.

Abwandlung: Anstelle von Milch und Sahne können Sie auch etwa 250 ml (¼ l) Gemüsebrühe mit 2 Esslöffeln Weißwein oder Crème fraîche verrühren und über die Kartoffelscheiben gießen. Mit Parmesan-Käse bestreuen und wie im Rezept beschrieben backen.

» REZEPTVARIANTEN:

Kartoffelgratin mit Steinpilzen
Dafür 20 g getrocknete Steinpilze in ein Sieb geben, kalt abspülen, in 250 ml (¼ l) Gemüsebrühe aufkochen und im geschlossenen Topf abkühlen lassen. Die Steinpilzbrühe anstelle von Milch und Sahne über die Kartoffelscheiben geben, Parmesan-Käse daraufstreuen, 40 g Butterflöckchen darauf verteilen, wie im Rezept beschrieben backen.

Kartoffel-Möhren-Gratin
300 g Kartoffeln durch vorbereitete, in dünne Scheiben geschnittene Möhren ersetzen. Diese mit den Kartoffelscheiben und 1 Esslöffel Thymianblättchen einschichten.

2

3
Farine
Mehl
Sucre
Zucker

Blechkartoffeln mit Kräuterquark

EINFACH (ETWA 8 PORTIONEN)

Zubereitungszeit: etwa 20 Minuten, ohne Durchziehzeit
Garzeit: etwa 40 Minuten

1,2 kg mittelgroße festkochende Kartoffeln
2 Knoblauchzehen
4 Stängel Thymian
2 Stängel Rosmarin
5 EL Olivenöl
Salz
frisch gemahlener Pfeffer
1 Msp. Chiliflocken

Für den Kräuterquark:

500 g Magerquark
1 Becher (150 g) Crème fraîche
je 2 TL gehackter Kerbel, Petersilie und Dill
2 TL Schnittlauchröllchen
Salz
frisch gemahlener Pfeffer
½ TL gemahlener Kümmel

Außerdem:

Fett für das Backblech

Pro Portion:
E: 12 g, F: 12 g, Kh: 25 g, kJ: 1105, kcal: 265, BE: 2,0

1 Den Backofen vorheizen.
Ober-/Unterhitze: etwa 200 °C
Heißluft: etwa 180 °C

2 Kartoffeln unter fließendem kalten Wasser gründlich waschen, evtl. abbürsten und abtrocknen. Knoblauchzehen abziehen und hacken. Thymian und Rosmarin abspülen, trocken tupfen, Blättchen bzw. Nadeln von den Stängeln zupfen und Blättchen bzw. Nadeln grob hacken.

3 Für die Marinade Olivenöl, gehackte Kräuter, Knoblauch, Salz, Pfeffer und Chiliflocken verrühren. Die Kartoffeln ungeschält der Länge nach halbieren, in die Marinade geben, vermengen und mindestens 30 Minuten durchziehen lassen.

4 Kartoffelhälften mit der Schnittfläche nach oben auf ein gefettetes Backblech legen. Mit der restlichen Marinade beträufeln. Das Backblech auf mittlerer Einschubleiste in den vorgeheizten Backofen schieben und die Kartoffeln **etwa 40 Minuten garen.**

5 Inzwischen für den Kräuterquark Quark mit Crème fraîche und den Kräutern verrühren. Kräuterquark mit Salz, Pfeffer und Kümmel würzen. Den Kräuterquark zu den Blechkartoffeln servieren.

TIPP » Die Blechkartoffeln mit Gemüse oder Blattsalat als Hauptgericht oder als Partygericht servieren. Die Blechkartoffeln anstelle von Kräuterquark mit Zaziki oder Kräuterbutter servieren.

EXTRA-TIPP » Um die Garzeit zu verkürzen, Kartoffeln schälen, ganz lassen und etwa 10 Minuten vorkochen. Kartoffeln in einem Sieb abgießen, mit der Marinade vermengen und durchziehen lassen. Die Garzeit im Backofen beträgt dann nur etwa 20 Minuten. Nach der Hälfte der Garzeit die Kartoffeln wenden.

Kartoffelpuffer
(Kartoffel-Pfannkuchen, Reibekuchen)

KLASSISCH (IM FOTO UNTEN)

Zubereitungszeit: etwa 45 Minuten
Bratzeit: 6–8 Minuten

1 kg festkochende Kartoffeln
1 Zwiebel
3 Eier (Größe M)
1 gestr. TL Salz
40 g Weizenmehl
100 ml Speiseöl, z. B. Sonnenblumenöl

Nach Belieben:
einige rote Paprikawürfel
Schnittlauchröllchen
etwas grob gehackte Petersilie

Pro Portion:
E: 11 g, F: 25 g, Kh: 38 g, kJ: 1758, kcal: 419, BE: 3,0

1 Kartoffeln schälen, abspülen und abtropfen lassen. Zwiebel abziehen. Kartoffeln und Zwiebel fein reiben. Eier, Salz und Mehl zufügen und verrühren.

2 Etwas von dem Öl in einer Pfanne erhitzen. Den Teig portionsweise hineingeben, sofort flach drücken. Die Puffer bei mittlerer Hitze von beiden Seiten in 6–8 Minuten knusprig braun braten.

3 Die fertigen Puffer aus der Pfanne nehmen, überschüssiges Fett mit Küchenpapier abtupfen. Die Puffer sofort servieren oder warm stellen.

4 Aus dem restlichen Teig auf die gleiche Weise Puffer braten und nach Belieben mit Paprikawürfeln, Schnittlauchröllchen und gehackter Petersilie bestreut servieren.

TIPPS » Die Kartoffelpuffer mit Apfelmus (S. 278), Kräuterquark oder zu Räucherlachs servieren.

EXTRA-TIPP » Wenn Sie die Hälfte des Mehls durch 2–3 Esslöffel Haferflocken ersetzen, werden die Kartoffelpuffer noch knuspriger.

» REZEPTVARIANTE:
Kartoffelpuffer mit Tomate und Mozzarella-Käse überbacken
Den Backofen vorheizen (Ober-/Unterhitze: etwa 220 °C, Heißluft: etwa 200 °C). Die fertig gebratenen Kartoffelpuffer auf ein mit Backpapier belegtes Backblech legen, mit je 1–2 Tomatenscheiben und 1 Scheibe Mozzarella-Käse belegen, mit Pfeffer bestreuen und überbacken, bis der Käse zerläuft. Kartoffelpuffer mit Basilikumblättchen bestreut servieren.

Rösti

KLASSISCH (IM FOTO OBEN)

Zubereitungszeit: 15–20 Minuten, ohne Kühlzeit
Garzeit für die Kartoffeln: etwa 20 Minuten
Bratzeit für die Rösti: etwa 10 Minuten

500 g festkochende Kartoffeln
Salz, Pfeffer, 6 EL Speiseöl

Pro Portion:
E: 2 g, F: 15 g, Kh: 17 g, kJ: 889, kcal: 212, BE: 1,5

1 Kartoffeln gründlich waschen, in einem Topf mit Wasser bedeckt zum Kochen bringen, mit Deckel in etwa 20 Minuten gar kochen, dann abgießen, mit kaltem Wasser abspülen. Kartoffeln pellen und zugedeckt mindestens 4 Stunden oder über Nacht kalt stellen.

2 Die Kartoffeln grob raspeln (Foto 1). Mit Salz und Pfeffer würzen. Öl in einer beschichteten Pfanne (Ø 24 cm) erhitzen. Die Kartoffelraspel in die Pfanne geben, etwas flach drücken (Foto 2), bei schwacher Hitze von beiden Seiten unter einmaligem Wenden etwa 10 Minuten braun und knusprig braten.

3 Nach Belieben den Rösti zum Servieren in 4 Stücke teilen.

TIPP » Den Rösti zum Wenden evtl. aus der Pfanne auf einen Topfdeckel gleiten lassen (Foto 3) und zurück in die Pfanne stürzen.

2

3

Kartoffelpüree
(Kartoffelbrei)

FÜR KINDER

Zubereitungszeit:
etwa 15 Minuten
Garzeit für die Kartoffeln:
etwa 15 Minuten

1 kg mehligkochende Kartoffeln
Salz
50 g Butter oder Margarine
etwa 250 ml (¼ l) Milch
geriebene Muskatnuss

Pro Portion:
E: 6 g, F: 13 g, Kh: 32 g,
kJ: 1164, kcal: 278, BE: 2,5

1 Kartoffeln schälen, abspülen, abtropfen lassen und in Stücke schneiden. Kartoffeln in einen Topf geben, 1 Teelöffel Salz darüberstreuen, mit Wasser knapp bedecken und zum Kochen bringen. Kartoffeln mit Deckel etwa 15 Minuten gar kochen, abgießen, sofort durch eine Kartoffelpresse geben (Foto 1) oder mit einem Kartoffelstampfer zerdrücken. Butter oder Margarine zugeben.

2 Milch aufkochen und mit einem Schneebesen oder Kochlöffel nach und nach unter die Kartoffelmasse rühren (Foto 2, je nach Beschaffenheit der Kartoffeln kann die Milchmenge etwas variieren).

3 Das Püree bei schwacher Hitze so lange mit dem Schneebesen rühren, bis eine einheitlich lockere Masse entstanden ist. Das Kartoffelpüree mit Salz und Muskat abschmecken.

Wichtig: Die Kartoffeln nicht mit einem Mix- oder Pürierstab pürieren, das Püree wird dann zäh!

TIPP » Kartoffelpüree als Beilage, z. B. zu Braten, Frikadellen (S. 48) oder Fisch servieren. Kartoffelpüree nach Belieben mit in Butter gebräunten Zwiebelringen garnieren.

Abwandlung: Die Milch durch Schlagsahne ersetzen, dann auf die Butter verzichten. Oder die Butter weglassen und stattdessen 100 g durchwachsenen Speck würfeln, ausbraten und zum Schluss unter das Püree rühren.

» REZEPTVARIANTEN:

Kartoffelpüree mit Knoblauch und Kräutern
Zusätzlich 1–2 Knoblauchzehen abziehen und hacken. Butter zerlassen, Knoblauch darin bei schwacher Hitze etwa 5 Minuten dünsten. Die Knoblauchbutter mit 2 Esslöffeln gehackter Petersilie, 1 Esslöffel Schnittlauchröllchen zum Schluss unter das Püree rühren.

Kartoffelpüree mit Käse
Zusätzlich 4 Esslöffel geriebenen mittelalten Gouda- oder Emmentaler-Käse zum Schluss unter das Püree rühren und mit 1 Esslöffel gehackter Petersilie oder Kerbel bestreut servieren.

Kartoffelpüree mit Pesto
100 g grünes oder rotes Pesto aus dem Glas unter das fertige Kartoffelpüree ziehen. Dieses Püree passt besonders gut zu gegrillten Lammkoteletts (S. 80).

Kartoffelpüree mit Olivenöl
Die Butter durch 50–75 ml Olivenöl ersetzen. Etwa 100 g entsteinte schwarze oder grüne abgetropfte, klein gehackte Oliven dazugeben. Das Püree zusätzlich mit Pfeffer abschmecken.

2

Bratkartoffeln

PREISWERT

Zubereitungszeit: etwa 20 Minuten, ohne Abkühlzeit
Garzeit für die Kartoffeln: 20–25 Minuten
Bratzeit für die Kartoffeln: etwa 15 Minuten

1 kg festkochende Kartoffeln
5–7 EL Speiseöl, z. B. Raps- oder Sonnenblumenöl
Salz
frisch gemahlener Pfeffer
2 große Zwiebeln
1 EL Schnittlauchröllchen

Pro Portion:
E: 5 g, F: 15 g, Kh: 35 g, kJ: 1252, kcal: 299, BE: 3,0

1 Kartoffeln gründlich waschen, in einem Topf mit Wasser bedeckt zum Kochen bringen und mit Deckel 20–25 Minuten garen. Kartoffeln abgießen, etwas abkühlen lassen, danach pellen und erkalten lassen. Die Kartoffeln in Scheiben schneiden.

2 Öl in einer großen Pfanne erhitzen. Die Kartoffelscheiben zufügen, mit Salz und Pfeffer würzen. Kartoffeln unter gelegentlichem Wenden etwa 15 Minuten bei schwacher bis mittlerer Hitze goldbraun braten.

3 Inzwischen Zwiebeln abziehen und fein würfeln. Die Zwiebelwürfel zu den Kartoffeln geben und weitere etwa 2 Minuten unter gelegentlichem Wenden braten. Die Bratkartoffeln mit Salz und Pfeffer abschmecken und mit Schnittlauchröllchen bestreuen.

TIPPS » Bratkartoffeln zu Spiegelei (S. 252) oder Rührei (S. 250), Gemüse- oder Fleischsülzen oder zu Roastbeef mit Remouladensauce servieren. Die Bratkartoffeln zusätzlich mit Paprikapulver edelsüß oder 1–2 Teelöffeln getrockneten Kräutern (z. B. Majoran oder Rosmarin) würzen.
» Bratkartoffeln sind auch eine gute Resteverwertung für Pell- oder Salzkartoffeln vom Vortag.

» REZEPTVARIANTEN:

Bauernfrühstück
1 weitere Zwiebel abziehen und würfeln. Zusätzlich 75 g durchwachsenen Speck würfeln. Speck- und Zwiebelwürfel etwa 5 Minuten vor Ende der Bratzeit zu den Kartoffelscheiben geben und mitbraten. 3 Eier mit 3 Esslöffeln Milch, etwas Salz, Pfeffer, Paprikapulver edelsüß und geriebener Muskatnuss verrühren und über die braun gebratenen Kartoffeln in die Pfanne gießen. Die Eiermilch bei schwacher Hitze etwa 5 Minuten stocken lassen, dabei die Kartoffeln evtl. einmal wenden. Das Bauernfrühstück mit eingelegten sauren Gurken servieren.

Bratkartoffeln aus dem Backofen
Den Backofen vorheizen (Ober/Unterhitze: etwa 220 °C, Heißluft: etwa 200 °C). 1 kg Kartoffeln schälen, waschen, trocken tupfen und in etwa 3 mm dünne Scheiben schneiden (Messer, Gemüsehobel oder Aufschnittmaschine). Kartoffelscheiben nochmals trocken tupfen. 2 Zwiebeln abziehen und fein würfeln. Kartoffelscheiben und Zwiebelwürfel mit 5–7 Esslöffeln Speiseöl in einer Schüssel vermengen. Mit Salz und Pfeffer würzen. Kartoffeln auf einem mit Backpapier belegten Backblech verteilen und das Blech auf mittlerer Einschubleiste in den vorgeheizten Backofen schieben. Kartoffeln **etwa 25 Minuten** garen, dabei nach der Hälfte der Garzeit wenden. Die Kartoffelscheiben sollen goldgelb und knusprig sein.

Gekochte Kartoffelklöße

KLASSISCH (12 STÜCK, IM FOTO UNTEN LINKS)

Zubereitungszeit: etwa 40 Minuten (an 2 Tagen), ohne Kühlzeit
Garzeit für die Kartoffeln: 20–25 Minuten
Garzeit für die Klöße: etwa 20 Minuten

750 g mehligkochende Kartoffeln
50 g Semmelbrösel
20 g Weizenmehl
2 Eier (Größe M)
Salz
geriebene Muskatnuss
Salzwasser (auf 1 l Wasser 1 TL Salz)

Pro Portion:
E: 9 g, F: 4 g, Kh: 38 g, kJ: 944, kcal: 225, BE: 3,0

1 Kartoffeln gründlich waschen, mit Wasser bedeckt in einem Topf zum Kochen bringen und mit Deckel 20–25 Minuten gar kochen. Kartoffeln abgießen, mit kaltem Wasser abschrecken, abtropfen lassen. Kartoffeln pellen, sofort durch eine Kartoffelpresse drücken (Foto 1) oder mit einem Kartoffelstampfer zerdrücken, abkühlen lassen und zugedeckt bis zum nächsten Tag kalt stellen.

2 Semmelbrösel, Mehl und Eier mit Handrührgerät mit Knethaken oder einem Rührlöffel unter die Kartoffelmasse kneten. Mit Salz und Muskat würzen. Aus der Masse mit bemehlten Händen 12 Klöße formen (Foto 2).

3 In einem großen Topf so viel Salzwasser zum Kochen bringen, dass die Klöße in dem Wasser „schwimmen" können (Foto 3). Klöße in das kochende Salzwasser geben, wieder zum Kochen bringen und ohne Deckel etwa 20 Minuten gar ziehen lassen (das Wasser muss sich leicht bewegen). Die gegarten Klöße mit einer Schaumkelle aus dem Wasser nehmen und gut abtropfen lassen.

TIPP » Kartoffelklöße zu Sauerbraten (S. 52) oder Schweinebraten mit Rotkohl (S. 164) oder Brokkoli (S. 161) reichen. Nach Belieben die Klöße mit geriebener Muskatnuss bestreut servieren.

» REZEPTVARIANTEN:

Kartoffelklöße mit Speck und Petersilie
Dafür zusätzlich 100 g durchwachsenen Speck würfeln und ausbraten. 1 Esslöffel gehackte Petersilie zugeben, erkalten lassen. Speck-Petersilien-Mischung unter die Kartoffelmasse rühren. Klöße wie im Rezept beschrieben zubereiten.

Gefüllte süße Kartoffelklöße
8–12 kleine Aprikosen oder Pflaumen (die Anzahl richtet sich nach der Größe der Früchte) waschen, trocken tupfen, längs einschneiden, entsteinen und mit je 1 Stück Würfelzucker füllen. Die Kartoffelmasse ohne Muskat zubereiten und in 8–12 gleich große Stücke teilen. Jedes Stück mit einer Frucht füllen, zu einem Kloß formen und wie im Rezept beschrieben gar kochen. 70 g Butter zerlassen, 1–2 Esslöffel Semmelbrösel und 1 Esslöffel Zucker darin bräunen und über die abgetropften Klöße geben.

Rohe Kartoffelklöße
(im Foto rechts)
1½ kg mehligkochende Kartoffeln schälen, abspülen, abtropfen lassen, in eine Schüssel mit kaltem Wasser reiben. Ein Sieb mit einem Küchentuch auslegen, die Kartoffelmasse hineingeben, das Tuch zusammendrehen und die Masse gut auspressen. Masse in eine Rührschüssel geben. 250 ml (¼ l) Milch mit 40 g Butter oder Margarine und etwa 2 Teelöffeln Salz in einem Topf zum Kochen bringen. 150 g Hartweizengrieß unter Rühren einstreuen, kurz

aufkochen lassen, sofort zu den ausgepressten Kartoffeln geben und mit Handrührgerät mit Knethaken zu einer glatten Masse verkneten. Masse nochmals mit Salz abschmecken. 1 Brötchen (Semmel) klein würfeln. 30 g Butter oder Margarine in einer Pfanne zerlassen, die Brötchenwürfel darin unter gelegentlichem Rühren goldbraun rösten. Aus der Kartoffelmasse 12 Klöße formen, in jeden Kloß einige Brötchenwürfel drücken. Klöße wie im Rezept beschrieben garen, als Beilage zu Fleischgerichten mit Sauce servieren.

Kartoffelklöße halb und halb
(im Foto oben)
750 g mehligkochende Kartoffeln gründlich waschen, in einem Topf mit Wasser bedeckt zum Kochen bringen, mit Deckel 20–25 Minuten gar kochen. Dann Kartoffeln abgießen, mit kaltem Wasser abschrecken, pellen, sofort durch eine Kartoffelpresse drücken oder mit einem Kartoffelstampfer zerdrücken.
Kartoffeln abkühlen lassen und zugedeckt über Nacht kalt stellen. Am nächsten Tag weitere 500 g mehligkochende Kartoffeln waschen, schälen, abspülen und in eine Schüssel mit kaltem Wasser reiben. Dann Kartoffeln in ein Sieb geben, mit einem Küchentuch gut auspressen und zu den gekochten Kartoffeln geben. 1 Ei (Größe M), 65 g Weizenmehl und 1 Teelöffel Salz unterkneten. Aus der Masse mit bemehlten Händen etwa 12 Klöße formen und wie im Rezept beschrieben garen. Nach Belieben mit zerlassener Butter zu Fleischgerichten mit Sauce, z. B. Schweinebraten (S. 58) oder Rinderrouladen (S. 64) servieren.

1

2

3

Semmelknödel

KLASSISCH (12 STÜCK)

Zubereitungszeit: etwa 30 Minuten, ohne Abkühlzeit
Garzeit: etwa 20 Minuten

50 g durchwachsener Speck
2 Zwiebeln
1 EL Speiseöl, z. B. Sonnenblumenöl
300 g (etwa 8 Stück) Brötchen (Semmeln) vom Vortag
300 ml Milch
30 g Butter
4 Eier (Größe M)
2 EL gehackte Petersilie
Salz
Salzwasser (auf 1 l Wasser 1 TL Salz)

Pro Portion:
E: 17 g, F: 22 g, Kh: 43 g, kJ: 1869, kcal: 447, BE: 3,5

1 Speck würfeln. Zwiebeln abziehen, fein würfeln. Öl in einer Pfanne erhitzen. Die Speckwürfel darin knusprig braten. Zwiebelwürfel zufügen und bei schwacher Hitze unter Rühren dünsten.

2 Brötchen in kleine Würfel schneiden und in eine Schüssel geben. Milch mit Butter erhitzen, über die Brötchenwürfel gießen und gut verrühren. Die Speck-Zwiebel-Masse mit dem Bratfett unter die eingeweichten Brotwürfel rühren und abkühlen lassen.

3 Eier mit Petersilie verschlagen, mit der abgekühlten Masse vermengen und mit Salz würzen. Aus der Masse mit bemehlten Händen 12 Knödel formen. In einem großen Topf so viel Salzwasser zum Kochen bringen, dass die Knödel in dem Wasser „schwimmen" können. Die Knödel in das kochende Salzwasser geben, wieder zum Kochen bringen und etwa 20 Minuten gar ziehen lassen (das Wasser muss sich leicht bewegen). Die gegarten Knödel mit einer Schaumkelle aus dem Wasser nehmen und gut abtropfen lassen.

TIPP » Semmelknödel als Beilage zu Braten oder Pilzen in Rahmsauce (S. 180) servieren. Die Brötchen vor der Verarbeitung 2–3 Tage trocknen lassen.

Abwandlung: Für **Brezelknödel** die Brötchen durch Laugengebäck ersetzen und zusätzlich 1 Esslöffel Schnittlauchröllchen unter die Knödelmasse mischen.

Hefeklöße

FÜR KINDER (8 STÜCK)

Zubereitungszeit: etwa 20 Minuten, ohne Teiggehzeit
Garzeit: 20–25 Minuten

125 ml (1/8 l) Milch
50 g Butter oder Margarine
300 g Weizenmehl
1 Pck. Dr. Oetker Trockenbackhefe
50 g Zucker
1 Pck. Dr. Oetker Vanillin-Zucker
1 gestr. TL Salz
1 Ei (Größe M)

Pro Portion:
E: 12 g, F: 14 g, Kh: 77 g, kJ: 2033, kcal: 486, BE: 6,5

1 Milch in einem Topf erwärmen und Butter oder Margarine darin zerlassen. Mehl in eine Rührschüssel geben und sorgfältig mit Trockenbackhefe mischen. Zucker, Vanillin-Zucker, Salz, Ei und die Milch-Fett-Mischung zugeben. Die Zutaten mit Handrührgerät mit Knethaken zunächst kurz auf niedrigster, dann auf höchster Stufe in etwa 5 Minuten zu einem glatten Teig verarbeiten. Den Teig zugedeckt so lange an einem warmen Ort gehen lassen, bis er sich sichtbar vergrößert hat (etwa 40 Minuten).

2 Den Teig leicht mit Mehl bestäuben, aus der Schüssel nehmen und auf der leicht bemehlten Arbeitsfläche nochmals kurz durchkneten. Den Teig zu einer Rolle formen, die Teigrolle in 8 gleichmäßige Stücke schneiden, mit bemehlten Händen zu Klößen formen und auf ein bemehltes Brett legen. Die Klöße nochmals zugedeckt an einem warmen Ort so lange gehen lassen, bis sie sich sichtbar vergrößert haben (etwa 15 Minuten).

3 Ein Tuch straff über einen breiten Topf mit kochendem Wasser spannen. Das Tuch mit einem Band (Paketband) festbinden (Foto 1), mit Mehl bestreuen, die Klöße darauflegen (Foto 2) und eine hitzebeständige Schüssel als Deckel daraufsetzen. Achtung: die Schüssel kann sehr heiß werden. Die Klöße bei mittlerer Hitze 20–25 Minuten garen (zur Garprobe mit einem Holzstäbchen in die Klöße stechen, es darf kein Teig mehr daran kleben).

TIPP » Die Hefeklöße mit zerlassener, gebräunter Butter, Zimt-Zucker oder Kompott servieren.

» REZEPTVARIANTEN:

Bayerische Dampfnudeln
Den Teig wie im Rezept beschrieben zubereiten. 8 gleich große Kugeln formen und auf der bemehlten Arbeitsfläche zugedeckt etwa 30 Minuten gehen lassen. 30 g Butter, 100 g Schlagsahne und 100 ml Milch in einem breiten Topf (wenn kein großer Topf vorhanden ist, 2 kleine Töpfe verwenden) erhitzen. Die Teigkugeln in die Flüssigkeit geben und mit Deckel bei mittlerer Hitze 20–25 Minuten garen. Die Klöße mit der Flüssigkeit servieren.

Gefüllte Rohrnudeln
Den Backofen vorheizen (Ober-/Unterhitze: etwa 180 °C, Heißluft: etwa 160 °C). Teig wie im Rezept beschrieben (aber nur mit 1 Prise Salz) zubereiten, zu einer Rolle formen und in 12 Scheiben schneiden. Auf jede Scheibe 1 Teelöffel Pflaumenmus geben und den Teig über dem Mus beutelartig zusammendrücken. 40–50 g zerlassene Butter in eine Auflaufform (etwa 20 x 30 cm) geben. Die Rohrnudeln mit der Nahtstelle nach unten in die Form legen und etwa 10 Minuten an einem warmen Ort gehen lassen, bis sie sich deutlich vergrößert haben. Die Form auf dem Rost auf der mittleren Einschubleiste in den vorgeheizten Backofen schieben. Die Rohrnudeln **25–30 Minuten** backen, heiß servieren.

Schupfnudeln

FÜR GÄSTE (36 STÜCK)

Zubereitungszeit:
etwa 25 Minuten,
ohne Abkühlzeit
Garzeit für die Kartoffeln:
etwa 20 Minuten
Garzeit für die Schupfnudeln:
6–8 Minuten

300 g mehligkochende Kartoffeln
Salz
1 Ei (Größe M)
100 g Weizenmehl
frisch gemahlener Pfeffer
geriebene Muskatnuss
Salzwasser (auf 1 l Wasser 1 TL Salz)
30 g Butter

Pro Portion:
E: 5 g, F: 8 g, Kh: 27 g,
kJ: 861, kcal: 206, BE: 2,0

1 Kartoffeln schälen, abspülen, abtropfen lassen. Kartoffeln in einen Topf geben, mit ½ Teelöffel Salz bestreuen, knapp mit Wasser bedecken und zum Kochen bringen. Kartoffeln mit Deckel in etwa 20 Minuten gar kochen. Abgießen, abdämpfen, sofort durch die Kartoffelpresse geben oder mit einem Kartoffelstampfer zerdrücken und erkalten lassen.

2 Die Kartoffelmasse mit Ei, Mehl, Salz, Pfeffer und Muskat in einer Rührschüssel mit Handrührgerät mit Knethaken verkneten. Dann auf einer bemehlten Arbeitsfläche zu einem glatten Teig verkneten (Foto 1). Aus der Masse mit bemehlten Händen zuerst fingerdicke, etwa 5 cm lange Röllchen formen, dann die Röllchen an den Enden etwas dünner rollen (Foto 2).

3 In einem Topf so viel Salzwasser zum Kochen bringen, dass die Schupfnudeln in dem Wasser „schwimmen" können. Die Schupfnudeln in das kochende Salzwasser geben, wieder zum Kochen bringen und ohne Deckel bei schwacher Hitze 3–4 Minuten gar ziehen lassen (das Wasser muss sich leicht bewegen).

4 Die Schupfnudeln mit einer Schaumkelle aus dem Wasser nehmen und gut abtropfen lassen. Butter zerlassen. Die Schupfnudeln darin unter gelegentlichem Rühren 3–4 Minuten braten.

TIPP » Die Schupfnudeln zu Rinderschmorbraten (S. 76), Gulasch (S. 66), Geschnetzeltem oder Sauerkraut (S. 172) servieren.

» REZEPTVARIANTE:

Gnocchi
Drehen Sie die Röllchen nicht spitz, sondern drücken Sie diese über die Zinken einer Gabel (Foto 3), sodass das typische Rillenmuster entsteht. Die Gabel ab und zu in Mehl tauchen. Servieren Sie die Gnocchi z. B. in Tomatensauce (S. 154) oder zu Saltimbocca alla Romana (S. 54).

2

3

Makkaroni oder Spaghetti

SCHNELL

Zubereitungszeit: etwa 25 Minuten

2 ½ l Wasser
2 ½ TL Salz
250 g getrocknete Makkaroni, Spaghetti oder andere getrocknete Nudeln

Pro Portion:
E: 8 g, F: 1 g, Kh: 44 g, kJ: 909, kcal: 218, BE: 3,5

1 Wasser in einem großen geschlossenen Topf zum Kochen bringen. Dann Salz und Makkaroni oder Spaghetti zugeben. Die Nudeln ohne Deckel bei mittlerer Hitze nach Packungsanleitung bissfest gar kochen, dabei 4–5-mal umrühren.

2 Anschließend die Nudeln in ein Sieb geben, mit heißem Wasser abspülen und abtropfen lassen.

TIPPS » 250 g getrocknete Nudeln reichen für 4 Portionen als Beilage, zum Sattessen sollten Sie 400–500 g Nudeln zubereiten.
» Pro 100 g Nudeln benötigt man 1 Liter Wasser, pro Liter Wasser wird jeweils 1 Teelöffel Salz zugegeben. Ab einer Nudelmenge von 500 g evtl. 2 Töpfe verwenden.
» Wenn Sie frische Nudeln oder Gnocchi aus dem Kühlregal verwenden möchten, benötigen Sie für ein Hauptgericht mit Sauce für 2 Portionen etwa 500 g Nudeln oder Gnocchi.

EXTRA-TIPP » Makkaroni z. B. als Beilage zu Gulasch reichen. Spaghetti z. B. mit Pesto (S. 156) servieren oder in 20 g zerlassener Butter schwenken und mit geriebenem Käse bestreuen.

» REZEPTVARIANTE:
Spaghetti oder Makkaroni Carbonara
400 g Spaghetti oder Makkaroni wie im Rezept beschrieben garen und abtropfen lassen. 150 g durchwachsenen, gewürfelten Speck in 1 Esslöffel erhitztem Olivenöl in einer großen Pfanne bei mittlerer Hitze ausbraten. 4 Eier verschlagen, mit 50 g geriebenem Parmesan-Käse mischen, salzen, pfeffern und mit 6 Esslöffeln Schlagsahne verrühren. 50 g Butter zu dem Speck geben und zerlassen. Das Eiergemisch und die Nudeln zufügen und mit einer Gabel durchrühren, bis die Eiermasse gestockt ist. Mit einem gemischten Blattsalat oder Feldsalat (S. 196) servieren.

Spätzle

PREISWERT

Zubereitungszeit: etwa 30 Minuten
Garzeit: 3–5 Minuten

Zutaten:
250 g Weizenmehl
3 Eier (Größe M)
½ gestr. TL Salz
1 Msp. geriebene Muskatnuss

1 Mehl in eine Rührschüssel geben. Eier, Salz, Muskat und Wasser oder Milch zugeben. Die Zutaten mit einem Holzlöffel verrühren, dabei darauf achten, dass keine Klümpchen entstehen. Den Teig so lange rühren, bis er eine zähe, dickflüssige Konsistenz hat und Blasen wirft (Foto 1).

2 Wasser in einem großen geschlossenen Topf zum Kochen bringen. Salz zugeben. Den Teig portionsweise mit einem Spätzlehobel (Foto 2+3) oder durch eine Spätzlepresse in das kochende Salzwasser geben und 3–5 Minuten gar kochen (Spätzle sind gar, wenn sie an der Oberfläche schwimmen).

3 Die gegarten Spätzle mit einer Schaumkelle aus dem Wasser nehmen, in ein Sieb geben, mit kaltem Wasser abschrecken und abtropfen lassen. Butter in einer Pfanne bräunen und die Spätzle darin schwenken.

TIPP » Beilage zu Rinderschmorbraten (S. 76) oder Gulasch (S. 66).

» REZEPTVARIANTEN:

Geschmälzte Spätzle
30 g Butter zerlassen (schmälzen), mit 2 Esslöffeln Semmelbröseln verrühren und über die Spätzle geben.

Käsespätzle (Foto)
3 Zwiebeln abziehen, zunächst in Scheiben schneiden, dann in Ringe teilen. Zwiebelringe in zerlassener Butter oder Margarine bräunen. Backofen vorheizen (Ober-/Unterhitze: etwa 200 °C, Heißluft: etwa 180 °C). Spätzle wie im Rezept beschrieben zubereiten und die abgetropften Spätzle abwechselnd mit insgesamt 200 g geriebenem Emmentaler-Käse in eine gefettete Auflaufform schichten (die oberste Schicht sollte aus Käse bestehen). Die Form auf dem Rost auf mittlerer Einschubleiste in den vorgeheizten Backofen schieben und die Käsespätzle **etwa 20 Minuten backen**. Die Käsespätzle mit gebräunten Zwiebelringen und Schnittlauchröllchen bestreuen und mit einem gemischten Salat als Hauptgericht servieren.

etwa 100 ml Wasser oder Milch
3 l Wasser
3 TL Salz
40 g Butter

Pro Portion:
E: 12 g, F: 14 g, Kh: 45 g, kJ: 1501, kcal: 359, BE: 4,0

1

2

3

Maultaschen mit Spinatfüllung

GEFRIERGEEIGNET (24 STÜCK)

Zubereitungszeit:
etwa 75 Minuten,
ohne Auftau- und Teigruhezeit
Garzeit: etwa 15 Minuten

Zum Vorbereiten:
600 g TK-Blattspinat

Für den Teig:
300 g Weizenmehl
3 Eier (Größe M)
1 EL Speiseöl, z. B. Sonnenblumenöl
½ TL Salz
evtl. etwas Wasser

Für die Spinatfüllung:
2 Zwiebeln
2 Knoblauchzehen
2 EL Speiseöl, z. B. Sonnenblumen- oder Olivenöl
Salz
frisch gemahlener Pfeffer
geriebene Muskatnuss
1 Eigelb (Größe M)
1 Eiweiß (Größe M)
etwa 3 l Gemüse- oder Fleischbrühe

Pro Portion:
E: 19 g, F: 15 g, Kh: 58 g,
kJ: 1892, kcal: 452, BE: 4,5

1 Für die Spinatfüllung Blattspinat nach Packungsanleitung auftauen.

2 Für den Teig Mehl in eine Rührschüssel geben. Eier, Öl und Salz zufügen. Zutaten mit Handrührgerät mit Knethaken kurz auf niedrigster, dann auf höchster Stufe in etwa 3 Minuten zu einem glatten Teig verarbeiten, evtl. noch etwas Wasser zugeben. Teig zugedeckt etwa 40 Minuten ruhen lassen.

3 Inzwischen für die Spinatfüllung den aufgetauten Blattspinat gut ausdrücken und grob hacken. Zwiebeln und Knoblauchzehen abziehen und würfeln.

4 Öl in einem Topf erhitzen. Zwiebel- und Knoblauchwürfel darin unter Rühren dünsten. Spinat zugeben und mit Deckel bei schwacher Hitze etwa 3 Minuten dünsten. Mit Salz, Pfeffer und Muskat würzen, etwas abkühlen lassen. Dann das Eigelb unterrühren.

5 Den Teig auf der bemehlten Arbeitsfläche dünn ausrollen, mindestens 40 x 60 cm (Foto 1), und 10 x 10 cm große Quadrate daraus ausrädeln. Etwas von der Füllung auf jedes Teigquadrat geben. Eiweiß mit einer Gabel verschlagen und die Teigränder damit bestreichen (Foto 2). Die Teigquadrate zu Dreiecken übereinanderklappen und die Ränder andrücken (Foto 3).

6 Gemüse- oder Fleischbrühe in einem großen Topf erhitzen. Die Maultaschen portionsweise hineingeben und ohne Deckel bei schwacher bis mittlerer Hitze etwa 15 Minuten garen. Die gegarten Maultaschen mit einer Schaumkelle aus der Brühe nehmen und warm stellen. Die übrigen Maultaschen genauso verarbeiten.

7 Die fertigen Maultaschen mit etwas von der Brühe in Suppentellern servieren.

TIPPS » Die gegarten Maultaschen abtropfen lassen, von beiden Seiten in zerlassener Butter anbraten und mit in Butter gebräunten Semmelbröseln und in Butterschmalz oder Öl braun gebratenen Zwiebelringen (von 6–8 Zwiebeln) servieren.
» Den Nudelteig am besten mithilfe einer Nudelmaschine ausrollen.

» REZEPTVARIANTEN:
Maultaschen mit Hackfleischfüllung
1 Zwiebel abziehen, fein würfeln. 1 Esslöffel Öl in einer Pfanne erhitzen. Die Zwiebelwürfel darin dünsten, mit 300 g Gehacktem (halb Rind-, halb Schweinefleisch), 1 Ei, 1 Eigelb (jeweils Größe M) und 2 Esslöffeln gehackter Petersilie vermengen. Mit Salz und Pfeffer würzen. Die Teigquadrate damit wie im Rezept beschrieben füllen und weiterverarbeiten.

Maultaschen mit Krautfüllung
1 Spitzkohl (etwa 700 g) putzen, in feine Streifen schneiden, abspülen und abtropfen lassen. 2 Zwiebeln abziehen, fein würfeln. 2 Esslöffel Öl in einem Topf erhitzen, Zwiebelwürfel darin dünsten. Die Kohlstreifen zugeben und mit Deckel bei schwacher Hitze etwa 3 Minuten dünsten. Gemüse mit geriebener Muskatnuss, Salz und Pfeffer würzen, unter Rühren etwa 5 Minuten bei mittlerer Hitze garen. Gemüse in einem Sieb abtropfen und abkühlen lassen. Dann 50 g gehackte Pistazienkerne, 125 g Crème double und 1 Eigelb (Größe M) unterrühren, nochmals abschmecken. Die Teigquadrate damit wie im Rezept beschrieben füllen und weiterverarbeiten.

TIPP » Gegarte Maultaschen sind gefriergeeignet.

1

2

3
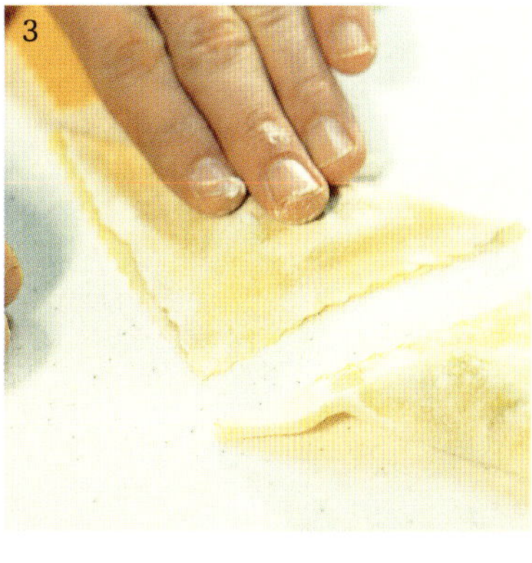

Gedünsteter Reis

EINFACH

Zubereitungszeit: etwa 5 Minuten
Quellzeit: 15–20 Minuten

1 Zwiebel
20 g Butter oder Margarine
200 g Langkornreis
400 ml Gemüsebrühe
evtl. Salz

Pro Portion:
E: 4 g, F: 5 g, Kh: 40 g,
kJ: 916, kcal: 219, BE: 3,5

1 Zwiebel abziehen und fein würfeln. Butter oder Margarine in einem Topf zerlassen. Zwiebelwürfel und Reis kurz darin dünsten.

2 Gemüsebrühe zugießen, zum Kochen bringen und den Reis mit Deckel bei schwacher Hitze 15–20 Minuten quellen lassen. Den gegarten Reis evtl. mit Salz abschmecken.

TIPPS » Den gedünsteten Reis als Beilage zu Fleisch- und Gemüsegerichten servieren oder als Basis für Reissalate verwenden.
» Anstelle von geschältem Reis können Sie auch Natur-Langkornreis verwenden. Wegen des Silberhäutchens hat er eine bräunliche Farbe, darunter stecken Vitamine und Mineralstoffe. Die Garzeit beträgt 25–30 Minuten (Packungsanleitung beachten).

» REZEPTVARIANTEN:

Curryreis (im Foto oben)
Zwiebelwürfel und Reis wie im Rezept beschrieben dünsten. 1 Esslöffel Currypulver darüberstreuen und kurz mitdünsten. Dann Brühe zugießen und den Reis wie im Rezept beschrieben garen.

Kräuterreis
Nach dem Garen je 2 Esslöffel gehackte Petersilie, Dill oder Pfefferminze unter den Reis geben.

Bunter Reis (im Foto in der Mitte)
150 g Fleischwurst pellen, längs halbieren und in Scheiben schneiden. 200 g Möhren und 3 Frühlingszwiebeln putzen, waschen, abtropfen lassen, in Scheiben schneiden. 1 kleine Dose Gemüsemais (Abtropfgewicht 140 g) in einem Sieb abtropfen lassen. 20 g Butter in einem Topf zerlassen, Gemüse- und Wurstscheiben darin dünsten. 200 g Reis zufügen. 400 ml Gemüsebrühe zugießen, zum Kochen bringen und den Reis mit Deckel bei schwacher Hitze 15–20 Minuten quellen lassen, ab und zu umrühren. Den gegarten Reis evtl. mit Salz abschmecken.

Gewürzreis (im Foto unten)
1 Knoblauchzehe abziehen, fein würfeln. 20 g Ingwerwurzel schälen und fein hacken. 1 Chilischote längs halbieren, entstielen, entkernen, abspülen, abtropfen lassen und fein hacken. 20 g Butter oder Margarine in einem Topf zerlassen. 200 g Reis, Knoblauch, Ingwer und Chili in der Butter andünsten. 400 ml Kokosmilch (ungesüßt) zugießen. 1 Stück Sternanis, 1 Stange Zimt, je ½ Teelöffel Currypulver und Kreuzkümmel mit Salz zufügen, zum Kochen bringen und den Reis mit Deckel bei schwacher Hitze 15–20 Minuten quellen lassen. Ab und zu umrühren.
Den gegarten Reis evtl. mit Salz und den Gewürzen abschmecken. 50 g Cashewkerne mit 1 Esslöffel Olivenöl in einer Pfanne leicht bräunen, mit je ½ Teelöffel Currypulver und Schwarzkümmel bestäuben. Reis mit den Cashewkernen garniert servieren.

Milchreis

1 l Milch mit 1 Prise Salz, 20 g Zucker, 1 Päckchen Dr. Oetker Vanillin-Zucker und 2–3 Stück dünn abgeschälter Schale von 1 Bio-Zitrone (unbehandelt, ungewachst) in einem Topf zum Kochen bringen. 175 g Milchreis (Rundkornreis) zugeben, umrühren, zum Kochen bringen und mit halb aufgelegtem Deckel bei schwacher Hitze etwa 35 Minuten quellen lassen. Dabei gelegentlich umrühren. Zitronenschale entfernen. Den Milchreis als Dessert oder als süßes Hauptgericht mit gebräunter Butter und Zimt-Zucker, Kompott oder Obst servieren.

Risotto

EINFACH

Zubereitungszeit: etwa 10 Minuten
Quellzeit: etwa 20 Minuten

1 kleine Zwiebel
50 g Butter
200 g Risottoreis, z. B. Arborio
400–500 ml heiße Gemüsebrühe
Salz
1 EL gemischte, gehackte Kräuter, z. B. Petersilie, Basilikum, Schnittlauch

Pro Portion:
E: 4 g, F: 11 g, Kh: 40 g, kJ: 1155, kcal: 276, BE: 3,5

1 Zwiebel abziehen, würfeln. Butter in einem Topf zerlassen. Zwiebelwürfel kurz darin dünsten. Reis zufügen und glasig dünsten (Foto 1).

2 Etwas von der heißen Brühe zugießen, zum Kochen bringen und den Reis mit Deckel unter gelegentlichem Rühren bei schwacher Hitze etwa 20 Minuten quellen lassen, dabci nach und nach dic Brühc zugießen (Foto 2).

3 Risotto mit Salz abschmecken, in eine vorgewärmte Schüssel füllen und mit Kräutern bestreuen.

TIPP » Risotto als Beilage zu kurz gebratenem Fleisch oder Fisch oder mit einem gemischten Salat servieren.

» REZEPTVARIANTEN:

Risi-Pisi
Etwa 5 Minuten vor Ende der Garzeit zusätzlich 150 g TK-Erbsen unter den Reis mischen und fertig garen. 3 Esslöffel geriebenen Parmesan-Käse und 20 g kalte Butter untermischen und das Risi-Pisi mit 1 Esslöffel gehackter Petersilie bestreuen.

Risotto mit Champignons
Dafür zusätzlich 300 g geputzte, in Scheiben geschnittene Champignons mit den Zwiebelwürfeln in der Butter dünsten. Den Reis zufügen, mit 3 Esslöffeln Weißwein ablöschen, Brühe zugießen und wie im Rezept beschrieben garen. Zum Schluss 1 Esslöffel geriebenen Greyerzer-Käse unterrühren, nochmals mit Salz abschmcckcn und mit 1 Esslöffel Schnittlauchröllchen bestreut servieren.

Mailänder Risotto
125 ml (⅛ l) Weißwein und 1 Messerspitze gemahlenen Safran zum glasig gedünsteten Reis geben, im offenen Topf zum Kochen bringen und bei schwacher Hitze etwa 20 Minuten garen. Wenn die Flüssigkeit verkocht ist, nach und nach etwa 500 ml (½ l) Gemüsebrühe zugießen. 30 g geriebenen Parmesan-Käse und 1–2 Esslöffel Crème fraîche verrühren und unter den fertigen Risotto mischen. Mit Salz und Pfeffer abschmecken.

2

Lasagne

BELIEBT (ETWA 6 PORTIONEN)

Zubereitungszeit:
etwa 45 Minuten
Backzeit: etwa 35 Minuten

Für die Bologneser Sauce:
2 Zwiebeln
1 Knoblauchzehe
2 EL Olivenöl
300 g Thüringer Mett (gewürztes Schweinegehacktes)
2 Dosen (je 400 g) stückige Tomaten
125 ml (1/8 l) Gemüsebrühe
1 EL Tomatenmark
1 Lorbeerblatt
½ EL gehacktes Basilikum
Salz
Tabascosauce

Für die Béchamelsauce:
30 g Butter oder Margarine
25 g Weizenmehl
300 ml Milch
200 ml Gemüsebrühe
200 g geriebener Gratin-Käse
Salz, Pfeffer, Muskatnuss

12 Lasagneblätter
(knapp 250 g, ohne Vorgaren)

Außerdem:
etwas Fett

Pro Portion:
E: 27 g, F: 31 g, Kh: 38 g,
kJ: 2293, kcal: 548, BE: 3,0

1 Für die Bologneser Sauce Zwiebeln und Knoblauchzehe abziehen, beides würfeln. Öl in einem Topf oder einer Pfanne erhitzen. Das Mett darin unter Rühren braten, dabei Klümpchen mit einer Gabel zerkleinern. Zwiebel- und Knoblauchwürfel zugeben und mitdünsten.

2 Stückige Tomaten mit Saft, Gemüsebrühe, Tomatenmark, Lorbeerblatt und Basilikum zu dem Mett geben und etwa 5 Minuten leicht kochen lassen. Mit Salz und Tabascosauce abschmecken. Den Backofen vorheizen.
Ober-/Unterhitze: etwa 200 °C
Heißluft: etwa 180 °C

3 Für die Béchamelsauce Butter oder Margarine in einem Topf zerlassen. Mehl unter Rühren so lange darin erhitzen, bis es hellgelb ist. Milch und Gemüsebrühe zugießen, mit einem Schneebesen durchschlagen. Dabei darauf achten, dass keine Klümpchen entstehen. Sauce einmal aufkochen. Ein Drittel des Käses unterrühren, die Sauce mit Salz, Pfeffer und Muskat würzen.

4 Das Lorbeerblatt aus der Sauce entfernen. Auf den Boden einer eckigen Auflaufform (gefettet, etwa 20 x 30 cm, Inhalt etwa 2,5 l) etwas Bologneser Sauce geben (Foto 1). Darauf eine Schicht Lasagneblätter legen, dann wieder Bologneser Sauce daraufgeben und mit etwa 3 Esslöffeln Béchamelsauce beträufeln (Foto 2). Nacheinander wieder Lasagneblätter, Bologneser Sauce und Béchamelsauce einschichten, so dass 4 Lasagneschichten entstehen.

5 Die restliche Béchamelsauce auf die oberste Lasagneschicht streichen (Foto 3), restlichen Käse daraufstreuen. Die Form auf dem Rost auf mittlerer Einschubleiste in den vorgeheizten Backofen schieben. Lasagne **etwa 35 Minuten** backen.

6 Anschließend Lasagne aus dem Backofen nehmen, etwas abkühlen lassen und servieren.

» REZEPTVARIANTE:
Spinat-Lasagne
2 Esslöffel Olivenöl in einem Topf erhitzen. 1 abgezogene, gewürfelte Knoblauchzehe und 2 abgezogene, gewürfelte Zwiebeln darin dünsten. 450 g aufgetauten TK-Blattspinat zufügen und etwa 4 Minuten mitdünsten. Mit Salz und Pfeffer abschmecken. Eine Béchamelsauce aus 60 g Butter, 50 g Weizenmehl, 600 ml Milch, 200 ml Gemüsebrühe und Gewürzen wie im Rezept beschrieben zubereiten. Lasagne in die Auflaufform einschichten, mit 500 g in Stücke gezupftem Mozzarella-Käse belegen und bei der im Rezept **angegebenen Backofeneinstellung etwa 35 Minuten backen.**

2

3

Gemüseauflauf

VEGETARISCH

Zubereitungszeit:
etwa 45 Minuten
Backzeit: etwa 45 Minuten

1 kg mehligkochende Kartoffeln
Salz
250 g Porree (Lauch)
250 g Auberginen
250 g Zucchini
125 ml (1/8 l) heiße Milch
150 g Schlagsahne
geriebene Muskatnuss
30 g Butter oder Margarine
frisch gemahlener Pfeffer
2 EL gehackte, glatte Petersilie
150 g geriebener, mittelalter Gouda- oder Emmentaler-Käse
etwa 3 EL Sonnenblumenkerne

Außerdem:
etwas Fett

Pro Portion:
E: 20 g, F: 38 g, Kh: 37 g, kJ: 2449, kcal: 585, BE: 3,0

1 Kartoffeln schälen, abspülen, abtropfen lassen, in Stücke schneiden und in einen Topf geben. 1 Teelöffel Salz darüberstreuen. Kartoffeln mit Wasser knapp bedecken und zum Kochen bringen. Kartoffeln mit Deckel 20–25 Minuten garen.

2 Inzwischen Porree putzen, die Stangen längs halbieren, gründlich waschen, abtropfen lassen und in Streifen schneiden. Auberginen und Zucchini waschen, abtrocknen, die Enden abschneiden. Auberginen und Zucchini in Scheiben schneiden. Den Backofen vorheizen.
Ober-/Unterhitze: etwa 200 °C
Heißluft: etwa 180 °C

3 Die gegarten Kartoffeln abgießen, abdämpfen und sofort durch eine Kartoffelpresse drücken oder mit einem Kartoffelstampfer zerdrücken. Die Kartoffelmasse mit Milch und Sahne verrühren. Masse mit Salz und Muskat würzen.

4 Butter oder Margarine in einer Pfanne zerlassen. Das vorbereitete Gemüse darin 1–2 Minuten unter Rühren dünsten. Gemüse mit Salz und Pfeffer würzen. Das Gemüse in eine große flache Auflaufform (gefettet, Inhalt etwa 2,5 l) geben und mit Petersilie bestreuen. Die Hälfte des Käses darüberstreuen (Foto 1). Die Kartoffelmasse daraufgeben (Foto 2), verteilen (Foto 3), mit dem restlichen Käse und den Sonnenblumenkernen bestreuen.

5 Die Form auf dem Rost auf mittlerer Einschubleiste in den vorgeheizten Backofen schieben. Gemüseauflauf **etwa 45 Minuten backen.**

6 Den Auflauf aus dem Backofen nehmen, etwas abkühlen lassen und servieren.

» REZEPTVARIANTEN:

Gemüseauflauf mit Möhren und Comté-Käse
Dafür statt der Auberginen Möhren verwenden. Möhren putzen, schälen, abspülen, abtropfen lassen und in Scheiben schneiden. Die Möhrenscheiben in dem zerlassenen Fett mit Deckel etwa 2 Minuten bei schwacher Hitze dünsten, erst dann das übrige Gemüse zufügen. Gemüse wie im Rezept beschrieben zubereiten und in die Auflaufform geben. Gouda- oder Emmentaler-Käse durch Comté-Käse ersetzen.

Gemüseauflauf mit Fischfilet
Dafür die Auberginen weglassen. Zusätzlich 4 Stücke Fischfilet (je etwa 120 g) unter fließendem kalten Wasser abspülen, trocken tupfen, mit Salz und Pfeffer würzen. Die Fischfilets nebeneinander in die gefettete Auflaufform legen und mit 1 Esslöffel gehacktem Dill bestreuen. Das angedünstete Gemüse und die übrigen Zutaten wie im Rezept unter Punkt 4 beschrieben darauf verteilen und den Auflauf wie im Rezept angegeben backen.

2

3

Ravioli-Käse-Auflauf

EINFACH (ETWA 6 PORTIONEN, FOTO)

Zubereitungszeit:
etwa 15 Minuten
Backzeit: etwa 45 Minuten

2 Dosen Ravioli in Tomatensauce (je 800 g)
½ Bund Frühlingszwiebeln
50 g Speisestärke
200 g geriebener Emmentaler-Käse

Außerdem:
etwas Fett

Pro Portion:
E: 15 g, F: 15 g, Kh: 49 g, kJ: 1673, kcal: 397, BE: 4,0

1 Backofen vorheizen.
Ober-/Unterhitze: etwa 200 °C
Heißluft: etwa 180 °C

2 Ravioli in einem Sieb abtropfen lassen, Tomatensauce dabei auffangen. Frühlingszwiebeln putzen, waschen, abtropfen lassen und in Scheiben schneiden.

3 Speisestärke unter die Tomatensauce rühren. Dabei darauf achten, dass keine Klümpchen entstehen. Die Hälfte des Käses und die Frühlingszwiebelscheiben unterrühren.

4 Ravioli in einer Auflaufform (gefettet, etwa 20 x 30 cm, Inhalt etwa 2,5 l) verteilen. Angerührte Tomatensauce gleichmäßig darübergießen und restlichen Käse daraufstreuen. Form auf dem Rost auf mittlerer Einschubleiste in den vorgeheizten Backofen schieben und den Auflauf **etwa 45 Minuten backen**.

5 Den Auflauf aus dem Backofen nehmen, etwas abkühlen lassen und servieren.

TIPP » Wenn Sie frische Ravioli aus dem Kühlregal verwenden, können Sie 300 ml beliebige Tomatensauce, wie im Rezept beschrieben, mitverarbeiten.

Makkaroni-Auflauf

FÜR KINDER

Zubereitungszeit:
etwa 20 Minuten
Backzeit: etwa 35 Minuten

2½ l Wasser
250 g Makkaroni, 2½ TL Salz
200 g gekochter Schinken in Scheiben
250 g Porree (Lauch)
3 Eier (Größe M)
200 ml Milch
Salz, Pfeffer, Muskatnuss
15 g Semmelbrösel, 20 g Butter

Außerdem:
etwas Fett
10 g Semmelbrösel

1 Wasser in einem großen, geschlossenen Topf zum Kochen bringen. Makkaroni in Stücke brechen. Salz und Makkaroni in das kochende Wasser geben. Makkaroni ohne Deckel bei mittlerer Hitze nach Packungsanleitung bissfest kochen, dabei 4–5-mal umrühren. Makkaroni in ein Sieb geben, mit heißem Wasser abspülen, abtropfen lassen.

2 Den Backofen vorheizen.
Ober-/Unterhitze: etwa 200 °C
Heißluft: etwa 180 °C

3 Schinken klein würfeln. Porree putzen, die Stangen längs halbieren, gründlich waschen, abtropfen lassen und in feine Streifen schneiden.

4 Makkaroni und Schinkenstücke vermengen. Abwechselnd mit den Porreestreifen in eine Auflaufform (Inhalt etwa 2,5 l, gefettet, mit Semmelbröseln ausgestreut) schichten.

5 Eier mit Milch verschlagen. Mit Salz, Pfeffer, Muskat würzen und über den Auflauf gießen. Mit Semmelbröseln bestreuen und Butter in Flöckchen darauf verteilen. Die Form auf dem Rost auf mittlerer Einschubleiste in den vorgeheizten

Backofen schieben und den Auflauf **etwa 35 Minuten backen**.

6 Auflauf aus dem Backofen nehmen, etwas abkühlen lassen und servieren.

Pro Portion:
E: 27 g, F: 15 g, Kh: 52 g,
kJ: 1946, kcal: 465, BE: 4,0

Rührei

SCHNELL (3 PORTIONEN)

Zubereitungszeit: etwa 10 Minuten
Garzeit: etwa 5 Minuten

6 Eier (Größe M)
6 EL Milch oder Schlagsahne
Salz
frisch gemahlener Pfeffer
geriebene Muskatnuss
40 g Butter oder Margarine
2 EL Schnittlauchröllchen

Pro Portion:
E: 15 g, F: 27 g, Kh: 2 g, kJ: 1301, kcal: 311, BE: 0,0

1 Eier mit Milch oder Sahne, Salz, Pfeffer und Muskat verschlagen (Foto 1). Butter oder Margarine in einer Pfanne (Ø 26–28 cm) zerlassen. Die Eierflüssigkeit hineingeben und bei schwacher Hitze stocken lassen.

2 Sobald die Masse zu stocken beginnt, sie mit einem Pfannenwender oder Holzspatel vom Pfannenboden lösen (Foto 2), dabei die Masse immer wieder vom Rand zur Mitte schieben, bis keine Flüssigkeit mehr vorhanden ist (Garzeit insgesamt etwa 5 Minuten). Das Rührei sollte großflockig und innen noch saftig sein. Rührei mit Schnittlauch bestreut servieren.

TIPP » Rührei als Hauptgericht für 3 Portionen, z. B. zu Bratkartoffeln (S. 226) und gemischtem Salat oder für 4–6 Portionen mit Vollkornbrot als kleines Gericht servieren. Statt Milch oder Sahne können Sie auch Mineralwasser mit Kohlensäure verwenden, dadurch wird das Rührei besonders luftig.

» REZEPTVARIANTEN:

Knoblauchrührei
6 Knoblauchzehen abziehen, würfeln, in der Butter oder Margarine andünsten. Eier mit Milch oder Sahne, Salz, Pfeffer und Muskat verschlagen, zum Knoblauch in die Pfanne gießen. Das Rührei wie im Rezept beschrieben garen.

Rührei mit Shrimps
200 g TK-Cocktail-Shrimps nach Packungsanleitung auftauen lassen und trocken tupfen. Eier mit Milch oder Sahne, Salz, Pfeffer und etwas Worcestersauce verschlagen. Butter oder Margarine zerlassen und Eier in die Pfanne geben. Sobald die Masse zu stocken beginnt, die Cocktail-Shrimps zugeben. Rührei wie im Rezept beschrieben zubereiten.

Mexikanisches Rührei
2 Knoblauchzehen und 1 kleine Zwiebel abziehen, beides fein würfeln. 2 Tomaten waschen, abtropfen lassen, kreuzweise einschneiden, kurz in kochendes Wasser legen, dann in kaltem Wasser abschrecken. Tomaten enthäuten, halbieren, entkernen und die Stängelansätze entfernen. Tomaten in Würfel schneiden. Je 1 rote Paprika- und Chilischote halbieren, entstielen, entkernen, die weißen Scheidewände entfernen. Schoten waschen, abtropfen lassen und ebenfalls würfeln. Knoblauch- und Zwiebelwürfel in der Butter oder Margarine andünsten. Chili- und Paprikawürfel zugeben und bei schwacher Hitze etwa 5 Minuten dünsten. Eier mit 3 Esslöffeln Milch oder Sahne, Salz und Pfeffer verschlagen. Tomatenwürfel zufügen. Die Eiermasse in die Pfanne geben und wie im Rezept beschrieben garen. Mit 2 Esslöffeln gehackter, glatter Petersilie bestreut servieren.

2

Spiegeleier

EINFACH (4 STÜCK)

Zubereitungszeit: etwa 5 Minuten
Bratzeit: etwa 5 Minuten

20 g Butterschmalz oder Margarine
4 Eier (Größe M)
Salz

Pro Stück:
E: 7 g, F: 11 g, Kh: 0 g, kJ: 540, kcal: 129, BE: 0,0

1 Butterschmalz oder Margarine in einer Pfanne (Ø 28 cm) zerlassen. Die Eier vorsichtig aufschlagen und nebeneinander in das Fett gleiten lassen (Foto 1).

2 Eiweiß mit Salz bestreuen und die Eier etwa 5 Minuten bei mittlerer Hitze braten, bis das Eiweiß fest ist. Die Spiegeleier aus der Pfanne nehmen und sofort servieren.

TIPP » Als Hauptgericht pro Portion 2 Eier verwenden, z. B. mit Gemüsesalat oder Bratkartoffeln (S. 226), eingelegten Gurken oder zu Blattspinat (S. 174) servieren.

» REZEPTVARIANTEN:

Spiegeleier mit Schinkenspeck
Zusätzlich 4 Scheiben Schinkenspeck in dem Fett anbraten, die Eier aufschlagen, daraufgeben, mit Pfeffer würzen und wie im Rezept beschrieben braten. Spiegeleier mit 1 Esslöffel Schnittlauchröllchen garniert servieren.

Bauarbeiterbrötchen (Foto 2)
Etwa 100 g Gemüse (z. B. Möhren, Radieschen) und Salat (z. B. Eisbergsalat, Rucola) vorbereiten und klein schneiden. 8 Scheiben Bacon in einer Pfanne ohne Fett knusprig braten, herausnehmen. Die Eier wie im Rezept beschrieben braten, dann wenden und weitere etwa 2 Minuten braten. 4 Brötchen halbieren und mit 50 g Butter bestreichen. Die unteren Hälften mit dem vorbereiteten Gemüse und Salat, den Eiern und dem Bacon belegen, mit etwas frisch gemahlenem Pfeffer bestreuen und mit den oberen Hälften bedecken.

TIPP » Mit zunehmendem Alter vergrößert sich die Luftkammer am stumpfen Ende eines Eies, da während der Lagerung Feuchtigkeit verdunstet. Außerdem wird mit der Zeit das Eiklar dünnflüssiger. Diese Alterungsvorgänge laufen bei hoher Lagertemperatur und geringer Luftfeuchtigkeit schneller ab, deshalb Eier immer im Kühlschrank lagern.

Frische-Test: Aufschlagprobe bei einem auf einem Teller aufgeschlagenen Ei:

» Das Eiweiß eines frischen Eies umschließt das Eigelb fest, das Eigelb ist kugelig.
» Das Eiweiß eines etwa 7 Tage alten Eies beginnt zu fließen, es steht nicht mehr so fest.
» Das Eiweiß eines etwa 3 Wochen alten Eies ist wässrig, das Eigelb ist flach.

2

Pochierte Eier
(Verlorene Eier)

RAFFINIERT (8 STÜCK)

Zubereitungszeit:
etwa 10 Minuten
Ziehzeit: 3–4 Minuten

1 l Wasser
3 EL Essig, z. B. Weißweinessig
8 Eier (Größe M)
evtl. 1 EL gehackte Kräuter, z. B. Schnittlauch, Petersilie oder Kerbel

Pro Stück:
E: 7 g, F: 6 g, Kh: 1 g,
kJ: 355, kcal: 85, BE: 0,0

1 Wasser mit Essig in einem Topf zum Kochen bringen. Eier einzeln in einer Kelle aufschlagen, vorsichtig in das siedende (nicht sprudelnd kochende) Wasser gleiten lassen (Foto 1). Eiweiß sofort mit 2 Esslöffeln an das Eigelb schieben (Foto 2). Die Eier bei schwacher Hitze 3–4 Minuten ohne Deckel gar ziehen lassen (maximal 4 Eier auf einmal garen).

2 Die gegarten Eier mit einem Schaumlöffel herausnehmen, kurz in kaltes Wasser tauchen, abtropfen lassen und die Ränder glatt schneiden (Foto 3). Eier auf Tellern anrichten und nach Belieben mit gehackten Kräutern bestreuen.

TIPP » Pochierte Eier als Einlage für Suppen reichen oder zu Bratkartoffeln (S. 226) servieren. Verwenden Sie möglichst frische Eier, das Eiweiß zieht sich dann besser, um das Eigelb herum, zusammen.

» REZEPTVARIANTEN:

Pochierte Eier mit gemischtem Salat (Foto)
Dazu von je ½ Kopf Lollo Rossa und Bionda die äußeren welken Blätter entfernen. Den Salat waschen, trocken tupfen oder schleudern und in mundgerechte Stücke teilen. 250 g Cocktailtomaten waschen, abtrocknen und vierteln. 250 g Salatgurke waschen, die Enden abschneiden. Die Gurke in Scheiben schneiden. 200 g dünne Bundmöhren putzen, schälen, waschen, abtropfen lassen und in dünne Scheiben schneiden oder hobeln.
1 Zwiebel abziehen und würfeln. Die vorbereiteten Salatzutaten in einer Schüssel vermengen.
2–3 Esslöffel Sherry-Essig mit Salz, Pfeffer und 1 Teelöffel flüssigem Honig verrühren, 5 Esslöffel Olivenöl unterschlagen. Die Sauce mit den Salatzutaten vermengen, auf 4 Teller verteilen und je 2 Eier auf gerösteten Ciabattascheiben anrichten. Eier und Salat mit Dillstängeln garnieren.

Pochierte Eier auf geröstetem Brot
Dazu 4 Scheiben Sandwichbrot toasten. Die heißen Brotscheiben dünn mit je ½ Teelöffel Pesto (S. 156) bestreichen und mit je 2 Tomatenscheiben belegen. Die Eier wie im Rezept beschrieben pochieren (aber nicht abschrecken), sofort auf die Tomatenscheiben legen, mit etwas geriebenem Parmesan-Käse und Pfeffer bestreuen und sofort servieren.

1

2

3

Gekochte Eier

EINFACH (4 STÜCK)

Zubereitungszeit:
etwa 10 Minuten

4 frische Eier (Größe M)

Pro Stück:
E: 7 g, F: 6 g, Kh: 0 g,
kJ: 355, kcal: 85, BE: 0,0

1 Eier am dicken runden Ende mit einer Nadel oder einem Eierpick anstechen (Foto 1), damit sie beim Kochen nicht platzen. Wasser in einem Topf zum Kochen bringen.

2 Eier auf einen Löffel oder eine Schaumkelle legen und vorsichtig in das kochende Wasser gleiten lassen (Foto 2), die Eier sollten mit Wasser bedeckt sein. Das Wasser wieder zum Kochen bringen und Eier ohne Deckel bei schwacher Hitze kochen. Die **Kochzeiten** für Eier Größe M betragen für weiche Eier **etwa 5 Minuten**, für wachsweiche Eier **etwa 8 Minuten**, für harte Eier **etwa 10 Minuten**. Bei größeren Eiern die Garzeit jeweils um etwa 1 Minute verlängern.

3 Die gekochten Eier mit dem Löffel oder der Schaumkelle herausnehmen und in kaltem Wasser abschrecken, damit der Garprozess unterbrochen wird und die Eier nicht nachgaren.

TIPP » Werden gekühlte Eier direkt aus dem Kühlschrank verwendet, verlängert sich die Kochzeit um etwa 1 Minute. Sehr kalte Eier in lauwarmem Wasser vorwärmen, damit die Schalen nicht platzen.

Gefüllte Eier mit Sardellen

PREISWERT (8 STÜCK, IM FOTO OBEN LINKS)

Zubereitungszeit:
etwa 25 Minuten

4 hart gekochte Eier (Größe M)
1 schwach geh. EL Mayonnaise
1 schwach geh. TL Senf
Salz
frisch gemahlener Pfeffer
1 Prise Zucker
einige Salatblätter
8 eingelegte Sardellenfilets
etwa 3 Cornichons (aus dem Glas)
einige Cocktailtomaten
grob gehackter Dill

1 Eier pellen, längs halbieren, das Eigelb herauslösen und durch ein feines Sieb streichen. Eigelb mit Mayonnaise und Senf zu einer geschmeidigen Masse verrühren. Die Masse mit Salz, Pfeffer und Zucker würzen, in einen Spritzbeutel mit großer Sterntülle füllen und in die Eihälften spritzen.

2 Salatblätter waschen und trocken tupfen oder schleudern. Sardellenfilets trocken tupfen. Cornichons abtropfen lassen und in Streifen schneiden. Cocktailtomaten waschen, abtrocknen und in Scheiben schneiden. Die Eihälften auf den Salatblättern anrichten, mit Sardellenfilets, Cornichonstreifen und Tomatenscheiben garnieren. Mit Dill bestreut servieren.

TIPP » Die gefüllten Eier zu Salatplatten, auf einem Buffet oder als Vorspeise mit Toast oder Baguette servieren. Die Eihälften vor dem Füllen in Schnittlauchröllchen, Sesamsamen oder gehackten Erdnusskernen wälzen.

» REZEPTVARIANTEN:

Eier mit Kräuterquarkfüllung
(im Foto unten)
Je 1 Esslöffel Crème fraîche Kräuter und Kräuterquark unter das durchgestrichene Eigelb rühren, mit Salz und Zucker abschmecken. In die Eihälften füllen und mit 100 g bunten Paprikastreifen garnieren.

Pro Stück:
E: 5 g, F: 6 g, Kh: 1 g,
kJ: 328, kcal: 78, BE: 0,0

Eier mit Parmesan-Füllung
1 Esslöffel Crème fraîche, 1 Esslöffel fein geriebenen Parmesan-Käse und einige gehackte, rosa Pfefferbeeren unter das durch das Sieb gestrichene Eigelb rühren. Salzen, pfeffern, in die Eihälften füllen. Die Eier mit 1 Esslöffel gerösteten Pinienkernen und 1 Esslöffel in Streifen geschnittenem Rucola (Rauke) garnieren.

Eier mit Tomatenquarkfüllung
(im Foto oben rechts)
2 Esslöffel Sahnequark, 1–2 Teelöffel Tomatenmark und 1 Teelöffel abgetropfte, fein gehackte Kapern unter das durch ein Sieb gestrichene Eigelb rühren, mit Salz, Pfeffer und Zucker würzen, in die Eihälften füllen. Die Eier mit 50 g feinen Schinkenstreifen und Kapern garnieren.

Pfannkuchen (Eierkuchen)

FÜR KINDER (ETWA 7 STÜCK)

Zubereitungszeit:
etwa 40 Minuten,
ohne Teigruhezeit

250 g Weizenmehl
4 Eier (Größe M)
1 EL Zucker
1 Prise Salz
375 ml (3/8 l) Milch
125 ml (1/8 l) Mineralwasser (mit Kohlensäure)
etwa 80 g Butterschmalz oder 8 EL Speiseöl, z. B. Sonnenblumenöl

Pro Stück:
E: 9 g, F: 17 g, Kh: 30 g, kJ: 1309, kcal: 313, BE: 2,5

1 Mehl in eine Rührschüssel geben und in die Mitte eine Vertiefung drücken. Eier mit Zucker, Salz, Milch und Mineralwasser verschlagen. Etwas davon in die Vertiefung geben (Foto 1). Von der Mitte aus Eierflüssigkeit und Mehl verrühren. Nach und nach die übrige Eierflüssigkeit zugeben, dabei darauf achten, dass keine Klümpchen entstehen. Den Teig 20–30 Minuten ruhen lassen.

2 Etwas Butterschmalz oder Öl in einer beschichteten Pfanne (Ø etwa 24 cm) erhitzen und eine dünne Teiglage mit einer drehenden Bewegung gleichmäßig auf dem Boden der Pfanne verteilen (Foto 2). Sobald die Ränder goldgelb sind, den Pfannkuchen vorsichtig mit einem Pfannenwender oder einem Holzspatel wenden oder auf einen Teller gleiten lassen, umgedreht wieder in die Pfanne geben (Foto 3). Die zweite Seite ebenfalls goldgelb backen. Bevor der Pfannkuchen gewendet wird, etwas Fett in die Pfanne geben.

3 Den restlichen Teig auf die gleiche Weise backen, dabei den Teig vor jedem Backen umrühren.

TIPP » Pfannkuchen mit Kompott, Zimt-Zucker, Ahornsirup oder Früchten servieren.

EXTRA-TIPPS » Die Pfannkuchen werden zarter und lockerer, wenn Sie die Eier trennen und zuerst nur das Eigelb in den Teig rühren. Das Eiweiß kurz vor dem Backen steif schlagen und unter den Teig heben.

» Bereits gebackene Pfannkuchen im Backofen bei Ober-/Unterhitze: etwa 80 °C oder Heißluft: etwa 60 °C warm halten.

» Die einzelnen Pfannkuchen vor dem Stapeln mit wenig Zucker bestreuen. So kleben sie nicht zusammen. Die Pfannkuchen können problemlos eingefroren werden.

» REZEPTVARIANTEN:

Apfelpfannkuchen
Den Pfannkuchenteig wie im Rezept beschrieben zubereiten. Zusätzlich 1 kg säuerliche Äpfel (z. B. Boskop) schälen, vierteln, entkernen, längs in dünne Scheiben schneiden und in 7 Portionen teilen. Etwas von dem Fett in der Pfanne erhitzen. 1 Portion Apfelscheiben darin 2–3 Minuten dünsten. Eine dünne Teiglage darüber gießen und bei mittlerer Hitze stocken lassen, dabei gelegentlich den Pfannkuchen vom Boden lösen und wie beschrieben fertig backen. Restliche Äpfel und Teig auf die gleiche Weise verarbeiten. Die Pfannkuchen mit Zimt-Zucker bestreut servieren.

Crêpes
20 g Butterschmalz oder Margarine in einem Topf zerlassen und etwas abkühlen lassen. 100 g Weizenmehl mit 1 Esslöffel Zucker und 1 Prise Salz in einer Rührschüssel vermengen. 2 Eier (Größe M), 250 ml (1/4 l) Milch und Butterschmalz oder Margarine zugeben und gut verrühren. Den Teig 20–30 Minuten ruhen lassen.

Eine kleine Pfanne (Ø16–18 cm) mit etwas Fett auspinseln und die Crêpes wie im Pfannkuchenrezept beschrieben backen. Die gebackenen Crêpes warm stellen. Für die Füllung 1 kleine Dose Aprikosenhälften (Abtropfgewicht 240 g) in einem Sieb abtropfen lassen. Aus 1 Päckchen Dr. Oetker Pudding-Pulver Vanille-Geschmack und nur 300 ml Milch nach Packungsanleitung, aber ohne Zucker einen Pudding zubereiten. 200 g Doppelrahm-Frischkäse mit dem Pudding verrühren. Aprikosenhälften in kleine Stücke schneiden, mit 100 g Aprikosenkonfitüre und 1 Esslöffel Zitronensaft in einem Topf erhitzen. Die Crêpes mit dem Pudding und der Aprikosenmasse füllen, nach Belieben mit Waldmeister- oder Zitronenmelisseblättchen garniert servieren.

2

3

Kaiserschmarren

SCHNELL (2 PORTIONEN)

Zubereitungszeit:
etwa 30 Minuten

4 Eier (Größe M)
100 g Weizenmehl
1 Prise Salz
1 Pck. Dr. Oetker Vanillin-Zucker
200 g Schlagsahne oder 200 ml Milch
50 g Rosinen
etwa 50 g Butterschmalz oder 4 EL Speiseöl, z. B. Sonnenblumenöl
Puderzucker

Pro Portion:
E: 22 g, F: 52 g, Kh: 70 g, kJ: 3574, kcal: 854, BE: 6,0

1 Eier trennen. Eiweiß steif schlagen. Eigelb, Mehl, Salz, Vanillin-Zucker, Sahne oder Milch in eine Rührschüssel geben und mit Handrührgerät mit Rührbesen zu einem glatten Teig verrühren. Eischnee und Rosinen unterheben (Foto 1).

2 Etwas Butterschmalz oder Öl in einer Pfanne (Ø 28 cm) erhitzen. Die Hälfte des Teiges hineingeben und bei mittlerer Hitze auf der Unterseite hellgelb backen. Den an der Oberfläche noch etwas „flüssigen“ Teig mit 2 Pfannenwendern erst vierteln, dann wenden (Foto 2) und goldgelb backen, evtl. noch etwas Fett in die Pfanne geben.

3 Dann den Schmarren mit 2 Pfannenwendern in kleine Stücke reißen (Foto 3), auf einem Teller anrichten und warm stellen. Den restlichen Teig auf die gleiche Weise zubereiten. Den Kaiserschmarren mit Puderzucker bestreut servieren.

TIPPS » Den Kaiserschmarren als süßes Hauptgericht für 2 oder als Dessert für 4 Portionen servieren. Pflaumen- oder Aprikosenkompott dazureichen.
» Wie Sie Eier richtig trennen, finden Sie im Rezept Grießpudding (S. 288).

EXTRA-TIPP » Zum Steifschlagen von Eiweiß müssen Schüsseln und Rührbesen absolut fettfrei sein und es darf keine Spur von Eigelb im Eiweiß sein. Eiweiß immer erst kurz vor der Verwendung steif schlagen.

Abwandlung: Sie können die Rosinen vor der Verwendung in 1–2 Esslöffeln erwärmten, braunen Rum geben und etwa 30 Minuten durchziehen lassen. Die Rosinen (mit dem Rum) wie im Rezept angegeben unter den Teig geben.

» REZEPTVARIANTEN:

Kaiserschmarren mit Nuss-Nougat
Statt der Rosinen 100 g Nuss-Nougat würfeln und zusammen mit 50 g gehackten Mandeln unter den Teig heben. Den Kaiserschmarren wie im Rezept beschrieben zubereiten.

Kaiserschmarren mit Apfel und Sauerkirschen
Nur 150 g Sahne oder 150 ml Milch verwenden und statt der Rosinen 1 geriebenen Apfel und 75 g getrocknete Sauerkirschen unter den Teig heben und den Kaiserschmarren wie im Rezept beschrieben zubereiten.

2

3

Omeletts mit Champignonfüllung

PREISWERT (2 PORTIONEN)

Zubereitungszeit:
etwa 60 Minuten

Für die Füllung:
400 g Champignons
1 Zwiebel
50 g durchwachsener Speck
20 g Butterschmalz oder
2 EL Speiseöl,
z. B. Sonnenblumenöl
Salz
frisch gemahlener Pfeffer
50 g (4 EL) Schlagsahne
2 EL gehackte Petersilie

Für die Omeletts:
6 Eier (Größe M)
1 Prise Salz
1 Prise Paprikapulver edelsüß
30 g Butterschmalz oder
3 EL Speiseöl,
z. B. Sonnenblumenöl

Pro Portion:
E: 34 g, F: 59 g, Kh: 4 g,
kJ: 2822, kcal: 674, BE: 0,0

1 Für die Füllung Champignons putzen, mit Küchenpapier abreiben und in Scheiben schneiden. Zwiebel abziehen. Zwiebel und Speck würfeln.

2 Butterschmalz oder Öl in einem Topf erhitzen. Speckwürfel darin leicht ausbraten. Zwiebelwürfel und Champignonscheiben zufügen, kurz mitdünsten. Mit Salz und Pfeffer würzen und etwa 8 Minuten bei mittlerer Hitze dünsten, dabei gelegentlich umrühren.

3 Sahne unterrühren, nochmals mit Salz und Pfeffer abschmecken. Petersilie unterrühren und die Füllung warm stellen.

4 Für die Omeletts Eier mit Salz und Paprika verschlagen (Foto 1).

5 Die Hälfte Butterschmalz oder Öl in einer beschichteten Pfanne (Ø 22–24 cm) zerlassen. Die Hälfte der Eiermasse hineingeben und bei schwacher Hitze 4–5 Minuten mit Deckel stocken lassen (Foto 2). Die untere Seite muss bräunlich gebacken sein (Foto 3).

6 Das Omelett auf einen vorgewärmten Teller gleiten lassen, die Hälfte der Pilzfüllung daraufgeben, das Omelett zusammenklappen und warm stellen. Das zweite Omelett auf die gleiche Weise zubereiten.

TIPPS » Die Omeletts als Hauptgericht mit gemischtem Blattsalat oder Feldsalat (S. 196) servieren. Omeletts dann erst kurz vor dem Anrichten zubereiten.
» Wenn das Omelett lockerer sein soll, das Eiweiß steif schlagen und unter die Eigelbmasse heben.

» REZEPTVARIANTE:

Omeletts mit Mozzarella und Tomaten

Dafür 125 g Mozzarella-Käse abtropfen lassen und in dünne Scheiben schneiden. 2 Tomaten waschen, abtrocknen und Stängelansätze entfernen. Tomaten in Scheiben schneiden. Jeweils auf eine Omeletthälfte die Hälfte der Käse- und Tomatenscheiben legen, mit Salz und Pfeffer bestreuen, die Omeletts zusammenklappen. Omeletts nach Belieben mit Basilikumblättchen garnieren.

2

3

Arme Ritter

PREISWERT (6 STÜCK)

Zubereitungszeit:
etwa 40 Minuten

300 ml Milch
2 Eier (Größe M)
50 g Zucker
6 etwa 1 ½ cm dicke Scheiben Kastenweißbrot (2–5 Tage alt)
50 g Butterschmalz oder
5 EL Speiseöl,
z. B. Sonnenblumenöl

Pro Stück:
E: 6 g, F: 11 g, Kh: 25 g,
kJ: 953, kcal: 228, BE: 2,0

1 Milch mit Eiern und Zucker verschlagen. Weißbrotscheiben in eine Schale legen, mit der Eiermilch übergießen und einweichen lassen (dabei 1–2-mal vorsichtig wenden), bis die Milch aufgesogen ist (die Scheiben dürfen nicht zu weich werden).

2 Etwas Butterschmalz oder Öl in einer beschichteten Pfanne zerlassen. Die Brotscheiben darin portionsweise bei mittlerer Hitze von beiden Seiten etwa 8 Minuten knusprig braun braten. Die armen Ritter heiß servieren.

TIPP » Arme Ritter als Dessert oder süße Hauptmahlzeit, z. B. mit Pflaumenkompott (S. 278), Apfelmus (S. 278), Puderzucker oder Vanillesauce servieren.

» REZEPTVARIANTEN:

Arme Ritter mit Mandel-Geschmack
Zusätzlich 3 Esslöffel Mandellikör mit Milch und Eiern verrühren. Anstelle von Kastenweißbrot 12 kleine Baguettescheiben verwenden. Die eingeweichten Brotscheiben in etwa 75 g abgezogenen, gemahlenen Mandeln wenden und wie im Rezept beschrieben braten.

Herzhafte arme Ritter
Anstelle des Zuckers Milch und Eier mit 1 gestrichenen Teelöffel Salz, etwas Pfeffer und geriebener Muskatnuss verrühren. Die eingeweichten Brotscheiben in 100 g gemahlenen Sonnenblumenkernen oder etwa 75 g abgezogenen, gemahlenen Mandeln wenden und wie im Rezept beschrieben braten. Sie können die Brotscheiben zusätzlich nach dem Wenden mit je 1 Scheibe Salami, Tomate und Käse belegen. Mit getrocknetem, gerebelten Oregano bestreuen und mit Deckel fertig braten, bis der Käse zerläuft. Nach Belieben mit Blatt- oder Gemüsesalat servieren.

TIPP » Herzhafte arme Ritter (Rezeptvariante 2) eignen sich auch als Beilage zu Suppen oder Ratatouille (S. 182). Um einen Knoblauchgeschmack zu erhalten, 1–2 Knoblauchzehen abziehen, durch eine Knoblauchpresse drücken, zu der Milch geben und 20 Minuten stehen lassen. Milch durch ein Sieb geben, mit Eiern und Gewürzen verrühren. Das Brot darin einweichen und wie im Rezept beschrieben braten.

Gemüsesticks mit Dips

FÜR GÄSTE

Zubereitungszeit:
etwa 40 Minuten

800 g Gemüse, z. B. Staudensellerie, Möhren, Salatgurke, Paprikaschoten, Kohlrabi

Für den scharfen Ziegenfrischkäse-Dip:

100 g Ziegenfrischkäse
1 Becher (125 g) Crème fraîche Kräuter
1 Chilischote
etwas Tabascosauce
Salz, Pfeffer

Für den Knoblauch-Dip:

2 Knoblauchzehen
1 EL Kapern
2 EL gehackte Petersilie
2 EL Schnittlauchröllchen
100 g Doppelrahm-Frischkäse
75 g Joghurt (3,5 % Fett)
Salz, Pfeffer

Für den Honig-Senf-Dip:

1 Becher (150 g) Crème fraîche oder Crème légère
1 EL mittelscharfer Senf
1 EL flüssiger Honig
Kurkuma (Gelbwurz)
Salz, Pfeffer

Pro Portion
(Gemüse mit den Dips):
E: 9 g, F: 33 g, Kh: 15 g,
kJ: 1630, kcal: 393, BE: 1,0

1 Das Gemüse putzen, waschen, abtropfen lassen, in Stifte schneiden und zum Beispiel in Gläsern anrichten.

2 Für den scharfen Ziegenfrischkäse-Dip den Ziegenfrischkäse mit Crème fraîche verrühren. Chilischote halbieren, entstielen, entkernen und die weißen Scheidewände entfernen. Schote waschen, abtropfen lassen, in feine Ringe schneiden und unterrühren. Den Dip mit Tabascosauce, Salz und Pfeffer würzen.

3 Für den Knoblauch-Dip Knoblauch abziehen, durch eine Knoblauchpresse drücken. Kapern abtropfen lassen, fein hacken. Beides mit Petersilie, Schnittlauch, Frischkäse und Joghurt verrühren. Mit Salz und Pfeffer würzen.

4 Für den Honig-Senf-Dip Crème fraîche oder Crème légère mit Senf und Honig verrühren, mit Kurkuma, Salz und Pfeffer würzen.

5 Die Gemüsesticks mit den Dips servieren.

Bruschetta mit Tomaten

SCHNELL (IM FOTO VORNE LINKS)

Zubereitungszeit:
etwa 20 Minuten

5 reife Tomaten
1 Knoblauchzehe
1 EL fein geschnittene Basilikumblättchen
etwa 3 EL Olivenöl
Salz
frisch gemahlener Pfeffer
8 große Scheiben Baguette oder Ciabatta
einige vorbereitete Basilikumblättchen

Pro Portion:
E: 4 g, F: 8 g, Kh: 26 g,
kJ: 837, kcal: 199, BE: 2,0

1 Den Backofen vorheizen.
Ober-/Unterhitze: etwa 220 °C
Heißluft: etwa 200 °C

2 Tomaten waschen, abtropfen lassen, kreuzweise einschneiden, kurz in kochendes Wasser legen und in kaltem Wasser abschrecken. Tomaten enthäuten, vierteln, die Stängelansätze herausschneiden, entkernen und würfeln. Knoblauchzehe abziehen, fein hacken, mit Basilikum und Öl unter die Tomatenwürfel rühren. Mit Salz und Pfeffer würzen.

3 Die Brotscheiben auf ein Backblech legen. Das Backblech auf mittlerer Einschubleiste in den vorgeheizten Backofen schieben und die Brotscheiben **etwa 5 Minuten** rösten.

4 Die Tomatenmasse auf den gerösteten Brotscheiben verteilen, mit vorbereiteten Basilikumblättchen garnieren und sofort servieren.

» REZEPTVARIANTEN:

Pilz-Bruschetta
(8 Brotscheiben, im Foto hinten links)
200 g Steinpilze, Pfifferlinge oder rosa Champignons putzen, mit Küchenpapier abreiben und in kleine Stücke schneiden. 1 Schalotte abziehen und würfeln. 20 g getrocknete Tomaten in feine Streifen schneiden. 2 Esslöffel Olivenöl in einer Pfanne erhitzen. Schalottenwürfel, Pilze und etwas frischen oder ½ Teelöffel getrockneten Majoran darin anbraten. Tomatenstreifen zufügen, kurz mitdünsten und mit 2–3 Esslöffeln trockenem Weißwein und 4 Esslöffeln Schlagsahne ablöschen. Alles etwa 10 Minuten unter gelegentlichem Rühren dünsten, bis die meiste Flüssigkeit verdampft ist. Dann mit Salz und Pfeffer abschmecken und auf den gerösteten Brotscheiben verteilen. Bruschetta nach Belieben mit einigen Blättchen Thymian garniert servieren.

Bruschetta mit Gemüse
(16 Brotscheiben, im Foto hinten rechts)
Je 1 kleine Aubergine und Zucchini (je etwa 200 g) waschen, abtrocknen und die Enden abschneiden. Aubergine in etwa 1 cm große Würfel schneiden. 1 Zwiebel und 2 Knoblauchzehen abziehen, fein würfeln und in 4–5 Esslöffeln Olivenöl dünsten. Auberginen- und Zucchiniwürfel zufügen und etwa 5 Minuten unter gelegentlichem Rühren mitdünsten. 2 Tomaten waschen, abtropfen lassen, kreuzweise einschneiden und die Stängelansätze entfernen. Tomaten kurz in kochendes Wasser legen und in kaltem Wasser abschrecken. Tomaten enthäuten, entkernen, würfeln und unter das Gemüse heben. 1 Stängel Rosmarin und einige Stängel Thymian abspülen, trocken tupfen, Nadeln und Blättchen von den Stängeln zupfen. Blättchen und Nadeln fein hacken. Gemüse mit den Kräutern, Salz und Pfeffer würzen, auf 16 gerösteten Brotscheiben verteilen. Nach Belieben mit frisch gehobeltem Parmesan-Käse bestreuen.

Bruschetta Toskana
(8 Brotscheiben, im Foto vorne rechts)
Den Backofen vorheizen (Ober-/Unterhitze: etwa 200 °C, Heißluft: etwa 180 °C). 200 g Austernpilze putzen, mit Küchenpapier abreiben und etwas kleiner schneiden.
1 Knoblauchzehe abziehen, fein würfeln. 2 Esslöffel Olivenöl in einer Pfanne erhitzen und die Pilze darin braten. Mit Salz und Pfeffer würzen, Knoblauch zugeben.
150 g getrocknete Tomaten (in Öl) abtropfen lassen und in Streifen schneiden. 125 g Mozzarella-Käse abtropfen lassen und in Scheiben schneiden. Die gerösteten Brotscheiben mit 4 gehäuften Teelöffeln Olivenpaste bestreichen, mit den Pilzen, Tomaten und Mozzarella-Scheiben belegen. Mit 25 g geraspeltem Parmesan-Käse bestreuen. Die Brotscheiben auf mittlerer Einschubleiste in den vorgeheizten Backofen schieben und **etwa 6 Minuten** überbacken.

Gefüllte Baguettebrötchen

EINFACH (4 STÜCK, FOTO)

Zubereitungszeit:
etwa 15 Minuten

2 Tomaten
150 g Salatgurke
100 g gekochter Schinken
200 g Camembert
einige Salatblätter
einige Kräuterblättchen, z. B. Basilikum, Petersilie
4 Baguettebrötchen (je etwa 80 g)
40 g Butter

Pro Stück:
E: 23 g, F: 22 g, Kh: 42 g, kJ: 1928, kcal: 461, BE: 3,5

1 Tomaten waschen, abtrocknen, die Stängelansätze herausschneiden. Gurke waschen, abtrocknen und die Enden abschneiden. Tomaten und Gurke in Scheiben schneiden. Schinken in Streifen, Camembert in Scheiben schneiden. Salatblätter und Kräuterblättchen abspülen und trocken tupfen.

2 Baguettebrötchen waagerecht halbieren und mit Butter bestreichen. Die unteren Hälften nacheinander mit Salatblättern, Tomaten-, Gurken-, Camembertscheiben, Schinkenstreifen und Kräuterblättchen belegen und mit den oberen Brötchenhälften bedecken.

TIPP » Die Tomatenscheiben nach Belieben salzen und pfeffern.

» REZEPTVARIANTE:
Gefülltes Fladenbrot
150 g vorbereitete Möhren grob raspeln. 70 g Eisbergsalat putzen, waschen, trocken tupfen und in dünne Streifen schneiden. 100 g Kasseler-Aufschnitt in Streifen schneiden. 1–2 Teelöffel Balsamico-Essig mit Salz und Pfeffer verrühren, 2 Esslöffel Olivenöl unterschlagen. Die Sauce mit 1 Esslöffel Schnittlauchröllchen und den vorbereiteten Zutaten vermengen. 1 rundes Fladenbrot aufbacken, vierteln. Die Brotviertel waagerecht aufschneiden, dabei am Rand nicht ganz durchschneiden, dann aufklappen und mit dem Salat füllen.

Tomaten mit Mozzarella

KLASSISCH

Zubereitungszeit:
etwa 15 Minuten

7 Tomaten
250 g Mozzarella-Käse

Für die Sauce:
etwa 2 EL Balsamico-Essig
Salz, Pfeffer, Zucker
4 EL Olivenöl
Basilikumblättchen

Pro Portion:
E: 13 g, F: 23 g, Kh: 4 g, kJ: 1151, kcal: 275, BE: 0,0

1 Tomaten waschen, abtrocknen, die Stängelansätze herausschneiden. Tomaten in Scheiben schneiden. Mozzarella abtropfen lassen und ebenfalls in Scheiben schneiden. Tomaten- und Mozzarellascheiben abwechselnd auf einer Platte anrichten.

2 Für die Sauce Essig mit Salz, Pfeffer und Zucker verrühren. Öl unterschlagen. Die Sauce über die vorbereiteten Zutaten gießen. Mit abgespülten und trocken getupften Basilikumblättchen garnieren.

TIPP » Tomaten mit Mozzarella und Ciabatta servieren.

» REZEPTVARIANTE:
Tomaten und Zucchini mit Mozzarella
Zusätzlich 200 g Zucchini waschen, abtrocknen und die Enden abschneiden. Zucchini in Scheiben schneiden. Zucchinischeiben in 2 Esslöffeln erhitztem Olivenöl kurz braten, mit Salz bestreuen und abkühlen lassen. Zucchinischeiben mit Tomaten- und Mozzarellascheiben anrichten.

Lachs-Wraps

EINFACH (8 STÜCK)

Zubereitungszeit:
etwa 40 Minuten

je 1 rote und gelbe Paprikaschote (je etwa 200 g)
250 g Rucola (Rauke)
1 Kästchen Kresse
8 Weizentortillas

Für die Sauce:
2 Becher (je 150 g) Crème fraîche
2–3 EL Sahnemeerrettich (aus dem Glas)
Salz
frisch gemahlener Pfeffer
Zucker

250 g Räucherlachs in Scheiben

Pro Stück:
E: 12 g, F: 16 g, Kh: 27 g, kJ: 1268, kcal: 304, BE: 2,0

1 Paprikaschoten halbieren, entstielen, entkernen und die weißen Scheidewände entfernen. Schoten waschen, abtropfen lassen und in Streifen schneiden. Rucola verlesen, dicke Stängel abschneiden. Rucola waschen und trocken schleudern. Kresse abspülen, abschneiden und trocken tupfen.

2 Tortillas nach Packungsanleitung im Backofen oder nacheinander in einer Pfanne ohne Fett beidseitig kurz erwärmen.

3 Für die Sauce Crème fraîche mit Meerrettich verrühren, mit Salz, Pfeffer und Zucker würzen. Die Tortillas mit der Hälfte der Sauce bestreichen, Rucola und Kresse darauf verteilen. Je 1–2 Lachsscheiben darauflegen, die Paprikastreifen darüberstreuen und die restliche Sauce darauf verteilen (Foto 1).

4 Die Tortillas fest aufrollen (Foto 2+3), halbieren und sofort servieren.

» REZEPTVARIANTEN:

Zucchini-Tunfisch-Wraps
1 Dose Tunfisch im eigenen Saft (Abtropfgewicht 135 g) abtropfen lassen, mit 400 g Doppelrahm-Frischkäse und 100 g Ajvar (Paprikamus) pürieren. Mit Salz, Pfeffer und Cayennepfeffer würzen. 1 kleine vorbereitete Zucchini (etwa 200 g) raspeln. Erwärmte Tortillas mit der Frischkäsecreme bestreichen, mit den Zucchiniraspeln bestreuen. Vorbereitete Blätter von ½ Topf Basilikum darauf verteilen. Wraps wie im Rezept beschrieben zubereiten.

Pilz-Wraps
Etwa 250 g Putenbrustfilet unter fließendem kalten Wasser abspülen, trocken tupfen und in Streifen schneiden. 1 vorbereitetes Bund Frühlingszwiebeln in dünne Scheiben schneiden. 200 g vorbereitete Austernpilze oder Champignons in Scheiben schneiden. 4 vorbereitete Tomaten in kleine Würfel schneiden. 1 Esslöffel Olivenöl in einer Pfanne erhitzen, das Fleisch kräftig darin anbraten. Frühlingszwiebeln zufügen. 1 Knoblauchzehe abziehen, durch eine Knoblauchpresse drücken und ebenfalls zufügen. Fleisch mit Salz und Pfeffer würzen, aus der Pfanne nehmen. Wieder 1 Esslöffel Olivenöl in der Pfanne erhitzen, die Pilze darin kräftig anbraten, mit Salz und Pfeffer würzen. Die Tortillas mit 1 Becher (150 g) Crème légère bestreichen. Fleischmischung, Pilze, Tomaten und 1 Kästchen vorbereitete Kresse darauf verteilen. Wraps wie im Rezept beschrieben zubereiten.

Curry-Wraps
1 Dose Ananasstücke (Abtropfgewicht 340 g) abtropfen lassen. 1 kleines Bund Koriander vorbereiten, die Blättchen von den Stängeln zupfen. 1 Becher (150 g) Crème fraîche mit 50 g Mango-Chutney verrühren, mit 1 gestrichenen Teelöffel Currypulver, Salz und Pfeffer würzen. Die Tortillas damit bestreichen. Je 1 vorbereitetes großes Salatblatt auf die Tortillas geben, Koriander, Ananas und 100 g Sprossen, z. B. Mungobohnen- oder Sojasprossen darauf verteilen und wie im Rezept beschrieben zubereiten.

1

2

3

Fladenbrot-Pizza

EINFACH

Zubereitungszeit: etwa 20 Minuten
Backzeit: etwa 25 Minuten

1 Fladenbrot
4 Tomaten
½ Bund Frühlingszwiebeln
200 g Feta-Käse oder Schafkäse
50 g trocken eingelegte schwarze Oliven
250 g Thüringer Mett (gewürztes Schweinegehacktes)
100 g Zaziki
etwas Gyros-Gewürz

Außerdem:
Backpapier

Pro Portion:
E: 31 g, F: 31 g, Kh: 67 g, kJ: 2805, kcal: 670, BE: 5,0

1 Das Fladenbrot auf ein mit Backpapier belegtes Backblech legen. Den Backofen vorheizen.
Ober-/Unterhitze: etwa 180 °C
Heißluft: etwa 160 °C

2 Tomaten waschen, abtrocknen, die Stängelansätze herausschneiden. Tomaten in dünne Scheiben schneiden. Frühlingszwiebeln putzen, waschen, abtropfen lassen und in Scheiben schneiden.

3 Feta- oder Schafkäse abtropfen lassen und klein würfeln. Oliven entsteinen, grob zerteilen und mit den Käsewürfeln vermengen.

4 Mett gleichmäßig dünn auf dem Fladenbrot verteilen. Zaziki in Klecksen darauf verteilen. Tomaten- und Frühlingszwiebelscheiben daraufgeben und mit Gyros-Gewürz bestreuen.

5 Die Oliven-Käse-Mischung daraufstreuen. Das Backblech auf mittlerer Einschubleiste in den vorgeheizten Backofen schieben und die Fladenbrot-Pizza **etwa 25 Minuten** backen.

6 Zum Servieren die Fladenbrot-Pizza in Stücke schneiden.

TIPP » Servieren z. B. Blattsalat, Gurkensalat (S. 206) oder eingelegte Kürbisstücke dazu.

» REZEPTVARIANTEN:

Fladenbrot-Pizza mit Hähnchenstreifen
Anstelle des Thüringer Metts 250 g Hähnchenbrustfilet unter fließendem kalten Wasser abspülen, trocken tupfen. Hähnchenbrust in dünne, kurze Streifen schneiden und unter Rühren in 2 Esslöffeln erhitztem Olivenöl anbraten. Mit Salz, Pfeffer und Paprikapulver edelsüß würzen, abkühlen lassen und anstelle des Metts auf dem Fladenbrot verteilen. Das Fladenbrot wie im Rezept beschrieben mit den übrigen Zutaten belegen und wie im Rezept angegeben backen.

Fladenbrot-Pizza mit Paprika und Salami
250 g passierte Tomaten mit 1 Esslöffel Tomatenmark und 1 Teelöffel Pizzagewürz oder getrockneten Kräutern verrühren, auf dem Fladenbrot verteilen. 100 g Salami in Scheiben darauf verteilen. 200 g Champignons vorbereiten und in Scheiben schneiden. Je 1 rote und gelbe Paprikaschote halbieren, entstielen, entkernen und die weißen Scheidewände entfernen. Schoten waschen, abtropfen lassen und in Würfel schneiden. Champignons und Paprikawürfel ebenfalls auf dem Fladenbrot verteilen, mit 200 g geriebenem Käse (z. B. Gouda- oder Parmesan-Käse) bestreuen und wie beschrieben backen.

Desserts

Ob als Abschluss oder Hauptmahlzeit, Süßspeisen und Desserts sind ein Highlight, dem man kaum widerstehen kann.

Dessertcreme

Sie können Cremes über heißem Wasserdampf aufschlagen oder im heißen Wasserbad garen.

Zubereitung über heißem Wasserdampf

Bei dieser Methode verbindet sich durch die Hitzeeinwirkung und das Aufschlagen, z. B. mit einem Schneebesen, das Eigelb mit dem Zucker zu einer cremigen, luftigen Masse. Optimal ist es, wenn die Schüssel mit der Creme und der Topf für das Wasserbad genau miteinander abschließen oder die Schüssel etwas größer ist als der Topf. Ist die Schüssel zu klein, kann Wasser in die Creme gelangen und Wasserdampf entweichen.
Verwenden Sie für die Cremezubereitung eine Edelstahlschüssel, sie leitet die Wärme besser als Keramik- oder Glasschüsseln. Verarbeiten Sie die Creme anschließend wie im Rezept beschrieben weiter.

Zubereitung im heißen Wasserbad

Um Cremes im Wasserbad zu garen, fetten Sie die Förmchen gut ein und zuckern Sie sie eventuell.
Füllen Sie anschließend die zubereitete Creme ein und stellen die gefüllten Förmchen in einen Topf oder in die Fettpfanne des Backofens. Gießen Sie nun vorsichtig so viel Wasser in den Topf oder in die Fettpfanne, dass die Förmchen gut zur Hälfte im Wasserbad stehen. Garen Sie die Creme wie im Rezept beschrieben.

Fruchtgrütze

Es gibt sie in rot, grün oder gelb – ganz nach Geschmack und verwendeten Früchten. Für eine Fruchtgrütze werden Beeren oder klein geschnittene Früchte mit Obstsaft aufgekocht und mit angerührter Speisestärke angedickt.
Eine weitere Alternative ist, nur den Saft für die Grütze aufzukochen, dann anzudicken und anschließend die Früchte unter den angedickten Saft zu mischen. Das Aroma und die kräftigen Farben der Früchte bleiben so erhalten.
Wenn Sie tiefgekühlte Früchte verwenden, müssen der Saft sehr stark angedickt und die gefrorenen Früchte unter den kochend heißen, angedickten Saft gemischt werden (dann nicht mehr aufkochen).

Eis und Sorbet

Grundzutaten für Eis sind Zucker, Eier, Milch oder Sahne und geschmacksgebende Zutaten, z. B. Vanille, Schokolade, Zitrone oder Erdbeere. Die Zutaten werden zuerst im heißen Wasserbad aufgeschlagen und dann durch Einfrieren gefestigt. Dabei ist es wichtig, die im Rezept angegebenen Mengen genau einzuhalten. Denn Eis wird körnig, wenn zu wenig Zucker verwendet wurde und nicht fest, wenn es zu viel Zucker war.
Sorbet wird aus Fruchtpüree, Zuckersirup und eventuell Eischnee zubereitet und tiefgefroren. Seine cremige Konsistenz erhält das Sorbet nur, wenn es während der Gefrierzeit mehrmals umgerührt wird (Foto 1).

Mit einer Eismaschine kann man sowohl Eis als auch Sorbets zubereiten (bitte beachten Sie die Angaben des Herstellers).

1

Obstsalat/Fruchtsalat

Richtig gut und aromatisch schmecken Obst- oder Fruchtsalate nur mit frischem, reifen Obst der Saison. Es ist süß und macht zusätzlichen Zucker überflüssig. Geben Sie zuerst etwas frisch gepressten Grapefruit- oder Orangensaft in die Schüssel und mischen Sie danach die vorbereiteten Früchte unter. Anstelle des Saftes können auch zuerst saftziehende Früchte wie Trauben, Melonen oder Erdbeeren in die Schüssel gegeben werden. Durch die in dem Saft enthaltene Säure behalten empfindliche Früchte, z. B. Bananen oder Äpfel ihre Farbe und werden nicht braun. Obstsalate sind nicht nur ein Gaumen-, sondern auch ein Augenschmaus, wenn Sie Früchte von verschiedener Konsistenz und Farbe mischen, z. B. saftige Pfirsiche, knackige Äpfel, cremige Bananen und säuerliche Kiwis.

Pudding (Flammeri)

Um einen Pudding zuzubereiten, benötigen Sie 500 ml (½ l) Milch, 50 g Zucker, 40 g Speisestärke und nach Belieben einige geschmacksgebende Zutaten, z. B. Zitronenschale oder Vanillemark. Bringen Sie zunächst 375 ml (⅜ l) Milch mit den geschmacksgebenden Zutaten zum Kochen. Verrühren Sie Speisestärke und Zucker mit der restlichen Milch. Rühren Sie die angerührte Speisestärke unter die Milch. Einmal aufkochen und abkühlen lassen. Schneller geht es mit den fertigen Pudding-Pulvern, die man in großer Sortenvielfalt kaufen kann. Ob „echter“ oder Pulver-Pudding – Um Ihrem Pudding eine ganz besondere Note zu geben, verfeinern Sie ihn, z. B. mit Schokostreuseln, Früchten oder Eischnee.

Übrigens: Pudding muss gar nicht kalt sein – er schmeckt auch warm!

Gelatineschule

Gelatine ist praktisch und als ideales Gelier- und Festigungsmittel unverzichtbar für Cremes, Fruchtgelees und Süßspeisen. Gelatine ist durchsichtig, geschmacks- und geruchsneutral.

» Rote und weiße Gelatine wird gemahlen oder in Blatt-Form im Handel angeboten.

» 1 Päckchen gemahlene Gelatine (9 g) ist ausreichend für 500 ml (½ l) Flüssigkeit und entspricht 6 Blatt Gelatine (10 g).

» Bei der Verarbeitung von Gelatine können Blatt-Gelatine und gemahlene Gelatine nach Belieben eingesetzt und gegeneinander ausgetauscht werden.

» Blatt-Gelatine weichen Sie in ausreichend kaltem Wasser etwa 5 Minuten ein. Dann die eingeweichten Blätter leicht ausdrücken, in einen kleinen Topf geben und unter Rühren bei schwacher Hitze auflösen (nicht kochen, bitte beachten Sie die Packungsanleitung).

» Gemahlene Gelatine geben Sie in einen kleinen Topf und verrühren sie mit etwa 6 Esslöffeln kaltem Wasser. Lassen Sie dann die Gelatine etwa 5 Minuten quellen und lösen Sie die gequollene Gelatine anschließend im Topf unter Rühren bei schwacher Hitze auf (nicht kochen).

» Sie können die eingeweichte bzw. die gequollene Gelatine je nach Rezept auch in heißer Flüssigkeit, z. B. Saft auflösen (Foto 2).

» Festigen von Schlagsahne: Schlagen Sie die Sahne fast steif und rühren Sie kurz den Zucker unter. Fügen Sie nun die aufgelöste, lauwarm abgekühlte Gelatine unter Rühren auf einmal hinzu, schlagen die Sahne vollkommen steif und verarbeiten die Masse je nach Rezept weiter.

» Frische Ananas, Kiwi, Papaya und Feigen beeinträchtigen durch ihre Enzyme die Gelierfähigkeit von Gelatine. Blanchieren Sie deshalb diese Früchte vor der Verarbeitung mit Gelatine in heißem Wasser oder nehmen Sie Früchte aus der Dose.

Tipp: Damit Gelatinezubereitungen richtig fest werden, müssen sie in den Kühlschrank gestellt werden.

Apfelmus

KLASSISCH (IM FOTO VORN)

Zubereitungszeit: etwa 15 Minuten
Garzeit: etwa 15 Minuten

750 g säuerliche Äpfel, z. B. Boskop oder Elstar
5 EL Wasser
etwa 50 g Zucker

Pro Portion:
E: 0 g, F: 1 g, Kh: 30 g, kJ: 537, kcal: 129, BE: 2,5

1 Äpfel schälen, vierteln, entkernen und in kleine Stücke schneiden. Die Apfelstücke mit Wasser in einem Topf zum Kochen bringen und mit Deckel bei schwacher Hitze etwa 15 Minuten kochen.

2 Die Apfelmasse nach Belieben pürieren und das Apfelmus mit Zucker abschmecken.

TIPPS » Apfelmus pur als Dessert oder zu Kartoffelpuffern (S. 222) servieren.
» 1 Stange Zimt mitkochen.
» Sie können auch ungeschälte Äpfel verwenden. Die Äpfel dann waschen, Stiele und Blütenansätze entfernen. Die Äpfel in Stücke schneiden und wie im Rezept beschrieben kochen. Die Masse durch ein Sieb streichen.

» REZEPTVARIANTE:
Apfelkompott
Die geschälten und entkernten Äpfel grob zerkleinern. Mit Wasser, wie im Rezept beschrieben, etwa 10 Minuten kochen, mit Zucker abschmecken, aber nicht pürieren.

Birnenkompott

EINFACH (IM FOTO HINTEN)

Zubereitungszeit: etwa 10 Minuten, ohne Kühlzeit
Garzeit: etwa 10 Minuten

500 g Birnen
250 ml (¼ l) Wasser
50 g Zucker
1 Pck. Dr. Oetker Vanillin-Zucker
1 Stange Zimt
3 Gewürznelken
1–2 EL Zitronensaft
evtl. etwas Zucker

Pro Portion:
E: 0 g, F: 0 g, Kh: 26 g, kJ: 451, kcal: 107, BE: 2,0

1 Birnen schälen, halbieren, entkernen und in Viertel schneiden. Wasser mit Zucker, Vanillin-Zucker, Zimt und Gewürznelken in einem Topf zum Kochen bringen.

2 Die Birnenstücke hineingeben, zum Kochen bringen und mit Deckel bei schwacher Hitze etwa 10 Minuten weich kochen. Zitronensaft unterrühren. Kompott erkalten lassen.

3 Das Kompott mit Zucker abschmecken. Gewürznelken und Zimtstange entfernen.

TIPP » Die Hälfte des Wassers durch 125 ml (⅛ l) Weißwein ersetzen.

» REZEPTVARIANTE:
Pflaumenkompott
(im Foto in der Mitte)
500 g Pflaumen waschen, abtropfen lassen, evtl. einzeln mit einem Tuch abreiben. Pflaumen entstielen, halbieren und entsteinen. 125 ml (⅛ l) Wasser oder Rotwein mit 50 g Zucker in einem Topf zum Kochen bringen. Die Pflaumenhälften, 1 Stange Zimt und 3 Gewürznelken hineingeben, wieder zum Kochen bringen und bei schwacher Hitze etwa 8 Minuten mit Deckel dünsten. Zimtstange und Gewürznelken entfernen. Das Kompott erkalten lassen und mit etwas Zucker abschmecken.

Rote Grütze

KLASSISCH (ETWA 6 PORTIONEN)

Zubereitungszeit:
etwa 20 Minuten, ohne Kühlzeit

je 250 g Brombeeren, Johannisbeeren, Himbeeren, Erdbeeren (alle Früchte vorbereitet gewogen)
35 g Speisestärke
100 g Zucker
500 ml (½ l) Fruchtsaft, z. B. Sauerkirsch- oder Johannisbeersaft

Pro Portion:
E: 3 g, F: 1 g, Kh: 39 g,
kJ: 808, kcal: 193, BE: 3,5

1 Brombeeren verlesen, evtl. vorsichtig abspülen und gut abtropfen lassen. Johannisbeeren waschen, gut abtropfen lassen und die Beeren von den Stielen streifen. Himbeeren verlesen, nicht waschen. Erdbeeren waschen, abtropfen lassen, entstielen und je nach Größe der Früchte halbieren oder vierteln.

2 Speisestärke mit Zucker mischen, dann mit 4 Esslöffeln von dem Saft anrühren (Foto 1). Den restlichen Saft in einem Topf zum Kochen bringen. Die angerührte Speisestärke unterrühren (Foto 2). Den Saft aufkochen lassen, dann den Topf von der Kochstelle nehmen. Die Beeren unterrühren.

3 Die Rote Grütze in eine Glasschale oder in Dessertschälchen füllen und in den Kühlschrank stellen.

TIPP » Die Rote Grütze als Dessert mit Vanillesauce oder Sahne servieren. Für eine **Vanillesauce** 1 Vanilleschote mit einem Messer der Länge nach aufschneiden und das Mark mit dem Messerrücken herausschaben. 25 g Speisestärke mit 50 g Zucker mischen. Von 500 ml (½ l) Milch 3 Esslöffel abnehmen und mit der Stärke-Zucker-Mischung anrühren. Restliche Milch mit dem Vanillemark in einem kalt ausgespülten Topf zum Kochen bringen. Topf von der Kochstelle nehmen und die angerührte Speisestärke mit einem Schneebesen einrühren. Sauce unter Rühren kurz aufkochen lassen. Die Sauce heiß servieren oder unter gelegentlichem Rühren erkalten lassen.

» REZEPTVARIANTE:
Grüne Grütze
500 g Stachelbeeren waschen, gut abtropfen lassen. Blüten- und Stängelansätze entfernen. 250 g Kiwis schälen, halbieren und in Stücke schneiden. 250 g kernlose grüne Weintrauben waschen, abtropfen lassen, entstielen und große Trauben halbieren. 20 g Speisestärke mit 150 g Zucker mischen. Von 375 ml (⅜ l) hellem Traubensaft 4 Esslöffel abnehmen und mit der Stärke-Zucker-Mischung verrühren. Den übrigen Saft zum Kochen bringen, angerührte Stärke unterrühren und aufkochen lassen. Stachelbeeren und Weintrauben unterrühren, einmal kurz aufkochen lassen. Den Topf von der Kochstelle nehmen und Kiwis unterrühren. Die Grütze in eine Schale füllen und in den Kühlschrank stellen.

2

Himbeersorbet

MIT ALKOHOL (IM FOTO VORN)

Zubereitungszeit: etwa 30 Minuten, ohne Gefrierzeit

150 ml Wasser
160 g Zucker
Schale von ½ Bio-Zitrone (unbehandelt, ungewachst)
500 g Himbeeren
evtl. 1 EL Himbeergeist

Pro Portion:
E: 2 g, F: 0 g, Kh: 45 g, kJ: 838, kcal: 200, BE: 4,0

1 Wasser mit Zucker und Zitronenschale in einem kleinen Topf zum Kochen bringen und ohne Deckel bei starker Hitze etwa 5 Minuten sirupartig einkochen lassen (ergibt etwa 100 ml Sirup). Sirup erkalten lassen, die Zitronenschale entfernen.

2 Himbeeren verlesen, evtl. kurz abspülen und trocken tupfen. Himbeeren mit der Hälfte des Sirups in einen Rührbecher geben und pürieren. Die Masse nach Belieben durch ein Sieb streichen, den restlichen Sirup unterrühren und evtl. mit Himbeergeist abschmecken.

3 Die Masse in eine gefriergeeignete Schüssel geben und etwa 1 Stunde gefrieren lassen, dann umrühren und noch weitere etwa 3 Stunden gefrieren lassen. Dabei mehrmals umrühren, so dass eine cremige Masse entsteht.

4 Das Himbeersorbet nach Belieben mit einem Esslöffel oder Eisportionierer in 4 Portionsschüsseln verteilen.

TIPPS » Sie können das Sorbet auch in der Eismaschine in 30–45 Minuten (je nach Modell, Herstellerhinweise beachten) zubereiten.
» Zusätzlich 250 ml (¼ l) Sekt auf die Schälchen mit dem Sorbet verteilen.

» REZEPTVARIANTEN:

Erdbeersorbet
Anstelle von Himbeeren Erdbeeren verwenden (waschen, abtropfen lassen, entstielen und pürieren. Erdbeeren nicht durch ein Sieb streichen). Für den Sirup nur 100 g Zucker verwenden. Das Sorbet wie im Rezept beschrieben zubereiten.

Mangosorbet (im Foto hinten)
Einen Sirup aus 125 ml (⅛ l) Wasser, 80 g Zucker, Schale von ½ Bio-Limette (unbehandelt, ungewachst) und 2 Esslöffel Limettensaft wie im Rezept beschrieben einkochen (ergibt etwa 80 ml Sirup) und erkalten lassen. Limettenschale entfernen. Von 2 Mangos das Fruchtfleisch vom Stein schneiden. Fruchtfleisch schälen, würfeln und pürieren. Mangopüree und Sirup verrühren, in eine Schüssel geben, etwa 4 Stunden gefrieren lassen. Nach der ersten Stunde 1–2-mal umrühren.

Vanilleeis

GUT VORZUBEREITEN (ETWA 8 PORTIONEN)

Zubereitungszeit: etwa 30 Minuten, ohne Gefrierzeit

1 Vanilleschote
4 Eigelb (Größe M)
500 g Schlagsahne
100 g Zucker

Pro Portion:
E: 3 g, F: 23 g, Kh: 14 g, kJ: 1161, kcal: 278, BE: 1,0

1 Vanilleschote mit einem Messer der Länge nach aufschneiden und das Mark mit dem Messerrücken herausschaben. Eigelb mit 3 Esslöffeln von der Sahne, Zucker und Vanillemark in einer Edelstahlschüssel oder einem Edelstahltopf verrühren. Die Masse im heißen Wasserbad bei mittlerer Hitze mit einem Schneebesen zu einer dicklichen Masse aufschlagen (Wasser und Masse dürfen nicht kochen, da die Masse sonst gerinnt).

2 Die Schüssel oder den Topf aus dem Wasserbad nehmen, in kaltes Wasser setzen. Die Eigelbmasse mit dem Schneebesen so lange weiterschlagen, bis sie abgekühlt ist.

3 Die restliche Sahne steif schlagen und unterheben. Die Masse in eine flache Gefrierdose (etwa 1 l Inhalt) füllen und mindestens 3 Stunden gefrieren lassen.

Hinweis: Nur ganz frische Eier verwenden, die nicht älter als 5 Tage sind (Legedatum beachten!).

TIPPS » Das Eis mit frischen Früchten, Puderzucker, Schokoladensauce, mit etwas Eierlikör oder Schlagsahne servieren.
» Sie können das Eis auch in einer Eismaschine in etwa 40 Minuten (je nach Modell, Herstellerhinweise beachten) zubereiten. Dann nur die Eigelbmasse im heißen Wasserbad aufschlagen, die restliche Sahne nicht steif schlagen, sondern flüssig unterrühren.

» REZEPTVARIANTE:

Schokoladeneis

Zusätzlich 100 g Zartbitter-Schokolade grob zerkleinern und in einer Edelstahlschüssel im heißen Wasserbad bei schwacher Hitze unter Rühren schmelzen. 50 g Vollmilch-Schokolade fein hacken. Die Eigelbmasse wie im Rezept beschrieben (aber ohne Vanillemark) im heißen Wasserbad zubereiten. Die geschmolzene Schokolade unterrühren und die Masse etwas abkühlen lassen. Erst die steif geschlagene Sahne in 2 Portionen, dann die gehackte Schokolade unterheben. Bei der Zubereitung in einer Eismaschine die flüssige Sahne unter die Schokoladenmasse rühren. Gehackte Schokolade dann erst kurz vor Ende der Gefrierzeit zugeben.

Panna cotta mit Beerensauce

GUT VORZUBEREITEN

Zubereitungszeit:
etwa 25 Minuten, ohne Kühlzeit

Für die Creme:

600 g Schlagsahne
1 Pck. Dr. Oetker Finesse Bourbon-Vanille-Aroma
1 Prise Salz
2 Stück Zitronenschale von 1 Bio-Zitrone (unbehandelt, ungewachst)
40 g Zucker
4 Blatt weiße Gelatine

Für die Beerensauce:

300 g Beeren, z. B. Erdbeeren, Himbeeren, rote Johannisbeeren oder TK-Beerencocktail
1 Pck. Dr. Oetker Bourbon-Vanille-Zucker

Pro Portion:
E: 5 g, F: 47 g, Kh: 21 g, kJ: 2288, kcal: 547, BE: 2,0

1 Für die Creme Sahne mit Aroma, Salz, Zitronenschale und Zucker in einem kalt ausgespülten Topf zum Kochen bringen und ohne Deckel bei schwacher Hitze 10–15 Minuten leicht kochen lassen, gelegentlich umrühren.

2 Gelatine in kaltem Wasser nach Packungsanleitung einweichen. Zitronenschale aus der Sahne nehmen. Gelatine ausdrücken und unter Rühren in der heißen Sahne auflösen. Die Sahne in 4 kalt ausgespülte Förmchen oder Tassen (je etwa 150 ml Inhalt) gießen, etwas abkühlen lassen und mindestens 3 Stunden (am besten über Nacht) in den Kühlschrank stellen.

3 Für die Beerensauce Beeren vorbereiten (Erdbeeren waschen, abtropfen lassen und entstielen. Himbeeren verlesen, evtl. kurz abspülen, trocken tupfen. TK-Beerencocktail nach Packungsanleitung auftauen lassen). Beeren pürieren (Foto 1) und mit Vanille-Zucker abschmecken.

4 Die Panna cotta mit einem Messer vom Förmchen- oder Tassenrand lösen (Foto 2), Förmchen oder Tassen kurz in heißes Wasser stellen, Panna cotta auf Dessertteller stürzen und mit der Sauce servieren.

TIPPS » Panna cotta als Dessert mit Erdbeersauce oder Orangenfilets servieren oder mit gehobelten, gerösteten Mandeln bestreuen.
» Die Panna cotta kann 1–2 Tage vor dem Verzehr zubereitet werden.
» Sie können 200 g der Schlagsahne durch Milch ersetzen.

» REZEPTVARIANTEN:

Panna cotta mit Joghurt
350 g Schlagsahne wie im Rezept beschrieben mit Aroma, Salz, Zitronenschale und Zucker kochen. Eingeweichte, ausgedrückte Gelatine darin auflösen und etwas abkühlen lassen. Dann 250 g Joghurt (3,5 % Fett) oder Vanillejoghurt unterrühren, die Masse sofort in Förmchen füllen und in den Kühlschrank stellen.

Panna cotta mit Fruchtsauce
Etwa 500 g Pfirsiche oder Aprikosen waschen, abtropfen lassen, kreuzweise einschneiden, kurz in kochendes Wasser legen und in kaltem Wasser abschrecken. Früchte enthäuten, halbieren, entsteinen, grob würfeln und pürieren. Etwa 2 Esslöffel Zitronensaft, 30 g Zucker und 1 Päckchen Dr. Oetker Vanillin-Zucker unterrühren. Die Sauce zu der Panna cotta servieren.

2

Grießpudding

FÜR KINDER

Zubereitungszeit:
etwa 20 Minuten, ohne Kühlzeit

½ Vanilleschote
500 ml (½ l) Milch
75 g Zucker
abgeriebene Schale von ½ Bio-Zitrone (unbehandelt, ungewachst)
50 g Weichweizengrieß
1 Ei (Größc M)

Pro Portion:
E: 7 g, F: 5 g, Kh: 33 g, kJ: 922, kcal: 221, BE: 2,5

1 Vanilleschote mit einem Messer längs aufschneiden, das Mark mit dem Messerrücken herausschaben. Milch mit Zucker, Zitronenschale, Vanilleschote und -mark in einem kalt ausgespülten Topf zum Kochen bringen. Grieß unter Rühren einstreuen, wieder zum Kochen bringen, etwa 1 Minute unter Rühren kochen lassen.

2 Den Topf von der Kochstelle nehmen und die Vanilleschote entfernen. Ei trennen, anschließend das Eigelb zügig unterrühren. Eiweiß steif schlagen und unter den heißen Pudding heben.

3 Den Grießpudding in eine mit kaltem Wasser ausgespülte Puddingform, Schale oder in Portionsförmchen füllen. Den Grießpudding abkühlen lassen und etwa 3 Stunden in den Kühlschrank stellen.

4 Vor dem Servieren den Pudding mit einem Messer vorsichtig vom Rand lösen und auf einen Teller stürzen.

Hinweis: **Nur ganz frische Eier verwenden, die nicht älter als 5 Tage sind (Legedatum beachten!).** Die fertige Speise im Kühlschrank aufbewahren und innerhalb von 24 Stunden verzehren.

TIPPS » Den Grießpudding mit frischem Obst und Schlagsahne, Pflaumenkompott (S. 278) oder Aprikosenhälften servieren.

» Da die Grießmasse beim Kochen spritzen kann, eignet sich ein Löffel oder Schneebesen mit langem Stiel besonders gut zum Umrühren.

EXTRA-TIPP » **Eier trennen.**
Das Ei auf einer Kante aufschlagen, die Schale auseinanderbrechen und das Eigelb von einer Schalenhälfte in die andere gleiten lassen. Dabei das Eiweiß in einem darunterstehenden Gefäß auffangen. Einfacher gehts, wenn Sie einen Eitrenner verwenden. Das Ei wird in den Eitrenner gegeben, das Eiweiß läuft durch eine Rinne ab und das Eigelb bleibt in der Mulde liegen.

» REZEPTVARIANTEN:

Maisgrießpudding
Milch, Zucker, Zitronenschale, Vanilleschote, -mark und zusätzlich 20 g Butter zum Kochen bringen. Anstelle von Weizengrieß 50 g Maisgrieß (Polentagrieß) verwenden und den Pudding wie im Rezept beschrieben zubereiten.

Grieß-Quark-Pudding
Nach dem Eischnee zusätzlich 125 g Speisequark (20 % Fett i. Tr.) unter den lauwarmen Pudding rühren (evtl. etwas nachsüßen).

Grießpudding mit Zimt
Anstelle der Vanilleschote 1 Stange Zimt verwenden.

Tiramisu

MIT ALKOHOL (ETWA 6 PORTIONEN)

Zubereitungszeit:
etwa 30 Minuten,
ohne Durchziehzeit

500 g Mascarpone (italienischer Frischkäse)
150 ml Milch
75 g Zucker
1 Pck. Dr. Oetker Bourbon-Vanille-Zucker
40 ml Amaretto (Mandellikör)
200 ml kalter Espresso oder starker Kaffee
200 g Löffelbiskuits
2 EL Kakaopulver

Pro Portion:
E: 9 g, F: 39 g, Kh: 44 g,
kJ: 2482, kcal: 592, BE: 3,5

1 Mascarpone mit Milch, Zucker, Vanille-Zucker und der Hälfte des Amarettos in einer Schüssel glatt rühren.

2 Restlichen Amaretto mit Espresso oder Kaffee verrühren. Die Hälfte der Löffelbiskuits in eine flache, eckige Auflaufform (etwa 18 x 30 cm) legen, mit der Hälfte der Kaffee-Amaretto-Mischung beträufeln (Foto 1) und mit der Hälfte der Mascarponemasse bedecken (Foto 2). Die restlichen Zutaten in gleicher Reihenfolge daraufschichten.

3 Tiramisu mit Frischhaltefolie zugedeckt in den Kühlschrank stellen und einige Stunden durchziehen lassen. Vor dem Servieren das Tiramisu dick mit Kakao bestäuben.

TIPPS » Ein Tiramisu eignet sich gut als Partydessert.
» Wenn Sie eine größere Auflaufform verwenden, können Sie das Tiramisu auch nur mit einer Schicht zubereiten.
» Sie können die Hälfte des Mascarpones durch 250 g Speisequark (20 % Fett i. Tr.) ersetzen.

» REZEPTVARIANTEN:

Tiramisu mit Pfirsichen
Zusätzlich 1 Dose Pfirsichhälften (Abtropfgewicht 470 g) abtropfen lassen und in dünne Scheiben schneiden. Die Mascarponecreme wie im Rezept beschrieben zubereiten. Die Hälfte der Löffelbiskuits in die Form schichten, mit der Hälfte der Kaffee-Amaretto-Mischung beträufeln. Die Hälfte der Pfirsiche darauflegen, mit der Hälfte der Mascarponecreme bedecken. Restliche Pfirsiche mit den übrigen Zutaten in gleicher Reihenfolge einschichten. Wie unter Punkt 3 beschrieben fortfahren.

Kokos-Kirsch-Tiramisu
500 g Mascarpone, 150 ml Kokoslikör oder Kokosmilch und 1 Päckchen Dr. Oetker Bourbon-Vanille-Zucker wie im Rezept beschrieben zu einer Creme verrühren. Etwa 300 g Kokoszwieback in eine flache, eckige Auflaufform legen, mit 175 ml Limettensaft tränken. 1 Becher (500 g) Kirschgrütze darauf verteilen, dann die Creme darauf verstreichen. Tiramisu mit 3 Esslöffeln gerösteten Kokosraspeln bestreuen.

Orangen-Tiramisu
Aus 500 g Mascarpone, 150 ml Orangensaft, 75 g Zucker, Orangenfilets von 8 Orangen, 1 Päckchen Dr. Oetker Finesse Natürliches Orangenschalen-Aroma, 300 g Cantuccini, 100 ml kaltem Espresso zum Tränken ein Tiramisu wie in der Kokos-Kirsch-Variante beschrieben zubereiten.

2

Welfencreme mit Weinschaumsauce

MIT ALKOHOL (4–6 PORTIONEN)

Zubereitungszeit:
etwa 30 Minuten, ohne Kühlzeit

Für die Welfencreme:
3 Blatt weiße Gelatine
250 ml (¼ l) Milch
100 g Zucker
1 Pck. Dr. Oetker Bourbon-Vanille-Zucker
250 g gekühlte Schlagsahne

Für die Weinschaumsauce:
250 ml (¼ l) trockener Weißwein
2 Eigelb (Größe M)
40 g Zucker
1 EL Zitronensaft
1 TL Speisestärke

Pro Portion:
E: 5 g, F: 20 g, Kh: 34 g, kJ: 1572, kcal: 376, BE: 3,0

1 Für die Welfencreme Gelatine in kaltem Wasser nach Packungsanleitung einweichen. Milch, Zucker und Vanille-Zucker in einem kalt ausgespülten Topf zum Kochen bringen, dann von der Kochstelle nehmen und in eine Rührschüssel geben. Die Gelatine leicht ausdrücken und unter Rühren in der heißen Milch auflösen. Gelatine-Milch etwas abkühlen lassen, in den Kühlschrank stellen und gelegentlich mit einem Schneebesen umrühren.

2 Sahne steif schlagen. Sobald die Gelatine-Milch zu gelieren beginnt, die Sahne unterheben. Die Creme sofort in eine Dessertschale oder Portionsgläser füllen und in den Kühlschrank stellen.

3 Für die Weinschaumsauce Weißwein mit Eigelb, Zucker, Zitronensaft und Speisestärke in eine Edelstahlschüssel geben und im heißen Wasserbad bei mittlerer Hitze mit einem Schneebesen aufschlagen, bis eine cremige Masse entsteht (etwa 5 Minuten). Die Weinschaumsauce ist fertig, wenn sich das Volumen der Masse verdoppelt hat und alle Zutaten gebunden sind.

4 Zum Erkalten die Sauce in ein kaltes Wasserbad stellen und gelegentlich mit einem Schneebesen umrühren. Die Welfenspeise und die Weinschaumsauce bis zum Servieren in den Kühlschrank stellen.

Hinweis: Nur ganz frische Eier verwenden, die nicht älter als 5 Tage sind (Legedatum beachten!). Die fertige Speise im Kühlschrank aufbewahren und innerhalb von 24 Stunden verzehren.

TIPP » Zum Servieren, die Weinschaumsauce auf die Welfencreme geben.

EXTRA-TIPP » Bevor Sie Milch in einem Topf zum Kochen bringen, spülen sie ihn mit kaltem Wasser aus. Das Wasser verhindert, dass die Milch anbrennt.

» REZEPTVARIANTEN:

Alkoholfreie Schaumsauce
Dazu anstelle von Weißwein 125 ml (⅛ l) Apfelsaft und 2 Esslöffel Zitronensaft verwenden.

Zabaione
3 Eigelb (Größe M), 60 g Zucker und 125 ml (⅛ l) Marsala (italienischer Dessertwein) wie beschrieben zu einer Creme aufschlagen.

Schokoladen-Zabaione
3 Eigelb (Größe M), 40 g Zucker und 125 ml (⅛ l) Marsala verwenden und zusätzlich 50 g fein gehackte Zartbitter-Schokolade unterrühen.

Zabaione mit Zimt und Rum
Rühren Sie zusätzlich 2 Esslöffel Rum und eine Messerspitze gemahlenen Zimt unter die Creme.

Bayerische Creme, gestürzt

KLASSISCH (4–5 PORTIONEN, IM FOTO UNTEN)

Zubereitungszeit:
etwa 40 Minuten, ohne Kühlzeit

1 Vanilleschote
250 ml (¼ l) Milch
6 Blatt weiße Gelatine
3 Eigelb (Größe M)
75 g Zucker
250 g gekühlte Schlagsahne

Pro Portion:
E: 7 g, F: 23 g, Kh: 21 g,
kJ: 1374, kcal: 329, BE: 1,5

1 Vanilleschote mit einem Messer der Länge nach aufschneiden und das Mark mit dem Messerrücken herausschaben (Foto 1). Vanillemark mit Milch in einem Topf zum Kochen bringen. Gelatine in kaltem Wasser nach Packungsanleitung einweichen.

2 Eigelb mit Zucker in einer Edelstahlschüssel mit einem Schneebesen verrühren. Die heiße Milch unter Rühren zugießen. Alles im heißen Wasserbad bei mittlerer Hitze unter ständigem Schlagen erhitzen, bis die Masse leicht dicklich und weiß ist (Foto 2). Wasser und Masse dürfen nicht kochen, da die Masse sonst gerinnt. Den Topf von der Kochstelle nehmen.

3 Gelatine gut ausdrücken, in die noch heiße Masse geben (Foto 3) und unter Rühren auflösen. Die Masse anschließend durch ein feines Sieb geben und abkühlen lassen, dabei gelegentlich umrühren.

4 Sahne steif schlagen. Sobald die Masse zu gelieren beginnt, die Sahne unterheben. Die Creme in 4–5 mit kaltem Wasser ausgespülte Portionsförmchen oder Tassen (150–200 ml Inhalt) füllen und im Kühlschrank etwa 3 Stunden fest werden lassen.

5 Zum Servieren die Creme mit einem spitzen Messer vom Rand lösen. Die Förmchen kurz in heißes Wasser stellen und die Creme auf Dessertteller stürzen.

TIPP » Die Bayerische Creme mit steif geschlagener Schlagsahne und Früchten, Fruchtpüree oder Schokoladensauce anrichten.

» REZEPTVARIANTEN:

Bayerische Cappuccino-Creme
Zusätzlich 5 Teelöffel Instant-Espressopulver zusammen mit der Gelatine in der Eigelb-Milch-Masse auflösen und wie im Rezept beschrieben zubereiten. Die Creme in Cappuccinotassen füllen und kalt stellen. Vor dem Servieren 125 g Schlagsahne steif schlagen, als Haube auf die Creme geben und mit Kakaopulver bestäuben.

Bayerische Orangencreme
Zusätzlich 3 Esslöffel Orangenlikör unter die Eigelb-Milch-Masse rühren und wie im Rezept beschrieben zubereiten. Die Masse mit Orangenfilets (von 2–3 Orangen) in Glasschälchen oder Gläser einschichten und kalt stellen.

Bayerische Schokoladencreme
(im Foto oben)
Zusätzlich 150 g Zartbitter-Schokolade hacken, vor der Gelatinezugabe in die Eigelb-Milch-Masse geben und unter Rühren schmelzen. Dann Gelatine (nur 4 Blatt Gelatine verwenden, die Masse wird sonst zu fest) darin auflösen und wie im Rezept beschrieben zubereiten (ergibt 6 Portionsförmchen zu je 150 ml).

2

3

Mousse au chocolat

MIT ALKOHOL

Zubereitungszeit:
etwa 30 Minuten, ohne Kühlzeit

100 g Zartbitter-Kuvertüre
50 g Vollmilch-Kuvertüre
3 Eigelb (Größe M)
1 EL Zucker
1 EL Cognac oder Rum
3 Eiweiß (Größe M)
125 g gekühlte Schlagsahne

Pro Portion:
E: 8 g, F: 27 g, Kh: 25 g,
kJ: 1618, kcal: 389, BE: 2,0

1 Beide Kuvertüresorten grob zerkleinern, zusammen in einer Edelstahlschüssel oder einem Edelstahltopf im heißen Wasserbad bei schwacher Hitze unter Rühren schmelzen (Foto 1) und etwas abkühlen lassen.

2 Eigelb mit Zucker und Cognac oder Rum in einer Rührschüssel mit Handrührgerät mit Rührbesen zu einer dicklichen Masse aufschlagen. Die noch warme Kuvertüre mit einem Schneebesen nach und nach unterrühren (Foto 2).

3 Eiweiß so steif schlagen, dass ein Messerschnitt sichtbar bleibt. Sahne steif schlagen und mit dem Eischnee unterheben. Die Creme in eine große flache Schüssel füllen und mit Frischhaltefolie zugedeckt mindestens 2 Stunden in den Kühlschrank stellen.

4 Vor dem Servieren von der Mousse mit einem Eisportionierer Kugeln oder mit zwei Esslöffeln Nocken formen und auf Tellern verteilen. Evtl. Eisportionierer oder Esslöffel zuvor in kaltes Wasser tauchen.

Hinweis: Nur ganz frische Eier verwenden, die nicht älter als 5 Tage sind (Legedatum beachten!). Die fertige Mousse im Kühlschrank aufbewahren und innerhalb von 24 Stunden verzehren.

TIPP » Die Mousse au chocolat mit Puderzucker oder Kakaopulver bestäuben und nach Belieben mit einer **weißen Schokoladensauce** servieren. Dafür 100 g weiße Schokolade in Stücke brechen, mit 125 g Schlagsahne in einem kleinen Topf bei schwacher Hitze unter Rühren zu einer geschmeidigen Masse verrühren und abkühlen lassen. Die Sauce zu der Mousse servieren und nach Belieben mit Schokoladenraspeln garnieren (Foto).

» REZEPTVARIANTEN:

Mousse mit Amarettini
Zusätzlich 40 g Amarettini (italienische Mandelmakronen) grob zerkleinern und unter die Mousse heben. Die Mousse mit steif geschlagener Schlagsahne und Amarettini garnieren.

Mousse à la vanille
Anstelle der Zartbitter- und Vollmilch-Kuvertüre 150 g weiße Kuvertüre verwenden. Zusätzlich 1 Päckchen Dr. Oetker Bourbon-Vanille-Zucker unterrühren.

2

Crème Caramel

MIT ALKOHOL (6 PORTIONEN)

Zubereitungszeit:
etwa 20 Minuten, ohne Kühlzeit
Garzeit: etwa 40 Minuten

180 g Zucker
2 EL Wasser
1 EL Cognac
500 ml (½ l) Milch
½ Vanilleschote
1 Prise Salz
4 Eier (Größe M)

Pro Portion:
E: 7 g, F: 7 g, Kh: 33 g,
kJ: 984, kcal: 235, BE: 3,0

1 Den Backofen vorheizen.
Ober-/Unterhitze: etwa 140 °C
Heißluft: etwa 120 °C

2 Eine Fettpfanne zur Hälfte mit heißem Wasser füllen, 6 hitzebeständige Förmchen oder Tassen (je etwa 150 ml Inhalt) hineinstellen und in den Backofen schieben.

3 Die Hälfte des Zuckers in einem Topf unter Rühren schmelzen lassen, bis er hellbraun (karamellisiert) ist (Foto 1). Dann Wasser und Cognac unterrühren. Den Topf von der Kochstelle nehmen. Den Karamell in die 6 Förmchen oder Tassen gießen (Foto 2).

4 Milch in einen Topf geben. Vanilleschote mit einem Messer längs aufschneiden und das Mark mit dem Messerrücken herausschaben. Vanillemark und -schote mit Salz in die Milch geben, erhitzen und etwa 10 Minuten bei schwacher Hitze ziehen lassen.

5 Vanilleschote aus der Milch entfernen. Restlichen Zucker mit den Eiern mit einem Schneebesen gut verrühren (nicht schaumig schlagen). Nach und nach die heiße Vanillemilch zu der Eier-Zucker-Masse geben und gut verrühren. Die Eiermilch durch ein feines Sieb in die vorbereiteten Förmchen oder Tassen gießen (Foto 3).

6 Noch so viel heißes Wasser in die Fettpfanne gießen, dass die Förmchen zu ⅓–½ im Wasser stehen. Die Fettpfanne im unteren Drittel in den vorgeheizten Backofen schieben. Die Crème **etwa 40 Minuten** garen, das Wasser darf nicht kochen. Die Crème ist gestockt, wenn die Oberfläche fest ist.

7 Die Crème etwas abkühlen lassen, dann mit Frischhaltefolie zugedeckt mindestens 2 Stunden in den Kühlschrank stellen.

8 Die Crème mit einem Messer vorsichtig vom Förmchenrand lösen (evtl. die Förmchen kurz in heißes Wasser stellen). Die Crème auf Dessertteller stürzen und sofort servieren.

TIPPS » Die Crème Caramel pur oder mit steif geschlagener Schlagsahne servieren.
» Die Crème lässt sich gut 1 oder 2 Tage vor dem Verzehr zubereiten. Sie kann bis zum Servieren in den Förmchen bleiben.

Abwandlung: Die Hälfte der Milch durch Schlagsahne ersetzen.

2

3

Zitronencreme

FRUCHTIG (IM FOTO VORN)

Zubereitungszeit:
etwa 30 Minuten, ohne Kühlzeit

4 Blatt weiße Gelatine
150 ml Zitronensaft (von etwa 3 Zitronen)
125 g Zucker
150 g Joghurt (3,5 % Fett)
300 g gekühlte Schlagsahne

Pro Portion:
E: 4 g, F: 24 g, Kh: 35 g,
kJ: 1662, kcal: 398, BE: 3,0

1 Gelatine in kaltem Wasser nach Packungsanleitung einweichen. Zitronensaft in einem kleinen Topf erwärmen (nicht kochen!).

2 Gelatine gut ausdrücken und unter Rühren in dem heißen Zitronensaft auflösen, dann den Zucker einrühren. Die Gelatine-Flüssigkeit etwas abkühlen lassen und mit dem Joghurt verrühren. Masse mit Frischhaltefolie zugedeckt in den Kühlschrank stellen, bis sie anfängt zu gelieren, dabei ab und zu umrühren.

3 Sobald die Masse anfängt zu gelieren, Sahne steif schlagen und unterheben. Die Creme in eine Glasschüssel oder Portionsgläser füllen und mindestens 3 Stunden in den Kühlschrank stellen.

TIPP » Die Zitronencreme mit geschlagener Schlagsahne oder mit Zitronen-, Limetten-, oder Orangenfilets garniert servieren.

EXTRA-TIPP » Die Zitronencreme mit einer **Schokoladensauce** servieren. Dazu 100 g Zartbitter-Schokolade grob zerkleinern, mit 3 Esslöffeln Wasser in einer Edelstahlschüssel im heißen Wasserbad bei schwacher Hitze unter Rühren schmelzen. Sofort servieren.

» REZEPTVARIANTEN:

Orangen- oder Limettencreme
(im Foto in der Mitte und hinten)
Dafür können Sie den Zitronensaft durch Orangen-, Limetten- oder Grapefruitsaft ersetzen. Dann jedoch nur 100 g Zucker verwenden.

Aprikosencreme
1 kleine Dose Aprikosenhälften (Abtropfgewicht 250 g) in ein Sieb geben, abtropfen lassen, den Saft dabei auffangen. 2 Aprikosenhälften in Spalten schneiden, übrige Aprikosen würfeln. 3 Blatt weiße Gelatine in kaltem Wasser nach Packungsanleitung einweichen. 250 g Magerquark, 150 g Vanillejoghurt, 4 Esslöffel von dem aufgefangenen Aprikosensaft, 50 g Zucker und 1 Päckchen Dr. Oetker Vanillin-Zucker verrühren. Eingeweichte Gelatine in einem kleinen Topf unter Rühren nach Packungsanleitung auflösen. Etwa 4 Esslöffel von der Creme mit der aufgelösten Gelatine verrühren, dann die Gelatine-Creme-Masse unter die restliche Creme rühren. 200 g gekühlte Schlagsahne steif schlagen und zusammen mit den gewürfelten Aprikosen unterheben. Die Creme in eine Glasschüssel oder in Portionsgläser füllen und mindestens 3 Stunden mit Frischhaltefolie zugedeckt in den Kühlschrank stellen. Die Creme vor dem Servieren mit den Aprikosenspalten garnieren.

Obstsalat

FÜR KINDER (ETWA 6 PORTIONEN)

Zubereitungszeit:
etwa 30 Minuten

je 1 Apfel,
kleine Mango,
Nektarine,
Pfirsich, Orange,
Kiwi, Banane
100 g Erdbeeren
3 EL Zitronensaft
evtl. 1 EL Zucker oder Honig

Pro Portion:
E: 2 g, F: 3 g, Kh: 20 g,
kJ: 525, kcal: 126, BE: 1,5

1 Apfel schälen, vierteln, das Kerngehäuse entfernen. Das Mangofruchtfleisch vom Stein schneiden, das Fruchtfleisch schälen. Nektarine und Pfirsich waschen, abtrocknen, halbieren, entsteinen. Das vorbereitete Obst in Stücke schneiden. Orange so schälen, dass die weiße Haut mitentfernt wird (Foto 1), dann mit einem scharfen Messer die Filets herausschneiden (Foto 2).

2 Kiwi und Banane schälen, beides in Scheiben schneiden. Erdbeeren waschen, abtropfen lassen, entstielen und in Stücke schneiden.

3 Das Obst mit Zitronensaft und evtl. Zucker oder Honig vermengen. Obstsalat in eine Schüssel geben und sofort servieren oder mit Frischhaltefolie zugedeckt in den Kühlschrank stellen.

TIPP » Den Obstsalat mit Pfefferminzblättchen garniert servieren.

EXTRA-TIPP » Der Obstsalat lässt sich beliebig abwandeln, je nach Saison und Geschmack. Sie benötigen insgesamt etwa 1 kg Obst.

Quarkspeise mit Obst

EINFACH

Zubereitungszeit:
etwa 20 Minuten, ohne Kühlzeit

1 Dose Pfirsichhälften
(Abtropfgewicht 470 g)
abgeriebene Schale von ½ Bio-Limette oder Bio-Zitrone
(unbehandelt, ungewachst)
2 EL Limetten- oder Zitronensaft
je 250 g Mager- und Speisequark
(20 % Fett i. Tr.)
150 g Joghurt (3,5 % Fett)
3–4 EL Zucker

Pro Portion:
E: 18 g, F: 4 g, Kh: 41 g,
kJ: 1226, kcal: 292, BE: 3,5

1 Pfirsichhälften in einem Sieb abtropfen lassen, dann in kleine Stücke schneiden und mit Limetten- oder Zitronenschale und -saft vermengen.

2 Beide Quarksorten, Joghurt und Zucker mit einem Schneebesen verrühren. Die Hälfte der Quarkmasse in eine Glasschüssel füllen. Die Pfirsichmischung darauf verteilen und mit der restlichen Quarkmasse bedecken. Die Quarkspeise zugedeckt mindestens 30 Minuten in den Kühlschrank stellen.

TIPP » Die Quarkspeise vor dem Servieren mit Zitronenmelisseblättchen garnieren und als Partydessert servieren.

» REZEPTVARIANTE:
Schokoladenquark mit Bananen
100 g Zartbitter-Schokolade in Stücke brechen und in einer Edelstahlschüssel im heißen Wasserbad bei schwacher Hitze unter Rühren schmelzen. 500 g Magerquark mit 4–6 Esslöffeln Milch oder Schlagsahne geschmeidig rühren. 1 Päckchen Dr. Oetker Vanillin-Zucker und die Schokolade unterrühren. Die Creme mit etwa 1½ Esslöffeln Zucker abschmecken. 4 kleine reife Bananen schälen, auf je 1 Dessertteller legen. Den Schokoladenquark auf und neben die Bananen geben.

2

Bratäpfel
(Puttäpfel, gebackene Äpfel)

MIT ALKOHOL (8 PORTIONEN)

Zubereitungszeit: etwa 20 Minuten, ohne Einweichzeit
Garzeit: etwa 40 Minuten

1 EL Rosinen
etwa 100 ml Rum
8 Äpfel, z. B. Holsteiner Cox oder Boskop
20 g weiche Butter
20 g Zucker
1 Pck. Dr. Oetker Vanillin-Zucker
2 EL abgezogene, gemahlene Mandeln
2 EL gestiftelte Mandeln

Pro Portion:
E: 2 g, F: 7 g, Kh: 23 g, kJ: 814, kcal: 194, BE: 2,0

1 Rosinen in 2 Esslöffeln von dem Rum über Nacht einweichen.

2 Den Backofen vorheizen.
Ober-/Unterhitze: etwa 200 °C
Heißluft: etwa 180 °C

3 Äpfel entstielen, waschen, abtrocknen. Von der Blütenseite her mit einem Apfelausstecher das Kerngehäuse ausstechen, aber nicht ganz durchstechen (Foto 1). Die Äpfel in eine gefettete Auflaufform geben.

4 Butter mit Zucker, Vanillin-Zucker, Mandeln und eingeweichten Rosinen mit einem Löffel verrühren und mit einem Teelöffel in die Äpfel füllen (Foto 2). Mandelstifte darauf verteilen und leicht andrücken. Restlichen Rum zu den Äpfeln in die Form gießen (Foto 3).

5 Die Form auf dem Rost im unteren Drittel in den vorgeheizten Backofen schieben und die Bratäpfel **etwa 40 Minuten** garen.

6 Die Äpfel nach dem Garen aus dem Backofen nehmen, heiß servieren.

TIPPS » Bratäpfel mit Puderzucker bestäubt, mit Vanillesauce (S. 282) servieren.
» Bratäpfel eignen sich als Dessert oder zum Tee.

» REZEPTVARIANTE:
Bratäpfel ohne Alkohol
Die Rosinen in 2 Esslöffeln Orangen- oder Apfelsaft einweichen, abtropfen lassen und wie im Rezept beschrieben verwenden. Anstelle des Rums Orangen- oder Apfelsaft in die Auflaufform gießen.

2

3

Einkauf und Lagerung von Lebensmitteln

Die meisten Lebensmittel schmecken frisch am besten. Trotzdem kann ein kleiner Vorrat praktisch sein. Wenn Sie Ihre Lebensmittel richtig lagern, sparen Sie viel Zeit beim Einkaufen und die Qualität der Lebensmittel bleibt erhalten. Achten Sie auf das Mindesthaltbarkeitsdatum und lagern Sie schnell verderbliche Lebensmittel im Kühlschrank.

Die richtige Lagerung im Kühlschrank

» Die Kühlschranktemperatur sollte zwischen +2 °C und +8 °C liegen.

» Obst und Gemüse bleibt länger in den vorgesehenen Schalen frisch.

» Lagern Sie Pilze in Papiertüten, so bleiben sie etwas länger frisch.

» Decken Sie Speisen ab, damit sie nicht austrocknen und Gerüche nicht übertragen werden.

» Füllen Sie geöffnete Konserven oder Kondensmilch aus Weißblechdosen in andere Gefäße um, damit sie den metallischen Geschmack nicht aufnehmen.

» Lassen Sie gegarte Speisen ausreichend abkühlen, bevor Sie sie in den Kühlschrank stellen.

Das richtige Einfrieren

» Tiefgefrorene Lebensmittel sind besonders lange haltbar.

» Achten Sie darauf, dass das Gefriergut möglichst schnell (bei mindestens -18 °C) gefriert, damit sich im Inneren keine Eiskristalle bilden. Sie könnten beim Auftauen Aussehen und Geschmack des Gefriergutes beeinträchtigen.

Das richtige Auftauen

» Gefriergut, das auftaut, sollte nie in der Auftauflüssigkeit liegen. Tauen Sie es in einem Sieb auf.

» Würzen Sie Lebensmittel erst nach dem Auftauen – Salz und Zucker entziehen den Speisen Eigensaft und Gewürze verlieren ihren Geschmack.

» Tauen Sie Gefrorenes immer langsam im Kühlschrank auf.

» Verarbeiten Sie Aufgetautes innerhalb von 24 Stunden weiter.

» Frieren Sie an- oder aufgetaute Lebensmittel nicht wieder ein. Während des Auftauens können sich auf ihrer Oberfläche Bakterien vermehren, die auch durch ein erneutes Einfrieren nicht abgetötet werden. Nach dem Auftauen vermehren sich diese Organismen weiter und können zu gesundheitlichen Schäden führen.

» Rohe, aufgetaute Lebensmittel, die nach dem Auftauen gegart worden sind, können als fertig zubereitete, erkaltete Speise wieder eingefroren werden.

» Tauen Sie gefrorenes Gemüse vor dem Zubereiten nicht auf – verarbeiten Sie es gefroren weiter.

» Kleine Fleisch- oder Fischportionen können Sie bereits angetaut weiterverarbeiten.

» Angetautes, nicht vollkommen aufgetautes Fleisch lässt sich sehr gut klein schneiden.

» Bevor Sie Gefrorenes in der Mikrowelle auftauen, lassen Sie es erst einige Minuten bei Zimmertemperatur stehen.

Gefahren vermeiden

Der richtige Umgang mit Lebensmitteln schützt Ihre Gesundheit. Schenken Sie der Lagerung und Aufbewahrung bestimmter Lebensmittel daher besondere Beachtung:

» Lebensmittel tierischer Herkunft sollten immer im Kühlschrank bei einer Temperatur von unter +7 °C aufbewahrt werden, da sie leicht verderblich sind.

» Lebensmittel, die unter Umständen mit Salmonellen belastet sein könnten, z. B. Eier, Geflügel, sollte man immer getrennt von anderen Lebensmitteln aufbewahren und zubereiten.

» Achten Sie beim Auftauen von Geflügel und Fleisch darauf, dass das Auftauwasser andere Lebensmittel nicht verunreinigt. Geflügel und Fleisch sollten immer auf einer abwaschbaren Unterlage verarbeitet und zubereitet werden.

» Geflügel und Hackfleisch muss immer richtig durchgaren. Verarbeiten Sie Hackfleisch möglichst noch am Tag der Herstellung.

» Für Speisen, die mit rohen Eiern zubereitet werden, z. B. Mayonnaise, verwenden Sie nur Eier, die nicht älter als 5 Tage sind (Legedatum beachten!). Bewahren Sie die fertige Speise im Kühlschrank auf – innerhalb von 24 Stunden sollte sie verzehrt werden.

» Waschen Sie Ihre Hände vor und während der Zubereitung von Speisen möglichst oft mit warmem Wasser und Seife.

Küchenkräuter und Gewürze

Küchenkräuter und Gewürze runden jedes Gericht geschmacklich ab und sorgen für Abwechslung auf dem Speiseplan. Kräuter werden einzeln, aber auch in Kombination verwendet und können helfen, Salz zu sparen. Kräuter verleihen ihren Gerichten das gewisse Etwas.

Kräuter kaufen

Gängige Kräuter wie Petersilie, Schnittlauch, Kerbel, Dill, Basilikum, Rosmarin und Thymian erhalten Sie meist im Topf und z. T. auch als Bundware im Supermarkt oder auf dem Wochenmarkt. Achten Sie darauf, dass die Kräuter feste Stiele haben und die Blätter weder unnatürlich hell noch fest und ledrig sind.

Kräuter richtig lagern

» Frische Kräuter aus dem Garten oder von der Fensterbank werden je nach Bedarf geerntet.

» Bundkräuter bleiben 1–2 Tage frisch, wenn Sie die Stielenden abschneiden und die Kräuter in frisches Wasser stellen oder sie in einem zugeknoteten, mit Luft gefüllten Gefrierbeutel im Kühlschrank lagern.

» Zum Trocknen erntet man die meisten Kräuter vor der Blüte. Ideal ist, sie direkt nach der Ernte in Sträußchen zusammenzubinden und an einem luftigen, dunklen Ort bei 21–32 °C zum Trocknen aufzuhängen. In fest schließenden Gläsern können Sie die getrockneten Kräuter an einem dunklen, trockenen Ort etwa 1 Jahr lang aufbewahren.

» Besonders praktisch ist es, Kräuter portionsweise einzufrieren. Geben Sie dafür die vorbereiteten, gehackten Kräuter in kleine, gefriergeeignete Dosen und frieren Sie sie ein.

» Eine weitere Methode ist auch das Einlegen in Öl oder Essig. Der Kräutergeschmack geht dabei auf Essig und Öl über. Selbstgemachte Kräuteressige und -öle eignen sich besonders für die Zubereitung von Salatsaucen, außerdem zum Braten und Grillen.

Kräuter richtig verarbeiten

» Spülen Sie Kräuter immer im Bund unter fließendem kalten Wasser ab (Foto 1), tupfen oder schütteln Sie sie anschließend gründlich trocken.

» Um die Blätter von kleinblättrigen Kräutern wie Rosmarin, Oregano oder Thymian abzustreifen, fassen Sie die Kräuter am oberen Teil des Stängels und streifen die Blätter gegen die Wuchsrichtung von oben nach unten ab (Foto 2).

» Hacken Sie die Kräuter mit einem scharfen Messer mit breiter Klinge möglichst erst kurz vor dem Servieren, damit ihr Aroma erhalten bleibt.

Gewürze

Gewürze sind sprichwörtlich das Salz in der Suppe. Sie sind meist pflanzlichen Ursprungs und verfeinern mit ihren ätherischen Ölen nicht nur den Geschmack von Speisen – sie fördern auch oft deren Bekömmlichkeit. Mit Gewürzen können Sie den Geschmack einer Speise unterstreichen und verstärken.

Tipps

» Kaufen Sie möglichst ungemahlene Gewürze. Zerkleinern Sie sie erst kurz vor der Verwendung, mit einem Mörser, einer Pfeffermühle oder einer Muskatreibe.

» Kaufen Sie gemahlene Gewürze nur in kleinen Mengen und lagern Sie sie licht- und aromageschützt in geschlossenen Behältern.

» Achtung vor Wasserdampf! Halten Sie gemahlene Gewürze (z. B. in einem Streuer) nicht direkt über eine kochende Speise. Durch den Wasserdampf verklumpen die Gewürze und verderben. Geben Sie lieber etwas von dem Gewürz auf einen Esslöffel oder in Ihre Handfläche und dann in die Speise, so können Sie die Gewürzmenge auch besser dosieren.

» Geben Sie Gewürze nie in zu heißes Fett, sie verbrennen und werden bitter.

Garmethoden und Herdarten

Lebensmittel und Speisen lassen sich auf unterschiedlichste Weise zubereiten und garen. Für welche Methode Sie sich entscheiden ist abhängig von dem Rezept, Ihrer Küchentechnik und nicht zuletzt davon, wie es Ihnen am besten schmeckt. Besonders zu empfehlen ist eine fettarme, nährstoffschonende Zubereitung, wie das Dämpfen oder Dünsten. Als Faustregel gilt: Die ideale Garzeit ist so lang wie nötig und so kurz wie möglich. Fertige Speisen sollten nur kurz erwärmt werden.

» **Braten:** Braten ist das Garen mit wenig Fett – Speiseöl, Schmalz oder Butter – bei starker Hitze in einer Pfanne oder einem Topf ohne Deckel. Gebraten wird ohne Zufuhr von Flüssigkeiten wie Fond, Wein oder Wasser.

» **Braten im Backofen:** Beim Braten im Backofen wird das Bratgut unter Bräunung mit oder ohne Fettzugabe in einem offenen Gefäß gegart. Diese Bratmethode eignet sich besonders für große Fleischstücke wie Braten und Großgeflügel.

» **Dämpfen:** Dampfgaren ist die schonende Zubereitung von Lebensmitteln, in einem Siebeinsatz über Wasserdampf (etwa 100 °C) in einem geschlossenen Gefäß bzw. Topf. Eine ideale Garmethode, denn die Nährstoffe bleiben weitgehend erhalten. Kräuter und Gewürze werden direkt in die Dämpfflüssigkeit gegeben und können so ihre Geschmackstoffe und Aromen abgeben. Besonders leicht ist das Dämpfen mit einem Dampfgarer (bitte beachten Sie die Hinweise des Herstellers).

» **Dünsten:** Bei dieser Methode gart das Gargut mehr oder weniger im eigenen Saft mit wenig Fett und Flüssigkeit im geschlossenen Topf. Die Temperatur liegt unter 100 °C.

» **Garziehen:** Bei relativ niedrigen Temperaturen zwischen 80–90 °C gart das Gargut in siedender Flüssigkeit. Wichtig: Die Flüssigkeit sollte nicht sprudelnd kochen, sondern sich nur leicht bewegen.

» **Grillen:** Ohne oder nur mit wenig Fett wird durch Strahlungs- oder Kontakthitze bei hoher Temperatur (im Backofen, auf dem Holzkohle- oder Elektrogrill) gegart und gebräunt. Grillgut sollte immer erst nach dem Grillen gesalzen werden, weil Salz dem Fleisch die Flüssigkeit entzieht und es dann fad und zäh wird. Für das Grillen mit Holzkohle empfiehlt sich die Verwendung von Alufolie oder Grillschalen.

» **Garen in der Folie:** Eine besonders nährstoffschonende Methode, bei der das Gargut in einer hitzebeständigen Folie (z. B. Alufolie) im eigenen Saft im Backofen bei etwa 200 °C gegart wird. Legen Sie die Folie nicht zu eng um das Gargut, damit Platz für die Dampfentwicklung bleibt, und verschließen Sie sie gut, damit keine Flüssigkeit entweichen kann. Legen Sie das Päckchen dann auf den Backofenrost evtl. in einer Auflaufform. Die Garzeit in der Folie ist etwa um ein Drittel länger als die reguläre Garzeit. Bratfolie gibt es als Schlauch oder Beutel, sie ist bis etwa 230 °C hitzebeständig. Packen Sie auch hier das Gargut großzügig ein, verschließen Sie es dicht, damit sich die Folie aufplustern kann. Wenn Sie in der Folie garen möchten, beachten Sie die Packungsanleitung.

» **Kochen:** Garen in einer großen Menge siedender Flüssigkeit bei etwa 100 °C.

» **Kurzbraten:** Bei dieser Methode wird in wenig Fett ohne Deckel gegart und gebräunt. Das Bratgut wird in heißem Fett in einer Pfanne kurz angebraten. Wenn es schön braun ist, wird die Hitze verringert.

» **Frittieren:** In siedendem Ausbackfett bei etwa 175 °C werden Lebensmittel wie Pommes frites, Kroketten, Krapfen, panierte Fisch- und Fleischportionen in Fett schwimmend ausgebacken und knusprig gebräunt. Lassen Sie das Frittiergut vor dem Verzehr möglichst erst auf Küchenpapier abtropfen, um Fett zu reduzieren. Achtung: Das Fett sollte nicht „so heiß wie möglich“ sein! Bei Temperaturen über 175 °C kann es vermehrt zur Entstehung von krebserregenden Substanzen kommen.

» **Schmoren:** Diese Methode kombiniert Braten und Kochen – das Schmorgut wird zunächst scharf, also bei starker Hitze von allen Seiten angebraten. Dabei entwickeln sich schmackhafte Röst- bzw. Aromastoffe. Dann wird Fond, Wein, Sauce oder Wasser hinzugegossen und das Schmorstück zugedeckt bei mittlerer Hitze langsam gegart.
» **Wasserbad:** Das langsame Erwärmen in einem Topf oder in einer Edelstahlschüssel, die in einem mit heißem (nicht kochendem) Wasser gefüllten Topf hängt, ist ideal für Gerichte, die bei der Zubereitung auf der Kochstelle gerinnen oder leicht anbrennen, z. B. Sauce hollandaise, Eierstich oder Bayerische Creme.
» **Pochieren:** Pochieren ist das langsame Garziehen oder Köcheln in einem Fond oder anderer Flüssigkeit wie Wasser. Es eignet sich für Eier, Fisch, Gemüse oder Klöße.

Der Elektroherd

Elektroherde haben entweder Kochmulden mit 4 Kochplatten oder Glaskeramik-Kochfelder. Die meisten Kochplatten bzw. Kochfelder haben zum Regeln der Hitze eine Skala von 1–3 Stufen (jeweils um ½ Stufe aufwärts), eine von 1–9 oder eine etwas empfindlichere Skala von 1–12 Stufen.
Blitz- und Schnellkochplatten heizen sich schneller auf und eignen sich daher zum schnellen Aufkochen oder Anbraten.

Der Gasherd

Die Kochstellen des Gasherdes haben einen Brennkopf mit Brenndeckel. Aus den Schlitzen des Deckels tritt bei Inbetriebnahme das Gas aus, das durch eine Flamme entzündet wird. Die Hitzezufuhr erfolgt schnell und direkt und kann stufenlos geregelt werden.

Der Induktionsherd

Beim induktiven Kochen wird die Wärme durch elektromagnetische Wechselfelder direkt im Topfboden erzeugt. Damit entsteht die Wärme unmittelbar da, wo sie gebraucht wird. Das Glaskeramikkochfeld bleibt dabei kalt. Es werden Kochtöpfe mit speziell ausgerüsteten Böden benötigt.

Backofen

Backöfen werden mit unterschiedlichen Beheizungsfunktionen angeboten. Viele Modelle bieten die Möglichkeit, je nach Bedarf auf unterschiedliche Beheizungsarten umzuschalten:
» Ober- und Unterhitze: Die Heizschlangen im oberen und unteren Backofenraum erzeugen Wärme, die Strahlung und Luftströmung an das Gargut abgeben. Um eine optimale Wärmeübertragung zu erzielen, kann nur eine Einschubleiste mit Gargut bestückt werden. Die Einschubleiste ist je nach Rezept und Angaben des Herstellers zu wählen. Unabhängig von der Garzeit sollte der Backofen je nach Rezept vorgeheizt werden.
» Heißluft/Umluft: Ein in der Backofenrückwand eingebautes Gebläse wälzt die erwärmte Luft im gesamten Backofeninnenraum um. Dieses System ermöglicht das gleichzeitige Garen auf verschiedenen Einschubleisten.
» Grillen: Beim Groß- und Kleinflächengrill kann die Größe der Grillfläche der Menge des Gargutes angepasst werden. Flache Grillstücke werden durch Strahlungshitze gegart und an der Oberfläche knusprig. Beim Umluft-Grill wird die Strahlungshitze durch ein Gebläse um das Grillgut herum geleitet. Das Gargut wird gebräunt, ohne dass das Grillgut gedreht werden muss.

Mikrowelle

In der Mikrowelle werden die Wassermoleküle der Lebensmittel durch elektromagnetische Wellen in Schwingung versetzt; dadurch entsteht Wärme. Auf diese Weise können innerhalb sehr kurzer Zeit Speisen aufgetaut, erhitzt und gegart werden. Es darf nur mikrowellengeeignetes Geschirr verwendet werden. Bitte beachten Sie die Angaben des Herstellers.

Küchentechnische Ausdrücke

Abdämpfen
Abdämpfen verringert überschüssige Flüssigkeit bei gegarten Lebensmitteln (z. B. Kartoffeln): Dazu wird der Topf so lange über der heißen Herdplatte geschwenkt, bis das restliche Wasser verdunstet ist.

Abhängen (Fleischreifung)
Fleisch oder Wild muss teilweise bis zur Weiterverarbeitung eine gewisse Zeit kühl gelagert abhängen, damit das Fleisch zarter, mürber und besser bekömmlich wird.

Ablöschen
Dabei wird Mehlschwitze, Saucenfond oder angebratenes Fleisch unter Rühren mit Flüssigkeit aufgefüllt.

Abschäumen
Nach dem ersten Aufkochen wird mit einer Schaumkelle Schaum (geronnenes Eiweiß, Trübstoffe) von z. B. Brühen oder Obst entfernt.

Abschrecken
Unterbrechung des Garprozesses, um Lebensmittel schnell abzukühlen. Dafür heiße Speisen (z.B. Eier, Reis) kurz mit kaltem Wasser übergießen.

Abstechen (Foto 1)
Von einem Teig oder einer Masse werden mit einem angefeuchteten Löffel Klößchen abgenommen, geformt und weiterverarbeitet.

Ausbacken (Frittieren)
Fleisch, Fisch, Obst, Gemüse (oft in einer Teighülle oder paniert, aber auch natur) wird in Fett schwimmend gegart (frittiert).

Ausbeinen (Foto 2)
Aus rohem Wild, Fleisch oder Geflügel werden die Knochen herausgelöst.

Auslassen
Klein geschnittene, fetthaltige Lebensmittel (z. B. Speck) werden erwärmt, um Fett zu gewinnen.

Binden, Andicken
Durch Zugabe von Bindemitteln (z. B. Mehl, Speisestärke, Saucenbinder) werden Flüssigkeiten sämig gemacht.

Blanchieren
Lebensmittel werden erst in kochendem Wasser vorgegart und dann rasch in Eiswasser abgeschreckt (abgekühlt).

Dressieren
Zum Garen vorbereitete Lebensmittel werden mithilfe von Stäbchen, Klammern oder Nadel und Faden in die gewünschte Form gebracht – z. B. Geflügel, Rollbraten.

Entfetten
Von einer Brühe oder Sauce wird das Fett, das sich oben absetzt, z. B. mit einem Löffel oder mit Küchenpapier abgenommen.

Filieren, Filetieren
Fleisch und Fisch werden von Haut, Knochen oder Gräten befreit und in Stücke geteilt. Oder: Aus einer Zitrusfrucht werden die einzelnen Filets herausgelöst.

Flambieren
Speisen werden mit einer kleinen Menge meist erwärmter, alkoholhaltiger Flüssigkeit übergossenen und angezündet.

1

2
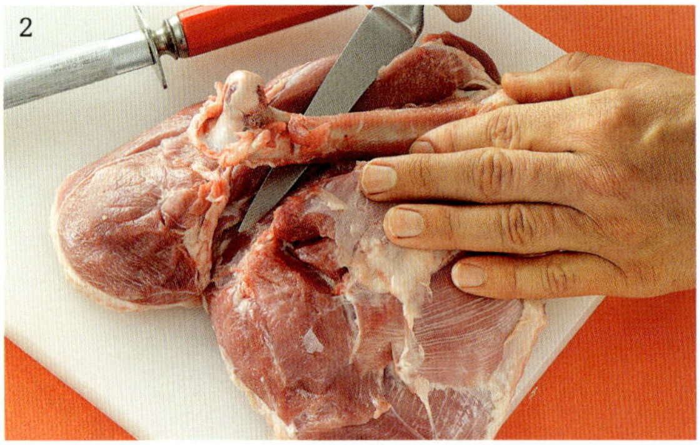

Karamellisieren
Speisen, z. B. Möhren oder Kartoffeln, werden mit flüssigem Zucker (Karamell) überzogen. Der Zucker erstarrt rasch und hinterlässt neben einem süßen Geschmack auch einen schönen Glanz.

Legieren
Einrühren von Eigelb, Sahne oder Butter in eine nicht mehr kochende Flüssigkeit.

Marinieren
Fleisch wird in Marinade eingelegt, die – im Gegensatz zur Beize – beim Kochen als Saucengrundlage verwendet werden kann. Oder: Fleisch wird zum Grillen in einer Ölmarinade eingelegt.

Mehlieren
Lebensmittel mit einer feuchten Oberfläche, z. B. Leber oder Schnitzel, zunächst mit Küchenpapier trocken tupfen und vor dem Braten in Mehl wenden.

Panieren
Zum Panieren werden gewürzte Speisen, die gebraten oder frittiert werden sollen, zuerst in Mehl, dann in verschlagenem Ei und eventuell in Semmelbröseln gewendet, damit das Gargut eine schmackhafte Kruste bekommt und saftig bleibt.

Parieren
Fleisch oder Fisch wird für die Zubereitung von Haut, Fett und Sehnen befreit und sauber zurechtgeschnitten.

Passieren
Weiche rohe oder gegarte Lebensmittel oder Speisen werden durch ein Sieb gestrichen.

Pochieren
Lebensmittel langsam gar ziehen lassen, ohne sie zu kochen, z. B. Eier in Essigwasser.

Reduzieren/Einkochen
Brühen, Suppen und Saucen werden in einem offenen Gefäß mit großem Durchmesser gekocht, bis so viel Flüssigkeit wie gewünscht verdampft ist und sie konzentrierter und sämig sind. Brühen, Suppen und Saucen erhalten so ein intensiveres Aroma.

Schälen, Pellen, Abziehen
Von Lebensmitteln, z. B. Kartoffeln, Gurken, Bananen oder Zwiebeln wird die Schale entfernt.

Schlagen, Aufschlagen
Dazu wird Luft in Lebensmittel eingearbeitet – z. B. bei Schlagsahne oder Eiweiß.

Stocken
Stocken ist das Festwerden von Eimasse im Wasserbad (z. B. Eierstich, Crème Caramel), in heißer Luft (Backofen) oder in der Pfanne (z. B. Rührei).

Tranchieren (Foto 3+4)
Gegarte Lebensmittel werden vor dem Servieren in Scheiben oder Teile geschnitten.

Unterheben, Unterziehen
Eischnee oder geschlagene Schlagsahne wird langsam und gleichmäßig unter eine Masse, z. B. Teig gezogen und verteilt. Wichtig: Nicht zu stark rühren.

3

4

KAPITELREGISTER

GEFLÜGEL

WILD

FISCH & MEERESFRÜCHTE

SAUCEN

GEMÜSE

SALATE

KARTOFFELN, REIS & TEIGWAREN

H

I/J

K

Für Fragen, Vorschläge oder Anregungen stehen Ihnen der Verbraucherservice der Dr. Oetker Versuchsküche
Telefon: 0 08 00 71 72 73 74 Mo.–Fr. 8:00–18:00 Uhr, Sa. 9:00–15:00 Uhr (gebührenfrei in Deutschland)
oder die Mitarbeiter des Dr. Oetker Verlages
Telefon: +49 (0) 521 520651 Mo.–Fr. 9:00–15:00 Uhr zur Verfügung.
Oder schreiben Sie uns: Dr. Oetker Verlag KG, Am Bach 11, 33602 Bielefeld oder besuchen Sie uns im Internet unter www.oetker-verlag.de oder www.oetker.de.

Umwelthinweis Dieses Buch und der Einband wurden auf chlorfrei gebleichtem Papier gedruckt. Die Einschrumpffolie – zum Schutz vor Verschmutzung – ist aus umweltfreundlichem und recyclingfähigem PE-Material.

Redaktion Carola Reich, Ina Scholz

Redaktionelle Beratung Dr. Judith Borgwart, Frankfurt

Titelfoto Thomas Diercks (Fotostudio Diercks), Hamburg
Innenfotos Kai Boxhammer (Fotostudio Diercks), Hamburg
Mariusz Mocak (Fotostudio Diercks), Hamburg
Christiane Pries, Borgholzhausen (S. 44, 112, 113)

Foodstyling Rocco Dressel, Hamburg
Maik Schacht, Hamburg

Rezeptentwicklung und -beratung Dr. Oetker Versuchsküche, Bielefeld

Nährwertberechnungen Nutri Service, Hennef

Grafisches Konzept und Gestaltung BCW Gesellschaft für Kommunikation mbH, Hamburg
Titelgestaltung kontur:design, Bielefeld

Reproduktionen Repro Ludwig, Zell am See, Österreich
Satz JUNFERMANN Druck & Service, Paderborn
Druck und Bindung Mohn media Mohndruck GmbH

Wir danken für die freundliche Unterstützung Masterfoods GmbH, Verden

ISBN: 978-3-7670-0663-8